KB177787

시와 술과 차가 있는

중국 인문 기행

시와 술과 차가 있는

중국 인문 기행
中 國 人 文 紀 行

송재소 지음

창비

'시와 술과 차가 있는
중국 인문 기행'을 시작하며

나는 1989년 북경(北京, 베이징)에서 개최되는 퇴계학(退溪學) 국제학술
회의에 참석하기 위해 처음으로 중국에 가게 되었다. 회의가 끝나고 서
안(西安, 시안), 계림(桂林, 구이린), 광주(廣州, 광저우), 항주(杭州, 항저우)를
거쳐 귀국하는 일정이었다. 이렇게 처음 가본 중국은 그야말로 경이로
운 세계였다. 그때까지 중국은 꿈속에서나 그리던 미지의 땅이었다. 중
국에 왔다는 사실이 현실로 인식되지 않을 정도로 흥분하고 감격했다.
그러나 중국과 관계가 있는 학문을 전공하는 나로서는 한 번의 중국 여
행으로 만족할 수가 없었다. 한 번 다녀온 중국의 모든 것이 나를 송두리
째 사로잡고 자꾸만 손짓하고 있었다. 첫눈에 반해버린 연인을 못 잊어
잠 못 이루는 사람처럼 열병에 시달렸다.

　나의 심정을 알기라도 한 듯 드디어 기회가 왔다. 그 이듬해인 1990년
10월, 복건성(福建省, 푸젠성) 복주(福州, 푸저우)에서 개최되는 주자(朱子)

탄생 860주년 기념 학술회의에 참가하게 된 것이다. 나는 뛸 듯이 기뻤다. 그 당시에는 이런 방법이 아니면 중국에 갈 수가 없었기 때문이다. 회의가 끝난 후에는 무이산(武夷山, 우이산)과 상해(上海, 상하이)를 둘러보고 귀국했다. 이렇게 두 번을 다녀와도 직성이 풀리지 않았다. 직성이 풀리기는커녕 나의 중국열(中國熱)은 더욱 깊어갔다. 나에게 있어 중국은 그만큼 매력적인 대륙이었다.

그래서 세 번째로 간 것이 1992년 10월이다. 제남(濟南, 지난)의 산동대학(山東大學)에서 열린 제2회 동방실학연토회(東方實學硏討會) 참석을 위해서였다. 역시 그때에도 중국 구경을 빠뜨리지 않았다. 사천성(四川省, 쓰촨성) 성도(成都, 청두)와 중경(重慶, 충칭)을 거쳐 양자강(揚子江, 양쯔강) 삼협(三峽, 싼샤)을 배로 여행하고 동정호(洞庭湖)와 악양루(岳陽樓)를 관람한 후 북경을 경유하여 돌아왔다. 그러나 이것으로 중국을 보았다고 할 수 있겠는가? 그 넓은 천지의 일부분을, 그것도 주마간산 식으로 훑어본 데에 불과할 뿐이다. 중국을 사랑하는 사람으로서 중국을 좀더 넓게, 좀더 깊게 살펴보고 싶은 욕망을 억누를 길이 없었다.

내친김에 그다음 해에는 좀더 야심찬 계획을 세웠다. 1993년 2월부터 6개월간 북경사범대학에서 연구교수로 체류할 기회를 얻은 것이다. 이 기간 동안에는 연구보다 여행에 더 몰두한 것 같다.

이후 중국 여행은 나의 연례행사가 되다시피 했다. 정확히 계산할 순 없지만 이 글을 쓰고 있는 지금까지 중국을 다녀온 것이 아무리 적게 잡아도 50차례는 넘을 것이다. 내가 중국을 좋아하는 이유는 무엇보다 한문학을 전공하면서 책에서만 읽었던 이백, 두보, 소식 등 한문학 작가들의 작품 현장을 직접 답사하는 즐거움 때문이다. 백제성(白帝城)에서 이백의 「조발백제성(早發白帝城)」을 떠올리고, 악양루에 올라 「등악양루(登岳陽樓)」를 쓴 두보를 회상하고, 석종산에 가서 소식의 「석종산기(石鐘山記)」를 음미하는 등의 즐거움을 어디에 비교할 수 있겠는가? 어디 그뿐이랴. 중국의 음식과 술과 차 또한 나의 마음을 끄는 매력적인 것들이다. 특히 중국의 술은 세계 여러 나라를 여행하면서 맛본 그 어떤 술보다 나를 매혹시켰다.

이렇게 중국의 모든 것에 흠뻑 빠져 일 년에 몇 차례씩 중국을 드나들다가 어느 날 문득 중국 여행기를 써보고 싶다는 생각이 들었다. 그렇게 자주 가고서도 아무런 기록을 남기지 않는다면 어쩐지 허전한 느낌이 들 것 같고 또 중국에 대한 예의가 아니라는 생각도 들어서였다. 여기에다 주위의 강력한 권고도 있고 해서 조금은 색다른 '중국 인문 기행서'를 펴내게 되었다.

이 책은 무엇보다 중국의 '인문학적' 유산에 초점을 맞추었다. 이것이, 이미 중국 기행서가 많이 나와 있음에도 불구하고 굳이 이 책을 출간하는 이유이기도 하다. 무궁무진한 중국의 인문자원을 이백, 소동파, 도연명, 백거이, 왕유, 유우석 등의 관련 한시와 함께 소개하는 한편으로, 중국 문화의 불가결의 요소인 중국술과 중국차에 대해서도 가능한 한 많이 소개하려고 한다. 술과 차를 빼놓고 중국 문화를 이야기할 수 없기 때문이다. 나는 처음 가보는 지방에서는 그곳의 차와 술을 먼저 맛본다. 차맛과 술맛, 특히 술맛이 좋은 지방은 인심도 역시 좋다. 이래저래 마셔

본 중국술이 적어도 100여 종은 될 듯싶은데 그동안의 경험을 바탕으로 오묘한 중국술의 세계로 안내하고자 한다.

　1부는 강서성(江西省, 장시성)의 구강(九江, 주장), 남창(南昌, 난창), 경덕진(景德鎮, 징더전) 일대의 기행이고, 2부는 안휘성(安徽省, 안후이성)의 황산(黃山, 황산)에서 강소성(江蘇省, 장쑤성)의 남경(南京, 난징)까지 이어지는 기행이다. 이 지역을 나의 '중국 인문 기행'의 첫 번째 행선지로 삼은 것은 일반인들이 쉽게 가기 어려우면서도 인문학적 유적이 풍부한 곳이라 여기기 때문이다.

　강서성에는 이백과 백거이의 시혼(詩魂)이 서려 있는 수려한 여산(廬山, 루산)뿐만 아니라 주자가 강학한 백록동서원이 있다. 백거이가 명작 「비파행」을 쓴 비파정(琵琶亭)이 있고 『수호지』의 주인공 송강이 반시(反詩)를 쓴 심양루(潯陽樓)가 있으며 소동파의 명문 「석종산기」의 현장도 있다. 어디 그뿐이랴. 도연명의 고향 시상촌에서 「귀거래사(歸去來辭)」를 떠올릴 수 있고 '호계삼소(虎溪三笑)'의 현장인 동림사(東林寺)도 둘러볼 수 있다. 이외에도 강서성은 많은 문화유산을 보유하고 있는 곳이다.

　안휘성에는 도처에 이백의 유적이 산재해 있다. 이백이 달을 잡으려 강으로 투신했다는 채석강과 이백의 무덤 등을 둘러보며 그의 자취를 더듬는 재미가 쏠쏠하다. 또 여기에는 구양수의 취옹정(醉翁亭)과 풍락정(豊樂亭)이 있고, 풍자문학의 백미로 꼽히는 『유림외사(儒林外史)』의 작가 오경재의 기념관이 자리하고 있다. 안휘성 남쪽에는 세계문화유산으로 등재된 서체촌(西遞村)과 굉촌(宏村)이 명청시대 민간 건축의 전형적인 모습을 보여준다. 안휘성은 또한 흡연(歙硯), 휘묵(徽墨), 선지(宣紙) 등

문방사우의 본고장이기도 하다. 여기에다 덤으로 황산의 빼어난 경관도 즐길 수 있는 곳이 안휘성이다.

강소성의 남경은 육조고도(六朝古都)라는 별칭에 걸맞게 수많은 고적을 보유하고 있다. 두목의 시로 유명한 진회하(秦淮河), 유우석의 시로 유명한 오의항(烏衣巷)과 석두성(石頭城), 이백이 시를 읊었던 봉황대(鳳凰臺)가 있다. 세계문화유산인 주원장의 무덤 명효릉(明孝陵)이 웅장한 자태를 뽐내고 있고 태평천국의 유적도 눈길을 끈다. 그뿐만 아니라 손문의 무덤인 중산릉(中山陵)의 위용도 볼만하다. 중국 현대사의 아픈 상처인 남경대학살의 실상을 들여다볼 수 있는 기념관도 이곳에 있다.

이들 유적을 기행하면서 역사의 흥망성쇠를 체감하고 오늘의 중국을 있게 한 중화문명의 진수를 확인할 수 있을 것이다.

이제 『시와 술과 차가 있는 중국 인문 기행』 첫 권을 세상에 선보이지만 앞으로 얼마나 더 이어질지는 나도 모른다. 여력이 된다면 후속 작업을 통해서 넓고도 깊은 중국 문화를 접하며 느낀 나의 소회를 독자들과 공유하고 싶다.

기획 단계에서부터 아낌없는 성원을 보내준 창비의 염종선 이사, 황혜숙 차장, 윤동희 씨에게 고마움을 전한다. 무엇보다 정편집실 유용민 씨의 노고를 잊을 수 없다. 그의 세심한 손길이 없었더라면 이만 한 책이 나오기 어려웠을 것이다. 다시 한번 진심으로 감사드린다.

2015년 1월 지산시실(止山詩室)에서
송재소

차 례

1부

강서성

여산 진면목을
알지 못함은

2부

안휘성·남경

술잔을 들어
달을 맞이하고

일러두기

1. 중국의 지명은 한자를 우리말로 읽어주는 것을 원칙으로 하되, 주요 행정지명(성, 시, 현, 진, 촌 등)과 자연지명(강, 산, 호수, 공원 등)에만 처음 나올 때 괄호 안에 중국어 표기를 병기했다. 예, 강서성(江西省, 장시성).

2. 중국의 인명은 한자를 우리말로 읽어주는 것을 원칙으로 하되, 현대 인명에만 처음 나올 때 괄호 안에 중국어 표기를 병기했다. 예, 강택민(江澤民, 장쩌민).

3. 중국의 사찰, 유적 등의 고유명사는 한자를 우리말로 읽어주는 것을 원칙으로 하되 주요한 것에만 처음 나올 때 괄호 안에 중국어 표기를 병기했다. 예, 등왕각(滕王閣, 텅왕거)

여산 진면목을
알지 못함은

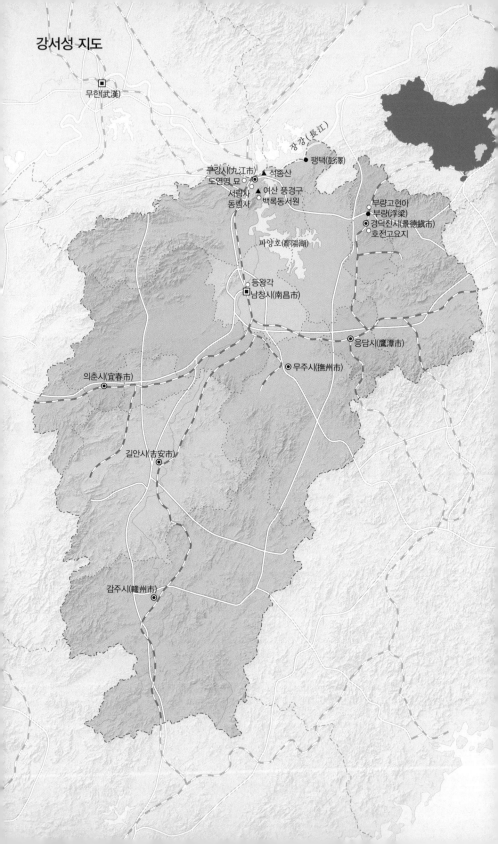

강서성 지도

무한(武漢)

장강(長江)

팽택(彭澤)

주장시(九江市)
도연명 묘
서림사
동림사

서종산
여산 풍경구
백록동서원

부량고현아
부량(浮梁)
경덕진시(景德鎮市)
호전고요지

파양호(鄱陽湖)

등왕각
남창시(南昌市)

응담시(鷹潭市)

의춘시(宜春市)

무주시(撫州市)

길안시(吉安市)

감주시(贛州市)

무한에서
구강으로

황학루를 거쳐 구강으로
중국술 1 중국술의 분류

한문학회와 함께하는 기행

여산(廬山, 루산)으로 향하는 이 기행은 한국한문학회의 2010년 하계 학술회의를 겸한 것이다. 한문학회의 중국 기행은 이번이 세 번째다.

첫 번째 중국 기행은 내가 회장으로 있던 2000년 여름에 이루어졌는데 그때 학술회의를 처음으로 해외에서 열었다. 학술회의 해외 개최는 회장 취임 때 회원들에게 한 약속이었다. 한국한문학이 중국문학과 불가분의 관계에 있기 때문에 중국에서 학술회의를 여는 것이 필요하다고 생각했다. 또 한문학을 공부하는 사람에게 중국은 꼭 한번 가보고 싶은 곳이기도 했다.

연길(延吉, 옌지)의 연변대학과 학술회의를 공동 주최하기로 결정한 다음 한문학회 회원을 대상으로 참가자를 모집했더니 70여 명이 신청을 해왔다. 그런데 그 많은 인원을 인솔하고 중국으로 간다는 것은 쉽지 않은 일이었다. 일찌감치 평소 알고 지내던 금범여행사와 계약을 하고 일을 추진했으나 뜻밖의 난관에 봉착했다. 중국의 동방항공(東方航空, 둥팡항공)에서 좌석 예약을 일방적으로 취소해버린 것이다. 한국 사람들이 백두산에 가장 많이 가는 7월 말경이라 한꺼번에 70여 명을 받을 수 없다는 게 이유였다. 참으로 어이없었다. 중국 항공사에서는 흔히 있는 일이었지만 이들을 인솔해야 하는 나로서는 여간 낭패가 아니었다.

그때 구세주처럼 나타난 사람이 이학당(李學堂, 리쉐탕)이다. 이학당은 내가 지도교수를 맡고 있던 학생으로, 중국에서 대학을 졸업하고 북한과 중국의 협약에 따라 교환학생으로 평양 김형직사범대학에서 5년 동안 공부한 뒤 중국으로 돌아가 평양에서 배운 한국어 구사 능력을 십분 활용해서 한국 여행객을 상대로 가이드 일을 한 경험이 있었다. 그때는 마침 중국 여행이 붐을 이루던 1990년 초여서 가이드로 일하며 돈을 좀 모을 수 있었다. 그러다가 1997년 외환위기를 맞아 한국인의 중국 여행이 뜸해지자 가이드를 그만두고 공부를 계속하기로 결심했다고 한다. 그래서 한국에서 공부하기로 마음먹고 나를 찾아왔는데 조선족도 아닌 한족(漢族)이 왜 하필 한국한문학을 하려고 하는지, 그리고 왜 하필 나를 찾아왔는지 알 수가 없었다. 나중에 알고 보니, 성균관대학교 국문학과에서 석사과정을 마치고 박사과정에 있는 친구 우림걸(牛林杰, 뉴린제)의 권유로 나를 찾은 것이었다. 그 당시 우림걸은 산동(山東)대학 한국어과 강사로 재직하면서 성균관대학교에 유학하고 있었는데 이학당과는 평양 김형직사범대학 동기생이었다. 이렇게 해서 이학당은 한문학과 석사

과정에 입학했고 내가 지도교수를 맡았다.

항공 예약이 취소된 직후 이학당이 우연히 나의 연구실에 들렀기에 자초지종을 이야기했더니 선뜻 자기가 해결해주겠다고 했다. 한국에 오기 전 중국 산동성(山東省, 산둥성) 여유국(旅遊局, 관광담당국)에 근무했는데 아직도 여유국 직원 신분을 유지하고 있어 동방항공 한국지사에 친한 사람들이 많다는 것이었다. 그 말을 듣고 나서도 반신반의했지만 정말로 그는 우리 일행을 위해서 특별 전세기를 띄웠다. 참으로 기적과 같은 일이었다. 그래서 이학당 덕분에 연변대학에서의 학술회의를 무사히 마치고 백두산, 집안(集安, 지안), 심양(瀋陽, 선양) 등지를 여행하고 돌아올수 있었다. 이학당은 성균관대학교 한문학과에서 석사학위·박사학위를 받고 지금은 산동대학 위해(威海, 웨이하이) 분교의 한국어학원에서 교수로 재직 중이다.

한국한문학회의 두 번째 중국 기행은 2009년 2월에 있었다. 고려대학교 박성규(朴性奎) 회장의 주선으로, 운남성(雲南省, 윈난성) 곤명(昆明, 쿤밍)에서 학술회의를 마치고 석림(石林, 스린), 대리(大理, 다리), 여강(麗江, 리장) 등지를 여행했다. 이 기행은 나의 정년퇴임 기념호 봉정식을 겸한 것이어서 나도 동행했다. 한국한문학회에서는 전임 회장이 정년을 맞게되면 학회지인『한국한문학연구』를 기념호로 만드는 것이 관례로 되어있다.

이번 2010년 여름 기행은 인하대학교의 정학성(鄭學成) 회장이 발의했는데, 중국 여행을 많이 한 나에게 행선지를 문의해와 강서성(江西省, 장시성)으로 결정했다. 내가 두 차례 가본 강서성에는 중국 문인들이 가장 많이 다녀간 여산(廬山)이 있어 이곳은 한문학도에게 매우 중요한 지역이다. 그뿐만 아니라 세계적인 도자기 도시인 경덕진(景德鎭, 징더전)도 둘러볼 수 있어 더 매력적인 곳이기도 하다.

떠나기 이틀 전 정학성 교수로부터 전화가 왔다. 인터넷으로 뉴스를 살펴보니 지금 중국에 홍수가 나서 장강(長江, 창강. '양쯔강'으로도 불림) 일대, 그중에서도 우리의 첫 도착 예정지인 구강시(九江市, 주장시)가 물바다가 되었다는 것이다. 해마다 여름철이면 장강이 범람해서 큰 피해를 입는다는 사실을 알고는 있었지만 하필 우리가 떠나는 이 시기에 물난리가 났다니 큰 걱정거리가 아닐 수 없었다. 여행을 연기해볼 생각도 했으나 다행히 우리가 여행하는 동안엔 비가 그칠 것이라는 일기예보를 믿고 강행하기로 했다.

황학루를 거쳐 구강으로

2010년 7월 17일(토요일) 한문학회 회원 34명과 명보여행사 최정식 부장을 태운 항공기가 오전 9시 45분 인천공항을 이륙해서 11시 5분(중국 현지 시간) 호북성(湖北省, 후베이성) 무한(武漢, 우한) 천하기장(天河機場, 톈허공항)에 착륙했다. 입국수속을 마치고 나오니 최명성(崔明成) 가이드가 나와 있었다. 심양 출신 조선족 4세대라고 자기를 소개하는 그에게서 정성껏 안내하려는 자세가 느껴졌다.

전용버스를 타고 무한 시내의 황학루(黃鶴樓, 황허러우) 근처로 이동하

황학루 삼국시대 장강 연안에 세워진 명승으로 이백, 최호 등 수많은 시인 묵객들이 여기에 올라 감회를 읊은 작품을 남겼다.

여 '조다담반(粗茶淡飯)'이라는 특이한 이름의 식당에서 점심을 먹었다. 조다담반은 '거친 차와 싱거운 음식'이라는 뜻인데 아마도 겸손한 의도로 붙인 명칭인 듯하다. 그러나 이름과 다르게 식당이 크고 화려할 뿐만 아니라 음식도 맛이 있다. 예전에도 한두 번 와본 적이 있는 식당이다.

식사 후에 황학루를 관람했다. 무한에는 황학루 말고도 볼만한 곳이 많지만 거쳐가는 곳이기 때문에 황학루만 잠시 보기로 했다. 황학루는 장강 연안에 세워진 명승으로 수많은 시인 묵객들이 여기에 올라 감회를 읊은 작품을 남겼다. 이 누각은 삼국시대 오나라의 초대 황제인 손권(孫權)이 군사적인 목적으로 세웠다고 하는데, 화재나 전란으로 인해 소실되고 중건되기를 여러 차례 반복하여 지금의 황학루는 1985년에 중건된 건물이다. 황학루를 비롯한 무한 일대의 명승고적에 대한 좀더 자세한 소개는 다른 기회에 할 예정이다.

무한에서 비행기를 타고 강서성의 남창(南昌, 난창)으로 곧바로 가면 시간이 훨씬 절약되고 답사도 수월하지만, 중국 내에서의 항공료가 무척 비싸기 때문에 육로를 택했다. 황학루를 출발해서 구강시로 향하는 중간에 이리호(二里湖, 얼리후) 휴게소에서 잠깐 쉬었는데 그 앞에『본초강목(本草綱目)』으로 유명한 명나라 말기의 의학자 이시진(李時珍) 동상이 서 있다. 이 근처가 이시진의 출생지인 듯했다.

4시간 반쯤 달려 오후 7시 20분쯤 강서성 북단에 있는 구강시에 도착하니 현지 가이드 황선(黃先, 황셴)이 우리를 맞았다. 조선족인 그는 강서성에서의 모든 일정을 함께했는데 지식이 풍부하고 성실한 청년이었다. 중국 여행을 하면서 가이드를 잘 만나는 것도 복인데 이번 가이드는 꽤 마음에 드는 수준급이었다. 구강에 도착해서 먼저 심양어미대주점(潯陽魚味大酒店)에서 저녁식사를 하고 호텔에 투숙했다. 주점(酒店, 주뎬)이란 '식당'이나 '호텔'에 해당하는 말이다. 호텔은 5성급(五星級)의 구강원주국제대주점(九江遠洲國際大酒店)이었는데 영어로 'S&N International Hotel'이라 병기되어 있었다. S&N은 'Smile and Natural'의 이니셜이다. 호텔 명칭에서부터 중국의 변화가 감지된다.

여장을 풀자마자 바로 학술회의를 시작했다. 학술회의 발표 신청자가 많아서 그 일부분을 이날 밤에 강행하기로 한 것이다. 여행사의 패키지 상품에 포함되지 않은 구강 지역을 좀더 많이 보고 싶었기에 시간을 아끼느라 첫째 날의 여독이 풀리기도 전에 학술회의를 강행한 것이다. 사실 학술회의를 하기 위해서 온 것이지만 회원들의 마음은 모두 '콩밭'에 가 있었다. 그 '콩밭'에서는 그동안 글로만 읽었던 한문학 관련 유적지들이 우리를 기다리고 있었다. 그리고 학술회의를 끝낸 후 편안하게 술 한잔 하고 싶은 마음도 간절했다. 여행에서 빼놓을 수 없는 것 중의 하나가 술 마시는 즐거움일 터이다.

　나는 평소 술을 좋아해서 세계 각국의 여러 가지 술을 마셔봤는데 중국 술을 따를 만한 것이 없다는 생각이 든다. 그래서 이 기행문에서는 여정을 따라가며 중국술에 관해 내가 알고 있는 한 소개하려고 한다.

중국술의 분류

중국의 술을 분류하는 기준은 다양하지만 제조 방법에 의한 분류가 일반적이어서 크게 세 가지로 나뉜다. 이러한 분류는 어느 나라에서나 마찬가지다.

① 발효주(醱酵酒)

양조주(釀造酒)라고도 한다. 도수는 3도에서 18도 사이로 맥주·포도주·과실주·황주(黃酒)가 이에 속한다. 황주는 술의 색깔이 황갈색을 띠기 때문에 붙여진 이름이다.

② 증류주(蒸溜酒)

발효주를 증류시켜 얻는 술로 중국의 백주(白酒)가 이에 속한다. 전통적인 백주의 도수는 50도에서 70도 사이인데, 최근에는 40도 이하의 저도주(低度酒)가 많이 생산되고 있다. 백주는 무색투명한 색깔로 원래는 소주, 고량주 등으로 불렸으나 1949년 신중국 성립 이후 백주로 명칭이 통일되었다.

③ 배제주(配制酒)

노주(露酒)라고도 한다. 발효주 또는 백주에 향료, 약제(藥劑) 등을 첨가한 술로서 리큐어(liqueur)와 같은 술이다.

그런데 제조 방법, 원료, 생산과정 등을 종합해서 백주·황주·맥주·포도주·배제주의 5종으로 분류하는 것이 일반적이다. 이 중 중국 고유의 술은 백주와 황주가 주종을 이룬다. (백주에 대해서는 '중국술 2' 참조)

동림사의
혜원대사는
누구인가

구강은 어떤 곳인가

일찍 아침식사를 마치고 관광에 나섰다. 장마로 홍수가 났다는 소식을 접하고 왔지만 날씨는 쾌청했다. 그 대신 찌는 듯한 무더위가 기승을 부렸다. 7월 하순이고 우리나라 제주도보다 훨씬 남쪽에 와 있으니 무더울 법도 하다. 비가 내리지 않는 것에 감사할 따름이다.

오늘은 구강시 일대를 둘러볼 예정이다. 구강은 강서성 북단에 있는 그리 크지 않은 도시이지만 역사적으로 매우 중요한 지역이다. 파양호(鄱陽湖, 포양호)와 장강(長江)을 끼고 있어서 수륙 교통의 중심지로 역대 병가(兵家)들이 탐을 내던 곳이다. 춘추시기에는 오(吳)나라의 동쪽 경계, 초(楚)나라의 서쪽 경계에 위치해 있어서 '오두초미(吳頭楚尾, 오나라의 머리, 초나라의 꼬리)'라 일컬어지기도 했다. 진시황이 중국을 통일한 후

군현제(郡縣制)를 실시하면서 이곳을 36군(郡) 중의 하나로 정했고, 유방(劉邦)이 천하를 평정한 후에는 곧바로 이곳에 성지(城池)를 건설했을 만큼 중요시했다. 또한 구강은 도연명(陶淵明)의 고향이기도 하고 당나라 시인 백거이(白居易)가 이곳으로 좌천되어 저 유명한 「비파행(琵琶行)」을 지은 현장이기도 하다. 삼국시기에는 시상(柴桑)으로 불렸는데 수(隋)·당(唐)·송(宋)대에 걸쳐 심양(潯陽)으로 개칭되었다가 명나라 때부터 구강(九江)으로 통칭되고 있다. 이와는 별도로 강주(江州)로 불리기도 한다.

여산 기슭의 동림사

동림사(東林寺, 둥린쓰)는 여산의 서북쪽 기슭에 있는데 서림사(西林寺)·대림사(大林寺)와 더불어 여산의 3대 사찰로 꼽히는 고찰(古刹)로 구강에서 멀지 않다. 버스 안에서 멀리 여산의 웅장한 모습을 바라보노라니 당나라 시인 맹호연(孟浩然, 689~740)의 시 「만박심양망여산(晚泊潯陽望廬山)」이 생각났다. '늦은 무렵 심양에 정박해서 여산을 바라보다'라는 뜻의 제목이다.

돛을 달고 몇 천 리 돌아다녀도
이름난 산 도무지 만나지 못했는데

심양성에 배를 대니

비로소 향로봉이 눈앞에 보이네

일찍이 원 공(遠公)의 전기를 읽고
티끌 밖의 그 발자취 그리워했었는데

동림(東林)의 정사(精舍)가 가까이 있건만
해 저물어 다만지 종소리만 들릴 뿐

掛席幾千里　名山都未逢
泊舟潯陽郭　始見香爐峰
嘗讀遠公傳　永懷塵外踪
東林精舍近　日暮但聞鐘

　심양성(潯陽城)은 지금의 구강을 말하고 향로봉(香爐峰)은 여산을 상
징하는 대표적인 봉우리며 원 공(遠公)은 동림사를 창건한 혜원(慧遠,
334~416)을 가리킨다. 그 당시 맹호연은 뒤늦게 응시한 과거시험에 낙방
하고 실의에 차서 배를 타고 오월(吳越) 지방을 유람하면서 수심을 달래
고 있었다. 그의 나이 42~43세 때의 작품으로 추정된다. 과거에 낙방한
참담한 심경으로 벼슬과 은거(隱居) 사이에서 갈등하던 맹호연이 티끌
세상 밖에서 노닐었던 혜원대사를 그리워하며 그가 주석(駐錫)했던 여
산의 동림사를 바라보면서 느꼈을 심정을 이해할 만하다. 그 당시 맹호
연은 그저 바라만 보았을 뿐이지만 나는 지금 여산을 바라보면서 그 기

슭에 있는 동림사를 향해 가는 중이다.

여산 일대의 여행은 이번이 세 번째이지만 설레는 가슴은 이전과 다름없다. 첫 번째는 2007년 10월 벽사(碧史) 이우성(李佑成) 선생님을 모시고 그의 문하에서 공부하던 여러 학생들과 함께 온 여행이었다. 당시 벽사 선생님은 퇴행성관절염으로 보행이 극히 불편하여 휠체어 없이는 10미터도 이동하기 힘든 상황이었다. 그러나 평소 황학루와 등왕각을 몹시 보고 싶어 하셨기 때문에 더 늦기 전에 모시고 가는 것이 제자의 도리라 생각되었다. 그리하여 무리한 줄 알지만 여행을 강행한 것이다. 지금도 그렇지만 그 당시 중국에는 장애인을 위한 시설이 전혀 없었다. 황학루와 등왕각만 해도 평지에서 수십 계단을 올라가야 1층 엘리베이터 타는 곳이 나온다. 그래서 제자들이 벽사 선생님 휠체어를 들고 계단을 오르내려야 했다. 이 광경을 중국인들이 신기한 듯이 바라보곤 했었다.

두 번째로 방문한 것은 2008년 6월이었다. 나는 2006년 2월부터 2008년 1월까지 성균관대학교 박물관장으로 있었는데 박물관에서는 해마다 해외 박물관 답사를 다녀왔다. 그래서 2006년에는 산서성(山西省, 산시성)의 태원(太原, 타이위안)·행화촌(杏花村, 싱화촌)·평요고성(平遙古城, 핑야오고성), 복건성(福建省, 푸젠성)의 무이산(武夷山, 우이산) 일대를 답사했고, 2007년에는 절강성(浙江省, 저장성)의 소흥(紹興, 사오싱)과 강소성(江蘇省, 장쑤성)의 의흥(宜興, 이싱)을 다녀왔다. 모두 내가 기획하고 인솔한 여행이었다. 2008년 6월에는 박물관장직을 떠나 있었지만 학예사들이 나에게 중국 여행을 주선해달라고 요청해서 여산을 다시 찾은 것이다.

동림사는 동진(東晉, 317~420)의 명승 혜원대사(慧遠大師)가 386년에 창건한 사찰로 여산에 현존하는 사찰 중 가장 오래된 절이다. 동진시기에는 중국 남방불교의 중심지였으며 당나라 때는 전각(殿閣)과 승사(僧舍)가 310여 간, 승려 수가 수천 명, 소장 불경이 수만 권에 달하는 대사찰이었다고 한다. 항일전쟁시기(1937~1945)에 모두 파괴되고 부서진 전각 한 동만 남았는데 지금은 옛 모습을 거의 복구하여 1983년에 문화유산 보호제도인 '전국중점문물보호단위'로 지정되었다.

'호계삼소' 고사의 유래

입장권을 사서 검표하고 들어가면 제일 먼저 만나게 되는 것이 호계교(虎溪橋)이다. 예전에 왔을 때는 호계교가 동림사 경외(境外)에 있었다. 동림사 입구에 개울이라 할 수도 없는 지저분한 도랑이 하나 있었는데 이것이 바로 호계였다. 한 구석에 '虎溪'라는 작은 표지석이 없었더라면 알아볼 수 없을 만큼 온갖 쓰레기가 널려 있는 시궁창 같았다. 지금은 새로 담장을 만들어 동림사 경내로 끌여들였는데, 이전에 보았던 지저분한 도랑 대신에 시멘트로 개조된 수로(水路)가 우리를 맞았다. 그리고 그 옆에 커다란 돌에다가 '虎溪橋'라고 새겨놓았다. 참으로 살풍경한 광경이 아닐 수 없다. 그 유명한 호계의 옛 자취를 흔적조차 찾을 수 없도록 시멘트로 발라버리다니.

여기가 '호계삼소(虎溪三笑)'라는 고사가 유래된 곳이다. 당시 동림사 앞으로 시냇물이 흐르고 있었는데 혜원이 손님을 배웅하려고 이 시내를 건너면 뒷산의 호랑이가 울었다고 한다. 그래서 '호계(虎溪)'라는 이름이 붙여졌다. 그러면 '삼소(三笑)'라는 말은 어떻게 해서 나온 것일까. 혜원이 도연명(陶淵明)과 육수정(陸修靜)의 방문을 받은 어느 날, 이들을 배웅하다가 고상한 담론에 취한 나머지 자신도 모르게 호계교를 넘어버렸다. 그러자 뒷산의 호랑이가 울었고 세 사람은 서로 바라보며 크게 웃었다고 한다. 이로부터 '호계삼소'라는 고사가 생겨났는데 이 고사를 소재로 여러 화가들이 그림을 그리기도 했다.

호계삼소도 명나라 화가 유준(劉俊)의 그림. 오른쪽은 혜원, 왼쪽 앞은 육수정, 그 옆은 도연명으로 보인다.

이 '호계삼소'의 고사에 이의를 제기하는 사람도 있다. 즉 혜원이 입적할 때 도연명의 나이는 50세였고 육수정은 10여 세에 불과했는데 어떻게 이 세 사람이 함께 모여서 담론을 주고받을 수 있었겠느냐는 것이다. 그러나 이야기의 사실여부를 떠나 이 고사는 유교와 도교에 대한 혜원의 개방적인 자세를 보여준다. 도연명은 유학을 신봉하는 사람이고 육수정은 도사(道士)이다. 그러므로 이 고사는 이 시기 유(儒)·불(佛)·도(道) 삼교의 융합을 암시하는 하나의 예라고 하겠다.

혜원대사와 백련결사

혜원은 산서성(山西省, 산시성)의 명문 집안 출신으로 어려서부터 유학을 공부했으나 일찍이 벼슬할 뜻을 접고 21세에 태항산(太行山, 타이항산), 항산(恒山, 형산) 등지에서 불교를 공부하다가 도안대사(道安大師)의 반야경(般若經) 강설을 듣고 크게 깨달은 바 있어 그의 제자가 되었다. 45세에 도안의 문하를 떠나 광동성(廣東省, 광둥성)의 나부산(羅浮山, 뤄푸산)으로 가던 도중 강주(江州, 지금의 구강)를 지나다가 여산의 풍광에 매료되어 용천정사(龍泉精舍)를 짓고 거주하게 되었다. 그후 그를 따르는 무리들이 많아 용천정사로는 다 수용할 수 없게 되자 당시 강주자사(江州刺史) 환이(桓伊)의 도움을 받아 53세(386년)에 새 사찰을 세웠는데 이것이 지금의 동림사이다. 먼저 있었던 서림사의 동쪽에 세워졌기 때문에 붙여진 이름이다. 이후 그는 84세로 입적할 때까지 30여 년간 사찰 밖으로 나가지 않았다고 한다.

혜원은 여기서 일심으로 반야경을 강설했는데 유교와 도교의 이론을 원용하고 제자백가의 사상까지 끌어들여 외래 종교인 불교를 중국화하는 데 크게 기여했다. 반야경을 기초로 한 혜원의 사상은, 현실세계는 허환(虛幻)이므로 단지 눈을 감고 '나무아미타불'만 열심히 염불하면 죽어서 극락세계인 서방정토에 환생할 수 있다는 윤회사상과 인과응보를 그

동림사 금강문 대웅전 입구로, 벽에 '나무아미타불'이라 크게 쓰여 있어 이곳이 정토종의 본산임을 알리고 있다.

중심축으로 한다. 이로 인해 동림사는 중국 불교 8대 종파의 하나인 정토종(淨土宗)의 발원지가 되었다. 실로 혜원은 중국 불교가 남방에 뿌리를 내리는 데 중요한 역할을 했다.

호계를 지나 '수읍여산(秀挹廬山)'이라 쓰인 산문(山門)을 통과하면 수령 1500년이나 된다는 녹나무〔樟木〕를 보게 되고 이어 금강문이 나온다. 새롭게 단장한 금강문 벽에 '나무아미타불(南無阿彌陀佛)'이라는 글자가 크게 새겨져 있어 이곳이 정토종의 사찰임을 새삼 깨닫게 한다. 금강문을 지나면 백련지(白蓮池)가 나타난다. 예전에 왔을 땐 직사각형의 커다란 연못에 연(蓮)이 무성하게 자라고 있었지만 지금은 대대적인 보수공사를 하는 중이었다. 혹시 호계교처럼 볼썽사납게 수리하지 않을까 걱정이 되기도 했다.

　이 백련지는 동림사에서 상징적인 의미를 지니고 있다. 혜원은 402년(69세)에 당시 명망 있는 인사 18명과 함께 '서방정토'에 왕생하는 방법에 대하여 토론을 하고 아미타불상 앞에서 재계한 후 극락왕생의 결의를 굳게 다지자는 맹세를 했다. 이어 연못을 파서 연꽃을 심고 일종의 신앙결사인 '연사(蓮社)'를 설립했는데 이것이 '백련결사(白蓮結社)'로 후대에 수많이 결성된 신앙결사의 효시가 되었다. 혜원이 창도한 정토종을 '연종(蓮宗)'이라 부르는 이유가 여기에 있다. 그러므로 백련지는 동림사의 정토종과 깊은 인연을 맺은 곳이다. 이 백련지에 지금은 그냥 '연지(蓮池)'라는 이름만 붙어 있다. 백련결사와의 관련을 고려한다면 '백련지'로 불러야 하지 않을까? 보수공사를 마치고 새롭게 선보일 백련지가 어떤 모습일지 자못 궁금하다.

　당나라 시인 백거이(白居易)가 강주사마(江州司馬)로 있을 때 틈나는 대로 여산을 유람하고 동림사에서 기숙하곤 했는데 다음과 같은 「동림사백련(東林寺白蓮)」이라는 시를 남겼다. 아마도 동림사에서 가장 인상 깊었던 것이 백련지의 흰 연꽃이었던 모양이다.

　　동림사 북쪽, 연못의 물이
　　깊고도 맑아서 바닥이 보이는데

　　그 속에 흰 연꽃
　　삼백 개 봉오리

동림사 연지 혜원은 연못을 파서 연꽃을 심고 18명의 인사들과 백련결사를 결성했다.

한낮에 광채를 발하고

맑은 바람이 향기를 흩날리네

(…)

밤 깊어 스님들 잠들었는데
홀로 일어나 못가를 거니노라

그 씨앗 하나를 거두어들여
장안성(長安城) 향하여 부치고 싶지만

산속을 벗어나 떠나버리면
속세에 심어서 살아날 수 있을는지

東林北塘水　湛湛見底淸
中生白芙蓉　菡萏三百莖
白日發光彩　淸飈散芳馨
(…)
夜深衆僧寢　獨起繞池行
欲收一顆子　寄向長安城
但恐出山去　人間種不生

　연지 왼쪽에는 고루(鼓樓)가, 오른쪽에는 종루(鐘樓)가 있다. 연지를 지나 사천왕상을 통과하면 대웅보전이 눈앞에 보인다. 대웅전 전면에 '정토(淨土)'라 쓰인 글씨가 이곳이 정토종의 본산임을 알려준다. 대웅전 안에는 중앙에 석가모니불, 좌측에 아미타불, 우측에 약사여래불이 모셔져 있다. 이 삼존불 뒤편에는 관세음보살상, 좌우에 문수보살상과 보현

동림사 대웅보전 외벽 양쪽에 '정' '토'라 쓰여 있다.

보살상이 있는데 이것은 중국 사원에서 일반적으로 볼 수 있는 구도이다. 대웅전 왼쪽에 있는 오백나한당(五百羅漢堂)의 나한상들은 그리 볼만한 것이 못되었다. 내가 본 나한상 중 가장 인상 깊었던 것은 무한(武漢)의 귀원선사(歸元禪寺)에 있는 목조 나한상이었다.

신운전과 총명천

대웅전 뒤쪽의 신운전(神運殿)에는 신기한 이야기가 전해진다. 혜원이 처음 절을 지을 때 산에 목재로 쓸 만한 나무가 없어 걱정을 하던 어느 날, 꿈속에 산신(山神)이 나타나 "이곳에 절을 지을 만하니 도움을 주겠다"라고 했다. 그후 과연 평지에 큰 못이 생기고 그 속에서 아주 좋은 목재가 솟아올라 절을 지을 수 있었다는 것이다. 그래서 '신(神)이 목재를 운반(運搬)해주었다'는 이야기를 기념하기 위하여 '신운전'이라 이름한 것이다. 신운전 앞에는 목재가 솟아올랐다는 4각형의 연못을 만들어놓았는데 '출목지(出木池)'라는 이름이 붙어 있다.

출목지 뒤편에는 '총명천(聰明泉)'이라는 샘이 있다. 여기에도 혜원과 관련된 전설이 전한다. 혜원이 절을 창건할 때 산에 물이 없어 고생하다가 어느 날 지팡이로 땅을 치며 기도를 했더니 기도가 끝나기도 전에 맑은 샘물이 용솟음쳤다고 한다. 이 샘을 '고용천(古龍泉)' 또는 '탁석천(卓錫泉)'이라 불렀는데 지금은 총명천이라는 이름이 붙어 있다. 또한 심양(지금의 구강) 지방에 큰 가뭄이 들었을 때 이 샘에서 신령스러운 용이 출현하여 심양으로 가서 바람과 비를 불러왔다는 전설도 전한다.

동림문물진열관(東林文物陳列館)에는 동림사와 관련된 여러 가지 문물들이 전시되어 있다. '출목지' '백련구사(白蓮舊社)' 등이 새겨진 석판(石板), 판독이 불가능할 정도로 희미한 「십팔고현도(十八高賢圖)」 조각 등도 눈에 띄었다. 이 그림은 송나라 때 나한상을 잘 그렸던 절강성의 민간화가 이용면(李龍眠)이 그린 것으로 그는 혜원과 유유민(劉遺民) 등 백련결사를 주도한 18인의 모습과 여산의 풍광을 잘 묘사했다고 한다. 원본은 여산박물관에 보관되었다고 하나 거기에 가보아도 이 그림은 전시되어 있지 않았다.

지금 동림사는 온통 공사 중이다. 기존 건물을 수리하느라 사방에 먼

지가 날려 어수선했고 어마어마한 규모의 건물을 여러 채 신축하고 있었다. 무엇 때문에 이렇게 큰 건물들을 새로 짓는 것일까? 1500여 년의 역사를 간직한 동림사에 상업적인 냄새가 풍긴다.

서림사와
소동파와
여산 진면목

소동파가 서림사 벽에 쓰다

서림사(西林寺, 시린쓰)를 관광하는 데 우여곡절이 많았다. 서울에서 여행 일정을 준비하는데 명보여행사 최정식 부장으로부터 서림사 관광이 불가능하다는 연락을 받았다. 서림사는 외부인 관광을 일절 허용하지 않는다는 것이었다. 2007년과 2008년에 가본 적이 있는 나는 외부 공개를 허용하지 않는다는 것이 이상해 재차 알아보라고 부탁했지만 결과는 마찬가지였다. 이번에는 '비구니 사찰'이기 때문에 외부 공개를 할수 없다는 답이 왔다. 그래도 미심쩍어서 중국 측에 다시 연락해보라고 했더니 남창(南昌) 여유국(旅遊局)에 문의해본 결과 역시 불가능하다는 회신이 왔다는 것이다. 그래서 서림사 관광은 사실상 포기한 상태였다.

서림사는 동림사에서 불과 500미터도 안 되는 곳에 있고 또 소동파(蘇

서림사 소동파의 시 한 편으로 유명해진 사찰이다.

東坡)의 시비(詩碑)가 있는 곳이어서 꼭 가봐야 할 곳이었다. 서림사 입구의 바위에 새겨진 소동파의 시비는 밖에서도 보일 것 같아 그것만이라도 한문학회 회원들에게 보여주고 싶었다. 날씨가 너무나 더워 서림사에 가기 힘든 사람은 동림사 앞 나무그늘에서 쉬고 희망자만 걸어서 가보기로 했다. 40도 가까운 더위에 사우나를 하듯 땀을 뻘뻘 흘리며 동림사에서 가까운 서림사 후문 쪽으로 갔으나 곧 길이 막혀버렸다. 그래서 다시 돌아 나와서 정문으로 갔는데 문이 활짝 열려 있는 게 아닌가. 속았다는 배신감에 울컥 화가 치밀었다. 중국 여행사의 농간이었다. 함께 동행한 최정식 부장도 어이가 없다는 표정을 지었다. 중국을 여행하다보면 이런 일이 종종 벌어진다. 나무그늘에서 쉬고 있던 일행들에게 급히 연락을 취해 모두 서림사를 둘러볼 수 있었다.

천불탑(위) 당나라 현종의 명으로 세운 7층 전탑으로 서림사를 상징하는 탑이다.

소동파 시비(아래) 소동파가 서림사 벽에 써놓았다는 유명한 시 「제서림벽」을 새긴 시비. 서림사 주지 각해의 글씨이다.

서림사는 377년 혜영(慧永, 332~414)이 창건한 사찰로 동림사보다 9년이 앞선다. 혜영은 혜원과 함께 도안(道安)의 문하에서 수학한 승려로 일반적으로 혜원의 사형(師兄)으로 불린다. 두 사람은 함께 광동성의 나부산(羅浮山)으로 가서 수행하기로 약속하고 혜영이 먼저 나부산으로 가다가 여산에 정착했고 나중에 혜원이 와서 합류했다. 혜영은 혜원이 자신보다 불도(佛道)가 더 높다는 것을 알고 그를 위해 동림사 창건을 앞장서서 도왔다.

서림사에는 송나라 시인 소식(蘇軾, 1036~1101), 즉 소동파가 이 사찰의 벽에 써놓았다는 「제서림벽(題西林壁)」을 새긴 시비가 있고 그 옆에 서림사의 상징인 천불탑(千佛塔)이 서 있다. 이 탑은 당나라 현종(玄宗)의 칙명에 의해 세운 것으로 육각형의 7층 전탑(磚塔)이다.

'여산 진면목'의 유래

서림사는 예전에 갔을 때와는 달리 대대적으로 보수공사를 해서 경관이 많이 달라져 있었다. 절 주위에 외벽을 만들고 크고 작은 건물을 세워 예전의 아늑한 정취가 느껴지지 않았다. 산문을 들어서면 '여산 서림사(廬山西琳寺)'라 새겨진 비석이 있고 4주 3문(四柱三門)의 패방(牌坊, 파이팡)이 나오는데 중앙에 '육조고찰(六朝古刹)', 양쪽에 각각 '반야(般若)' '해탈(解脫)'이라 쓰여 있다. 패방이란 문짝이 없는 대문 모양을 한 중국 특유의 건조물인데 여러 가지 용도로 세워진다. 특정 건물의 입구임을 알리는 표지이기도 하고 우리나라의 열녀문(烈女門)과 같이 훌륭한 인물을 기념하기 위해서 세워지기도 한다.

서림사의 패방은 전에는 없던 구조물인데 다소 어색한 감이 들었다. 안으로 들어가보니 소동파의 시를 새긴 바위는 없애버리고 더 안쪽 천불탑 옆에 소동파의 시비를 새로 만들어놓았다. 비석 끝에 '비니각해립(比尼覺海立)'이라 서명한 것으로 보아 이 절의 주지인 비구니 '각해'가 글씨를 쓰고 비를 세운 것 같다. 그런데 소동파의 시에만 '西林'이라 쓰여 있고 경내의 다른 표기에는 모두 '西琳'으로 표기된 것이 특이한 점이었다. 모두 한문학 전공자들이어서 너무도 유명한 시비 앞에서 감회에 젖어 사진을 찍느라 여념이 없었다. 중국 여행사 측의 말만 믿고 서림사를 못 보고 갔으면 얼마나 한이 되었을까.

소동파의 시「제서림벽」을 소개한다.

횡(橫)으로 보면 영(嶺)이 되고 측(側)으로 보면 봉(峰)이 되고
멀고 가까움, 높고 낮음이 각기 같지 않은데

여산의 진면목을 알지 못하는 것은
몸이 다만 이 산중에 있기 때문일 터

橫看成嶺側成峰　遠近高低各不同
不識廬山眞面目　只緣身在此山中

소동파 초상 그는 여산의 여러 모습을 제시해놓고도 여산의 진면목을 알지 못한다고 했다. 그 자신이 여산 속에 있기 때문이다.

소식이 왕안석(王安石)과의 정치투쟁에서 패배하고 44세에 호북성(湖北省, 후베이성) 황주(黃州, 황저우)의 단련부사(團練副使, 지방관)로 좌천되어 사실상 6년간의 귀양살이를 마치고 49세(1084)에 다시 하남성(河南省, 허난성) 여주(汝州, 루저우)의 단련부사로 부임하는 도중 여산에 들러 약 10일간 머문 적이 있는데 이때 쓴 시이다.

좌우로 높고 길게 늘어서 있는 것을 '영(嶺)'이라 하고, 수직으로 높게 솟아 있는 것을 '봉(峰)'이라 한다. 그러므로 여산은 보는 각도에 따라 영이 되기도 하고 봉이 되기도 한다는 말이다. 또한 여산의 높고 낮은 봉우리들이 혹은 멀리, 혹은 가까이 있기도 하다고 말함으로써 여산의 모습이 웅장하고 다양하다는 것을 표현하고 있다. 이렇게 여산의 여러 모습을 제시해놓고도 '여산의 진면목을 알지 못한다'고 했다. 그 자신이 여산 안에 있기 때문이다.

이 시는 단순한 서경시(敍景詩)가 아니고 심오한 내용을 담은 철리시(哲理詩)라는 평가를 받는다. 그래서 수많은 여산시편(廬山詩篇) 중에서도 단연 압권으로 꼽혀 여산시의 총결(總結)이라는 것이 후대인들의 일치된 견해이다. 이 시로부터 유래된 '여산 진면목(廬山眞面目)'은 '여산의 참모습'이라는 뜻인데 '사물의 진정한 모습' 또는 '사물의 진정한 모습을 쉽게 파악하기 어렵다'는 것을 비유하는 말로 쓰인다. 서림사는 소동파의 이 시 한 편으로 유명해졌다고 해도 과언이 아니다. 과연 문학의 힘이 얼마나 큰 것인가를 새삼 깨닫게 해준다.

서림사를 뒤로하고 석문간(石門澗)으로 향했다. 이곳은 예부터 '여산 제일경'이라 칭송되던 풍경구(風景區, 훌륭하고 멋진 경치 지구)로 '여산 서대문'으로 일컬어지기도 한다. 혜원이 동림사를 짓기 전에 거주했던 용천정사가 있던 곳이기도 한데 지금 그 용천정사를 복원해놓았다고 한다. 혜원 이후에도 사령운(謝靈運), 이백(李白), 백거이(白居易) 등이 거쳐가면서 수많은 시문을 남겼다. 이외에도 빼어난 경치가 많아서 "석문간을 유람하지 않으면 여산의 면목을 알기 어렵다(不遊石門澗 難識廬山面)"

라는 말이 있을 정도이다.

그러나 버스 정류장에서 정상까지 가기에는 날씨가 너무나 더워 20여 분 올라가다가 되돌아왔다. 사실 여산은 제대로 구경하는 데에도 일주일은 잡아야 할 만큼 규모가 크고 볼거리가 많은 산이다. 이번 여행이 여산만 관람하는 것이 아니고 주변의 여러 곳을 다녀야 하기에 아쉽지만 다음을 기약하고 발길을 돌렸다.

백주에 대하여

(1) 백주의 분류

백주(白酒)를 분류하는 방법은 다양하지만 향(香)에 의한 분류가 일반적이다. 백주의 향은 쌀·고량(수수) 등의 원료, 누룩의 성분, 누룩과 원료와의 배합 비율, 발효방법, 교(窖, 흙으로 만든 발효 용기 또는 저장 용기)의 수명, 생산지의 자연환경 등에 의하여 다양한 형태로 나타난다. 백주 향의 주성분은 초산에틸인데 이것은 교 안에서 일어나는 미생물 신진대사의 산물이라 할 수 있다. 중국 국가가 공인한 백주의 향은 다음의 다섯 가지이다.

① 장향형(醬香型)
모태주(茅台酒)가 대표이기 때문에 모향형(茅香型)이라고도 한다. 낭주(郎酒), 무릉주(武陵酒)가 이에 속한다.

② 농향형(濃香型)
노주노교특국(瀘州老窖特麴)이 대표이기 때문에 노향형(瀘香型)이라고도 한다. 오량액(五糧液), 고정공주(古井貢酒), 전흥대국(全興大麴), 검남춘

(劍南春), 양하대국(洋河大麴), 황학루주(黃鶴樓酒) 등 중국 명주에 선정된 술 중에서 농향형에 속하는 술이 가장 많다.

③ 청향형(淸香型)

분주(汾酒)가 대표이기 때문에 분향형(汾香型)이라고도 한다. 보풍주(寶豊酒)가 이에 속한다.

④ 미향형(米香型)

밀향형(蜜香型)이라고도 한다. 계림삼화주(桂林三花酒)가 이에 속한다.

⑤ 기타향형(其他香型)

기타향형은 또 다음과 같이 네 가지로 분류된다.

약향형(藥香型): 누룩에 약초를 배합하기 때문에 약초 향이 약하게 난다. 대표적인 술은 동주(董酒)로 최근에는 '동향형(董香型)'으로 표기하기도 한다.

봉향형(鳳香型): 유명한 서봉주(西鳳酒)의 '봉(鳳)'자를 따서 붙인 이름으로 여러 가지 향을 두루 갖춘 독특한 향의 술이다.

겸향형(兼香型): 농향과 장향을 겸하는 술인데 백운변주(白雲邊酒)가 대표적이다.

특향형(特香型): 농향·청향·장향을 겸하는 술로 사특주(四特酒)가 대표적이다.

백주의 향은 매우 복잡한 조건과 과정에 의하여 생성되기 때문에 이를 기계적으로 분류할 수 없고 다만 감관(感官)에 의해서 분류할 뿐이다. 그러므로 이상의 다섯 가지 향형(香型)은 절대적이라 할 수 없으며, 같은 향형에 속하더라도 약간의 차이가 있을 수 있다. 이들 향은 아주 미세한 차이를 보이기 때문에 일반인들은 구별하기가 쉽지 않다. 백주의 상표에 향형을 반드시 표기하도록 의무화되어 있다.

(2) 백주와 '교(窖)'

백주는 발효−증류−저장−구태(勾兌)의 과정을 거쳐 출시된다. 구태는 블렌딩(blending)을 말한다. 이 과정은 서양의 증류주 제조 과정과 같지만 중국 백주는 발효와 저장 방법이 서양 술과 다르다. 백주는 '교(窖)'에서 발효시켜 교에 저장한다. 발효교는 교지(窖池)라 불리는데 진흙으로 만든 움이고, 저장교는 도자기 항아리인데 이것이 술의 품질을 좌우한다. 그리고 교는 오래될수록 좋아서 적어도 30년 된 교가 아니면 좋은 술을 만들 수 없다고 한다. 오래된 교일수록 기생하는 미생물이 많기 때문이다. 유명한 오량액(五糧液)을 저장하는 교에는 1킬로그램의 점토(粘土) 안에 수백 종에 달하는 10억 개의 미생물이 기생한다고 한다. 그래서 좋은 술이 생산되는 것이다.

또한 교는 장기적으로 연속 사용해야 한다. 왜냐하면 술을 발효시키고 저장하는 동안 교의 안쪽 표면에 수천 종의 미생물이 생성되어 술을 숙성시키는데, 연속 사용하지 않으면 이 미생물이 죽어버리기 때문이다. 이 미생물이 술을 숙성시키고 중국술 특유의 향을 만들어낸다. 그래서 100년 된 교라도 3,4개월 사용하지 않으면 폐기해야 한다고 한다. 그러나 예외적인 경우도 있다. 교에 기생하는 미생물은 혐기성세균인데 이 미생물은 원래의 생존환경에서 분리되면 대부분 죽어버리지만 일부는 포자(胞子)를 형성하여 휴면상태에 있다가 원래의 환경으로 돌아오면 다시 활성화된다. 600년 전의 양조시설을 발굴하여 수정방(水井坊) 술을 만들면서 "600년 동안 중단 없이 연속 사용했다"라고 말하는 것은, 600년 전의 발효교에 포자 형태로 생존해 있던 미생물을 분리하는 데 성공하여 이를 번식시켰다는 것을 의미한다.

그러나 이것은 같은 장소의 같은 교에서나 가능한 일이다. 교가 그 지방을 벗어나면 미생물이 정상적으로 성장하지 못한다고 한다. 미국과 일본에서 오량액의 발효교·저장교로부터 미생물을 채취하여 자기 나라에서 시험 배양했으나 실패했다는 보고가 있다. 오량액이 생산되는 사천성(四川省, 쓰촨성) 의빈(宜賓, 이빈) 지역의 온도·습도·일조량 등의 기후조건과 토양·지질 등의 여러 조건이 복합적으로 작용하여 그 지역 특유의 미생물이 생성되는 것이다. 그러므로 이 과정은 과학적으로도 완전히 분석되지 못하고 있다.

좋은 술은 적어도 3년 이상, 보통 술은 1년 이상 저장한다. 지금은 위스키의 저장연도 표기를 본받아 상표에 '10년' '15년' 등으로 표기한 백주가 시중에 나온다. 저장교는 위스키의 오크통에 해당되는 것이다. 저장 기간이 끝난 술은 '제일 구태원(第一勾兌員)', 즉 마스터 블렌더(master blender)의 손을 거쳐서 출시된다. 물론 블렌딩의 과정을 거치는 술은 좋은 술에 한정된다. 5천여 종이 넘을 것으로 추산되는 백주가 모두 그런 과정을 거치지는 않을 것이다.

(3) 가장 오래된 백주

백주의 기원에 대해서는 설이 분분하지만 대략 송나라 때 시작해서 원나라 때 보편화된 것으로 보인다.

> 양 삶고 소 잡아 한바탕 즐기세
> 한 번에 모름지기 삼백 잔은 마셔야지

> 烹羊宰牛且爲樂
> 會須一飮三百杯   ―이백 「장진주(將進酒)」부분

> 이백은 술 한 말에 시 백 편 짓고
> 장안 저자 술집에서 잠이 들었네

> 李白一斗詩三百
> 長安市上酒家眠   ―두보 「음중팔선가(飮中八儙歌)」부분

이런 시들을 보아도 이백과 두보가 살았던 당나라 때는 백주가 없었음이 분명하다. 아무리 이백이라 하더라도 50도가 넘는 백주를 '삼백 잔'이나 '한 말'을 마셨다면 아마도 살아남지 못했을 것이다.

지금까지 알려진 가장 오래된 백주는 1996년 요녕성(遼寧省, 랴오닝성) 금주(錦州, 진저우)에서 재개발공사 중 땅을 파다가 발견한 것인데 1845에 제조되었고 그 양이 4톤이라고 한다. 이 중 93킬로그램이 2003년 7월 광주(廣州, 광저우)에서 경매되어 558만 위안(약 8억 4천만 원)에 팔렸다. 우리 돈으로 킬로그램당 약 960만 원인 셈이다.

문제는 가짜이다. 중국은 워낙 가짜 천국이기 때문에 술도 예외일 수 없다. 2003년 중국 국가공상행정관리총국(國家工商行政管理總局, 약칭 공상총국)이 북경(北京)·심양(瀋陽, 선양)·정주(鄭州, 정저우)·성도(成都, 청두)의 일급 호텔 50여 곳을 조사한 결과, 판매 중인 고급 백주의 진품률은 47.7퍼센트, 고급 양주의 진품률은 28.6퍼센트로 나타났다. 어느 중국인 교수로부터 들은 바에 의하면 중국 국무위원 만찬석상에 올라온 술도 가짜가 있었다고 한다. 그러니 직접 마셔보지 않고는 진위를 판별할 수 없는 것이 중국술이다.

시상촌에서
도연명을
만나다

벼슬을 버리고 전원으로

도연명기념관이 있는 강서성 구강현(九江縣, 주장현)에 들어서니 '연명로(淵明路)' '시상북로(柴桑北路)' 등 도연명을 연상시키는 거리 이름이 눈에 들어온다. 기념관 입구의 도로는 좁고 포장도 되어 있지 않다. 아마 이곳을 찾는 관람객이 많지 않기 때문일 것이다. 2007년에 왔을 때에도 관람객은 우리 일행뿐이었다. 우리가 탄 대형 버스가 간신히 진입했고 비가 온 뒤라 진흙에 바퀴가 빠질 뻔했다. 2008년에는 내부 수리 중이라고 해서 가지 못했는데 지금 생각해보면 서림사의 경우처럼 중국 여행사측의 거짓말에 속은 게 아니었나 싶기도 하다.

도연명(陶淵明, 365~427)은 지금의 구강현 마회령진(馬回嶺鎮, 마후이링진) 부근의 시상촌(柴桑村, 차이쌍촌) 율리(栗里, 리리)에서 태어났다. 그는 동진(東晉)의 개국공신인 도간(陶侃)의 후예였지만 도연명 당시에는 가세가 기울어 29세 때부터 작은 벼슬을 하며 겨우 생계를 유지해나갔다. 41세(405) 때 팽택(彭澤, 펑쩌) 현령으로 임명되었으나 80일 만에 벼슬을 버리고 낙향했다. 그때 군(郡)에서 젊은 독우(督郵, 지방 감찰관)가 시찰하러 나왔는데 도연명에게 예복을 갖추어 입고 가서 영접하라고 하자 "나는 닷 말 곡식 때문에 고을의 어린 아이에게 허리를 굽히지 않겠다"라 말하고 그날로 사표를 던지고 고향으로 돌아간 것이다. 이때 지은 글이 저 유명한 「귀거래사(歸去來辭)」이다. 벼슬을 버리고 돌아와서 처음엔 지금의 성자현(星子縣, 싱쯔현) 옥경산(玉京山, 위징산) 아래에서 살다가 46세에 거처를 율리로 옮겼다. 그래서 지금까지 구강현과 성자현이 서로 도연명의 연고지임을 주장하고 있다고 한다.

　낙향하고 은거 생활에 들어간 초기에 쓴 작품이 「귀원전거(歸園田居)」 5수이다. 제1수에서 그는 "오랫동안 새장 안에 갇혀 있다가/이제 다시 자연으로 돌아왔다네(久在樊籠里 復得返自然)"라고 하여 그동안 관직에 있었던 것을 "새장 안에 갇혀 있는" 새에 비유했다. 이후 여러 번의 출사 권유가 있었지만 모두 거절하고 63세로 일생을 마칠 때까지 20년 이상을 전원에 은거하며 많은 시를 남겼다. 그리하여 그는 중국문학사에서 전원시의 높은 봉우리를 이루어 후대 시인들에게 지대한 영향을 미쳤다. 그의 대표작이라 할 수 있는 「음주(飮酒)」를 소개한다.

　　사람 사는 세상에 띠 집을 지었어도
　　말이나 수레가 시끄럽게 하지 않네

"묻노니 그대는 어찌 그럴 수 있는가?"
"마음이 멀어지면 땅도 절로 외지다오"

동쪽 울타리 밑에서 국화를 따다가
유연히 남산을 바라보노라

산 기운 밤낮으로 아름다워서
나는 새들 서로 더불어 돌아온다네

「국화 향기를 맡고 있는 도연명(陶淵明
嗅菊圖)」 명나라 화가 장풍(張風)의
그림. 도연명과 국화는 깊은 인연이
있다.

이 가운데 참된 뜻 들어 있는데
말하고자 하여도 말을 잊어버렸네

結廬在人境　而無車馬喧

問君何能爾　心遠地自偏

采菊東籬下　悠然見南山

山氣日夕佳　飛鳥相與還

此中有眞意　欲辨已忘言

「음주」20수 중 제5수로, 자연과 합일된 도연명의 심경이 담담하게 그려져 있다. 자연과 더불어 살아가는 은거 생활 속에 인생의 "참된 뜻〔眞意〕"이 들어 있다는 것을 깨닫지만 그것은 말로는 전달할 수 없는 높은 경지임을 나타낸다. 이 시를 읽고 있는데 옆에 있던 가이드가 "유연견남산(悠然見南山)"의 '남산'이 바로 여산이라고 거들었다. 여산이 시상촌의 남쪽에 있으니 그럴듯하다는 생각이 들기도 했다.

도연명의 사당 도정절사

도연명기념관 입장권을 사서 '진대일인(晉代一人)'이라 쓰인 대문을 들어서니 마이크를 장착한 여성 안내원이 우리를 안내했다. 먼저 들른 전시실의 로비에는 「채국도(采菊圖)」라는 대형 그림이 걸렸는데 오른쪽 상단에 앞서 소개한 「음주」 제5수가 쓰여 있다. 역시 이 시가 도연명을 대표하는 작품임을 말해준다. 이어서 도연명생평사략진열청(陶淵明生平事略陳列廳)에서는 그의 일생을 '옛날 시상리에 살다(故居柴桑里)' '강주에 머물며 벼슬하다(投來仕江州)' '벼슬을 버리고 팽택을 하직하다(棄官辭彭澤)' '방외의 동림사에 놀다(方外東林游)' '면양산에 돌아가 묻히다(歸葬面陽山)'의 다섯 부분으로 나누어 그림과 사진과 도표로 살펴볼 수 있다.

기념관 옆에는 도연명 사당인 도정절사(陶靖節祠)가 있다. '정절(靖節)'은 도연명 사후 그의 친구인 안연지(顔延之)가 지은 「도징사뢰(陶徵士誄)」라는 글에서 개인적으로 부여한 시호(諡號, 죽은 뒤에 공덕을 칭송하여 붙인 이름)인데 후대인들이 이 칭호를 즐겨 사용했다. '징사(徵士)'는 초야에서 학문에 정진하다가 이름이 알려져 임금이 특별히 벼슬을 내린 사람을 말하고, '뢰(誄)'는 죽은 사람의 생전의 공덕을 칭송하는 글을 말한다.

도연명기념관 강서성 구강현에 있다.

이 사당은 송나라 때 마회령진에 있는 면양산(面陽山, 몐양산)의 도연명 묘소 좌측에 처음 세워졌는데 원나라 말에 병란으로 파괴된 것을 명나라 가정(嘉靖) 17년(1538)에 복원했고 이후 1736년, 1921년의 대대적인 중수를 거쳐 1982년 지금의 자리로 이전했다. 건물 전면의 편액 '도정절사(陶靖節祠)'는 사당이 처음 세워졌을 때 진사(進士) 설응기(薛應祈)가 쓴 글씨인데 이후 풍화작용이 심하여 떼어서 별도로 보관하고 지금의 편액은 이를 복제한 것이다.

사당 안에는 2미터가량의 도연명 소상(塑像)이 있고 그 위에 '희황상인(羲皇上人)'이라 쓰인 편액이 걸려 있다. 희황은 전설상의 황제인 복희

씨(伏羲氏)를 가리키는데 도연명이 쓴 「여자엄등소(與子儼等疏)」라는 글에서 따온 것이다. 그 글 중에 "늘 말하기를, 오뉴월에 북쪽 창 아래 누워서 서늘한 바람이 불어오면 스스로를 희황상인이라 했다"라는 구절이 있다. 도연명에게는 다섯 아들이 있었는데 첫째아들 이름이 엄(儼)이다. 이 글은 엄을 비롯한 다섯 아들에게 준 훈계의 내용을 담고 있다. 편액의 글씨는 청나라 말 구강한림(九江翰林) 유정침(劉廷琛)이 쓴 것을 후에 도연명의 후손인 서화가(書畫家) 도단오(陶慱吾)가 다시 쓴 것이다. 그리고 소상 앞 두 기둥에는 '무사죽지난이(無絲竹之亂耳)' '낙금서이소우(樂琴書以消憂)'라는 주련(柱聯)이 있다. 앞의 것은 당나라 시인 유우석(劉禹錫)의 「누실명(陋室銘)」에서 따온 말로 '풍악 소리가 귀를 어지럽힘이 없다'는 뜻이고, 뒤의 것은 도연명의 「귀거래사」에 있는 구절로 '거문고와 책을 즐기면서 근심을 녹인다'는 뜻이다.

이외에도 사당에는 '청풍고결(淸風高潔, 맑은 바람처럼 높고 깨끗하다)' '망고요집(望古遙集, 옛사람을 우러러 멀리서 모여든다)' 등의 편액이 걸려 있다. 이 '망고요집' 구절은 앞에서 언급한 안연지의 「도정절뢰」에서 따온 말이다. 또 양쪽 벽면에는 도연명의 41세손 도형(陶亨)이 지은 「도정절사사문(陶靖節祠祀文)」과 유정침이 지은 「도정절선생사당기(陶靖節先生祀堂記)」, 도연명의 대표작인 「오류선생전(五柳先生傳)」 「귀거래사」 「도화원기(桃花源記)」가 석각되어 있다. 모두 현대인들의 글씨이다.

도연명 묘소에 한국 소주를 올리다

도정절사에서 왼쪽으로 20여 미터를 가면 도연명 묘소가 있다. 묘소 역시 원나라 말에 훼손되어 타성(他姓)의 사람이 그곳에 묘를 쓴 것을 1513년에 복원했고 이후 여러 차례 대대적인 보수를 거쳐 오늘에 이른다. 1995년에는 도연명 탄생 1630주년을 맞아 새로 패방과 신도(神道)를 만들었다. 63개의 돌계단을 올라가면 묘소가 나오는데 가이드 말로는 도연명이 63세에 별세했기 때문에 63계단을 만들었다고 한다.

묘소 전면의 비석은 삼문식(三門式) 구성이다. 중앙 비석 상단에는 붓이 꽂혀 있는 필가(筆架) 모양의 덮개를 만들어놓았고 그 밑에는 횡으로 '청풍고절(淸風高節)'이라 쓰여 있다. 중앙 비석의 정중앙에는 종으로 '진징사도공정절선생지묘(晉徵士陶公靖節先生之墓)'라 새겨져 있고 좌측엔 묘지(墓誌)가, 우측엔 「귀거래사」가 석각되어 있다. 그리고 우측 비석에는 「오류선생전」이, 좌측 비석에는 수묘인(修墓人) 성명과 연도가 새겨져 있다.

우리는 묘소에 참배하고 한국에서 가져온 소주를 정절 선생께 올렸다. 평소에 그토록 술을 좋아했던 분이기에 색다른 한국술을 한잔 올리는 것이 당연하다고 여겼다. 그래서 일행을 대표해서 술을 올리는 내 마음은 너무나 행복했다. 인류가 탄생한 이래로 도연명만큼 술을 좋아했던 사람도 드물 것이다. '망우물(忘憂物, 근심을 잊게 하는 물건)' '배중물(杯中物, 잔 속의 물건)' 등 술의 별칭을 만든 사람도 그였고, 그의 자서전이라 할 수 있는 「오류선생전」에서는 이렇게 말했다. '오류선생'은 그의 호다.

도연명 묘 비석 상단 붓꽃이 모양의 덮개 아래 '청풍고절'이라 쓰여 있고, 오른쪽 비석에는 그의 자서전 격인 「오류선생전」이 새겨져 있다.

천성이 술을 좋아하지만 집이 가난하여 늘 얻을 수는 없었다. 그래서 친척이나 벗들이 이러한 사정을 알고서 술을 마련하여 부르면 가서 남김없이 다 마셔버려 그 한도를 반드시 취하는 데에 두었다.

또 「음주」 서(序)에서 "나는 한가롭게 살면서 즐거움이 적은데 또 밤마저 길어졌다. 마침 좋은 술이 있어 하루 저녁도 마시지 않은 적이 없다. 그림자를 돌아보며 홀로 잔을 비우고 홀연히 다시 취하곤 했다"라고 하니 그가 늘 술을 벗 삼아 생활했음을 알 수 있다. 그뿐만 아니라 그는 죽기 직전에 자신의 죽음을 가상한 일종의 조시(弔詩)라 할 수 있는 「의 만가사(擬挽歌辭)」를 지었는데 그 속에서 "다만 한스러운 것은, 살아 있을 때/술 실컷 마시지 못한 것이네"라고 할 만큼 술을 좋아했다.

술을 사랑하지 명예는 사랑하지 않아

술에 있어서만큼은 둘째가라면 서러워할 정도로 술을 좋아했던 백거이(白居易)는 일찍이 도연명에 대하여 다음과 같은 시를 썼다.

들으니 심양군(潯陽郡)에
그 옛날 도징군(陶徵君) 있었다는데

술을 사랑하지 명예 사랑하지 않고
술 깨는 것 걱정하지 가난 걱정 않았다네

일찍이 팽택의 현령(縣令)이 되어
재직한 날 경우 80일 만에

발끈하여 홀연히 즐기지 않아
관인(官印)을 관청 문에 걸어두고는

입으론 귀거래(歸去來) 읊으며

머리엔 녹주건(漉酒巾) 쓰고서

관리들 말려도 어쩔 수 없어
고향 산 구름 속에 곧장 들었네

돌아와 다섯 그루 버들 아래서
도리어 술로써 진(眞)을 길렀고

인간 세상 영화, 이익
티끌처럼 내쳤다네

선생이 가신 지 오래이건만
서책에 남긴 글 실려 있어서

글마다 나에게 술을 권하지
이 밖엔 말한 것 하나 없도다

나 이제 늙으면서
몰래 그분 사모해

다른 점은 따르지 못하겠지만
얼큰히 취하는 건 본받으려네

吾聞潯陽郡　昔有陶徵君

愛酒不愛名　憂醒不憂貧

嘗爲彭澤令　在官纔八旬

愀然忽不樂　掛印著公門

口吟歸去來　頭戴漉酒巾

人吏留不得　直入故山雲

歸來五柳下　還以酒養眞

人間榮與利　擺落如泥塵

先生去已久　紙墨有遺文

篇篇勸我飮　此外無所云

我從老大來　竊慕其爲人

其他不可及　且傚醉昏昏

「도연명 취주도(醉酒圖)」 명나라 화가 진홍수(陳洪綬)가 도연명의 취한 모습을 상상하여 그린 그림이다. 도연명은 세계에서 술을 가장 사랑한 사람일 것이다.

「효도잠체(效陶潛體)」 16수 중 제12수이다. '도징군(陶徵君)'은 도연명을 가리킨다. '녹주건(漉酒巾)'은 '술을 거르는 두건'이라는 뜻으로 술을 좋아하던 도연명이 평소 집에서 술이 익으면 머리에 쓰고 있던 두건을 벗어 술을 거른 데서 유래된 말이다. 도연명과 술을 이야기할 때 빠지지 않는 고사이다. 도연명의 인간적 풍모를 이보다 더 곡진하게 그린 시는 없을 것이다. 그래서 긴 시를 전문 소개했다.

이렇게 술을 좋아한 도연명의 묘소에 와서 어찌 술 한잔 올리지 않을 수 있겠는가. 때마침 김종서 군이 소주를 챙겨온 덕분에 도연명이 맛보지 못했을 한국술을 올릴 수 있었다. 김종서는 연세대학교 국문학과에서 박사과정까지 수료하고 학위논문을 준비하다가 자퇴하고 성균관대학교 대학원 한문학과에 재입학해서 박사학위를 취득했다. 평소에 술을 좋아하던 그는 이번 여행길에 상당한 양의 팩 소주를 휴대하고 다닌 모양이었다. 식당에서 술 조달이 여의치 않을 때는 어김없이 팩 소주를 공급해주어서 역시 술을 좋아하는 나에게는 여간 고마운 일이 아니었다. 도연명이 우리나라 사람은 아니지만 한문학도로서 옛 선현의 묘소를 참배하고 술 한잔 올리는 감회를 어디에 견줄 수 있겠는가.

귀래정의 주련

새로 조성된 비랑(碑廊, 비석을 전시해둔 건물)에는 도연명의 시구를 비롯해서 그를 기리는 후대인들의 글이 수십 개의 오석(烏石)에 새겨져 진열되어 있다. 비랑을 나오면 귀래정(歸來亭)이 있는데 도연명의 「귀거래사」에서 그 명칭을 따온 것이다. 그래서 귀래정에는 다음과 같은 주련이 쓰여 있다.

雲無心以出岫 (운무심이출수)
鳥倦飛而知還 (조권비이지환)

구름은 무심히 봉우리에서 나오고
새는 나는 데 지쳐서 돌아올 줄 아는구나

귀래정 도연명의 명문「귀거래사」의 '귀'와 '래'를 따서 이름을 붙였다.

「귀거래사」 중에서도 가장 유명한 구절이다.

이외에도 도연명기념관에는 세묵지(洗墨池), 오류호(五柳湖) 등이 있고 '동리채국기지(東籬采菊基地, 동쪽 울타리 국화를 따던 곳)'까지 만들어놓았다. 앞서 소개한「음주」시구 중의 "동쪽 울타리 밑에서 국화를 따다가/ 유연히 남산을 바라보노라"의 현장이 이곳이라는 것이다. 도연명이 실제로 이곳에서 국화꽃을 따면서 남산을 바라보았는지의 여부는 지금 고증할 길이 없지만 사실 그러한 고증이 무슨 의미가 있겠는가.

또 다른 전시실은 문이 잠겨 있었다. 창문을 통해 안을 들여다보니 건물이 낡아 비가 새었는지 지저분하기 짝이 없다. 2007년에 왔을 때는 각시대에 걸쳐 간행된 『도연명집』의 판본과 도연명 족보, 그리고 도연명 연구서적들이 진열되었고 벽에는 다녀간 사람들이 써놓은 휘호(揮毫)가 걸려 있었다. 2008년에 왔을 때에는 내부수리 중이라고 해서 들어가지 못했는데 그때 정말 내부수리를 했다면 지금처럼 이렇게 허물어져 있을까 하는 생각이 들었다.

기념묵적을 남기다

도연명기념관 관람을 마치고 관장실에 들렀는데 2007년 처음 왔을 때의 기억이 문득 떠올랐다. 그때 관장은 우리에게 모필로 한 글귀 써달라고 요청했었다. 당시에는 일정이 너무 촉박했고 또 글씨를 써야 할 벽사 선생님이 휠체어를 타고 이미 나가셨기 때문에 관장의 요청을 들어주지 못했다.

이번에는 관장에게 먹과 붓을 요청하고 급히 김종서 군을 불렀다. 김종서가 평소에 서예를 익히고 있었다는 사실을 알았기 때문이다. 경내에서 사진을 찍고 있던 그는 급히 불려 와서 영문도 모른 채 붓을 잡았다. 커다란 화선지를 앞에 놓고 묵즙에 붓을 적시면서 무슨 글귀를 쓸 것인가를 물었다. 도연명의 시구를 써볼까 하다가 이왕이면 한국에서 왔다는 흔적을 남기는 것이 의미가 있겠다 싶어 처음 왔을 때 내가 지은 졸구(拙句)를 써보라고 했다. 그 시는 이렇다.

柴桑故里鎖香煙　靖節歸來涉谷川
采菊含杯安守拙　聊乘造化只樂天

시상의 옛 마을이 안개에 잠겼는데
정절 선생 돌아와 시내, 골짝 거닐었네

국화 따서 술 마시며 졸(拙)을 지켜 편안하게
애오라지 조화에 맡겨 천명을 즐겼다네

'국화를 따고 술을 마셨다'는 것은 도연명의 평소 생활상이고, '졸(拙)을 지킨다'는 것은「귀원전거」제5수의 "전원으로 돌아와 졸(拙)을 지킨다(守拙歸園田)"라는 구절에서 따온 것이며, 마지막 구는「귀거래사」의 "애오라지 조화의 법칙에 맡겨 생을 끝내리니/천명을 즐길 뿐 다시 무엇을 의심하랴(聊乘化以歸盡 樂夫天命復奚疑)"라는 구절에서 차용한 것인데 참으로 졸작임에 틀림없다.

김종서 군도 마음의 준비 없이 졸지에 쓰는 처지라 글씨가 제대로 되지 않았다. 그런대로 다 마치고 나니 세 사람이 그걸 들고 사진을 찍자고 관장이 제안을 했다. 그리고 낙관(落款)을 하고 200위안(약 4만 원)을 내면 전시실에 걸어주겠다고 했다. 그러나 도장을 가져왔을 리 없고 또 글씨도 마음에 들지 않아서 거절했다. 한국에 돌아가 다시 써서 낙관을 하고 200위안을 보내오면 전시해주겠다고 관장이 제의했지만 썩 내키지 않아서 건성으로 대답하고 말았다. 그러자 옆에서 보고 있던 경상대학교의 허권수 교수가 갑자기 붓을 잡는 것이었다. 허 교수는 한문 실력도 상당할 뿐 아니라 붓글씨에도 일가견이 있었다. 붓을 잡은 허 교수는 나름의 독특한 필체로 도연명의 시「음주」를 그야말로 일필휘지하는데 글씨가 힘이 있고 활달했다. 허 교수의 필력을 익히 알고는 있었지만 그땐 왜 김종서 군 생각이 먼저 났는지 모를 일이다.

관장으로부터 『도연명기념관』이라는 책을 기증받아 들고 도연명기념관을 나왔다. 이 책은 지금 이 글을 쓰는데 많은 도움이 되었다. 점심식사를 하고 버스로 약 2시간을 달려 남창의 금도황관주점(錦都皇冠酒店)에 도착했다. 영어로 'JINDO Crown Hotel'이라 병기되어 있다. 곧바로 어제에 이어 학술회의가 열렸다. 어제 발표하지 못한 사람과 중국 남창대학의 교수 2명이 발표를 했다. 그중 한 분은 자작시를 모필로 써 와서 한국한문학회와 정학성 회장에게 각각 기증해주었다.

한식당 '한성관'의 추억

학술회의를 마치고 남창 시내에 있는 한성관(漢城館)에서 저녁식사를 했다. 조선족이 경영하는 한식집으로, 간판에 '서울관'이라는 한글표기까지 되어 있는 곳이다. 2007년 조선족 가이드 유문일(柳文一)의 권유로 이 식당을 가보게 되었는데 처음엔 망설였던 것이 사실이다. 북경(北京)이나 상해(上海, 상하이)와 같은 대도시를 제외하고는 중국의 한국음식점들이 변변찮다는 것을 잘 알고 있었기 때문이다. 중국음식도 아니고 한국음식도 아닌 국적불명의 어중간한 요리가 나오기 일쑤였다. 더구나 개성이 강한 일행 몇 명이 강력히 현지 음식을 원하기도 하던 참이었다. 망설이다가 가이드의 체면도 어느 정도 살려주는 것이 좋겠다 싶어 결국 가게 되었는데 의외로 아주 훌륭했다. 된장찌개, 순두부찌개, 김치, 돼지고기 삼겹살, 소고기 불고기, 떡볶이 등이 푸짐하게 나왔다. 모두들 만족스러워한 식사였다. 아마도 주인이 한국에 가서 요리법을 배워온 모양이다.

더구나 이 집에선 술을 가지고 와서 마실 수 있다. 예전엔 그렇지 않았지만 지금 중국의 음식점은 개인적으로 술을 가져오는 경우 별도의 비용을 지불해야 하는 곳이 많다. 한번은 사천성(四川省, 쓰촨성)의 대족석각(大足石刻)을 둘러보고 그 근처의 허름한 식당에서 한 병에 20위안(약 4,000원) 하는 술을 마셨는데 값에 비해서 맛이 아주 좋았다. 그래서 몇 병을 사가지고 중경(重慶, 충칭) 시내의 식당에 가서 마시려고 했더니 한 병에 30위안씩의 비용을 요구해서 놀란 적이 있다. 그때는 술값보나 너 비싼 비용을 지불하고 마셔야 했다. 산업화되면서 중국의 인심이 점점 각박해지고 있는 것을 느낄 수 있다.

2007년에 왔을 때 한성관에서 마신 38도의 임천공주(臨川貢酒)도 좋은 술이었는데 이번에 한문학회 회원들과 마신 사특주(四特酒, '중국술 3' 참조)도 훌륭했다.

2011년 4월에 다시 찾은 한성관은 예전과 달랐다. 음식 맛과 종업원들의 서비스가 전보다 못했다. 낯익은 주인이 보이지 않아 물었더니 지금은 다른 사업을 하고 그 대신 아들이 식당을 맡아 경영하고 있다고 했다.

비유하자면 교향악단의 지휘자가 바뀐 것이니 악단이 연주하는 음악의 질이 다를 수밖에 없었을 것이다. 이제는 자신있게 이 음식점을 추천할 마음이 없다.

사특주

사특주(四特酒, 쓰터주)는 강서성 장수시(樟樹市, 장수시)에 있는 사특주 유한책임공사(四特酒有限責任公司) 제품의 백주(白酒)인데, 강서성의 전통 명주로 3000년의 역사를 자랑한다고 겉포장에 쓰여 있다. 포장지에는 또 다음과 같은 송나라 시인 육유(陸游)의 시구가 적혀 있다.

이름난 술이 청강(淸江)에서 왔는데
여린 색이 마치도 거위 새끼 같구나

名酒來淸江
嫩色如新鵝

청강은 장수시의 옛 이름이니 송나라의 유명한 애국시인 육유도 사특 주를 마시고 즐겼다는 것이다. 백주는 소주, 즉 증류주를 말하는데 중국 증류주의 기원에 대해서는 여러 가지 설이 있지만 대체로 송나라 때 처음 만들어졌고 원나라 때 일반화되었다는 것이 정설이다. 그러나 육유가 마셨던 사특주가 지금과 같은 도수 높은 백주였는지는 알 수 없는 일이 다. 어쨌든 사특주는 꽤 괜찮은 술이었다.

술 이름이 '사특주'가 된 데에는 여러 가지 설이 있다. 사특주의 전신은 청나라 광서(光緒) 연간(1875~1908)에 누원륭(婁源隆)이라는 술집에서 생산하던 제품인데, 이 술이 유명하여 가짜가 생산되자 술 단지에 '특(特)'자 4개를 써 붙여 위조품과 구별했다고 한다. 여기서 사특주라는 이름이 유래되었다는 것이 가장 일반적인 설이다. 또한 1959년에 주은래(周恩來, 저우언라이) 총리가 이 술을 마시고 나서 "맑고〔淸〕 향기로우며〔香〕 진하고〔醇〕 순수하다〔純〕"라는 네 가지 특징을 말했다고 해서 붙여진 이름이라고도 한다.

1972년에는 문화대혁명으로 이곳 강서성 남창의 트랙터 공장에 하방(下放)되었던 등소평(鄧小平, 덩샤오핑)이 부인을 동반하고 장수시를 방문하여 이 술을 맛보고 "술 중의 가품(佳品)이다. 맛이 독특하다"고 말했으며, 2001년에는 강택민(江澤民, 장쩌민) 주석이 이 술을 평하여 "명불허전(名不虛傳)이로다. 상등의 좋은 술이다"라 칭찬했다고 한다.

사특주는 1989년 제5회 중국 평주회(評酒會)에서 은상을 받았고 2004년에는 중국치명상표(中國馳名商標)를 획득했다. 중국치명상표란 2003년에 도입된 제도로, 술을 포함한 모든 공산품에 국가가 품질을 보증한다는 표시다. 우리나라의 KS마크와 비슷하다.

내가 보기에 이 술은 두 가지 특이한 점을 지니고 있다. 첫째는 원료다. 중국 백주는 고량(수수)을 주원료로 하고 여기에 밀이나 찹쌀 또는 옥수수를 배합하여 만드는 것이 일반적이다. 흔히 중국 백주를 '고량주'라 부르는 이유가 여기에 있다. 그런데 사특주는 쌀만을 원료로 한다. 이것은 매우 드문 경우인데 아마 쌀이 많이 생산되는 남방지방이기 때문인 듯했다. 둘째는 향형(香型, 향의 종류)이다. 백주의 향형에는 장향형(醬香型), 농향형(濃香型), 청향형(淸香型), 미향형(米香型), 기타향형(其他香型) 등이 있는데, 사특주는 특향형(特香型)이다. 기존의 어느 향형에도 귀속되지 않는 사특주만의 독특한 향을 가졌다는 것이다. 1988년에 중국백주협회 부회장 심이방(沈怡芳, 선이팡)이 사특주의 향이 기존의 네 가지(농향·장향·청향·미향) 향과 다르다는 결론을 내린 이래 전문가들이 모여 여러 차례 논의를 거듭한 끝에 명칭을 '특향'으로 결론지었는데 1997년 전국표준화위원회의 심의 결과 특향형으로 확정되었다. 그만큼 특이한 향을 가진 백주라 할 수 있다.

이러한 명성에 힘입어 현재 진장계열(珍藏系列), 연분계열(年分系列), 동방운계열(東方韻系列), 성급계열(星級系列) 등 100여 품종을 생산하고 있다. 가격도 65~700위안(동방운)에 이르고 '22년 연분주'는 2,280위안(약 40만 원)을 호가한다.

우리는 강서성의 성도(省都)인 남창에서 밤늦도록 이 지역의 대표적인 술 사특주를 질펀하게 마시면서 즐거운 시간을 가졌다. 낮에 위대한 주객(酒客) 도연명의 묘소를 참배하고 난 후이기 때문에 술맛이 더욱 좋았다. 쌀로 빚어서 그런지 좋은 쌀로 지은 밥에서 나는 향기에 약간의 감미(甘味)가 곁들여진 듯한 맛이었다. 이 술이 왜 '특향형'인지 그 이유를 조금은 알 것 같았다.

54도 10년 사특주, 100점 만점에 85점.

남창의
승금탑, 청운보, 우민사

남창의 삿대 승금탑
공자를 모신 문묘
청운보의 팔대산인기념관
'문명' 표어로 뒤덮인 중국
우민사의 도의국사 기념비

남창의 삿대 승금탑

기행 3일째, 날씨는 쾌청하다. 더이상 장마와 홍수 걱정은 안 해도 될 듯싶다. 그 대신 아침부터 찌는 듯한 더위가 사람을 늘어지게 한다. 하기야 남창(南昌, 난창)은 무한·중경·남경과 더불어 중국의 4대 화로(火爐)로 불리는 도시이고 또 계절이 7월 하순이니 이만한 더위는 당연한 것이겠다.

오늘 첫 번째 행선지는 승금탑(繩金塔, 성진타)이다. 승금탑은 남창 시내 진현문(進賢門, 진셴먼) 밖에 있는데 높이 59미터의 8각형 7층탑으로 "승금탑이 없으면 남창성이 없다"라는 말이 있을 정도로 남창과 깊은 인연이 있다. 이렇게 된 데에는 다음과 같은 전설이 있다.

그 옛날 남창은 물이 많은 수향(水鄕)이어서 거센 바람이 불고 비가 오

승금탑 '승금탑이 없으면 남창이 없다'는 말이 있을 만큼 남창을 대표하는 탑이다.

면 고을이 물위에 떠 있는 뗏목과 같았고 또한 번개가 치면 화재가 일어 피해가 막심했다. 이에 남창을 다스리던 유 태수(劉太守)가 이 바람과 물과 불을 다스릴 수 있는 방책을 널리 구했으나 3개월이 지나도록 묘책을 내놓는 사람이 없었다. 그런데 진현문 밖에 사는 김우근(金牛根)이라는 노인이 비가 몹시 내리는 날 강가에서 뗏목을 타고 있는 사람을 보았다. 그는 거센 물결 속에서도 삿대를 물밑에 꽂아 물결에 휩쓸리지 않고 뗏목 위에 서 있었다. 이를 보고 노인은 남창 고을을 지탱해줄 뗏목과 같은 삿대가 필요하다고 생각했다. 그러던 어느 날 꿈속에 한 고승(高僧)이 그의 집 문 앞에 지팡이를 꽂고 말하기를 "진현문 밖은 우리 불가(佛家)의 중요한 땅이니 물과 불에서 구제하고 당장 강성(江城)을 진정시키리라"라고 했다. 꿈에서 깨어 노인이 지팡이를 꽂았던 문 앞을 파보니 쇠로 만든 큰 상자가 나왔다. 이 상자는 8각형이고 7층으로 이루어졌는데, 1층엔 금줄〔金繩〕4개, 2층엔 금으로 된 병 1개, 3층엔 석가모니 사리 300개가 있었다. 4, 5, 6층에는 보검(寶劍)이 1개씩 있고 각각에 '구풍(驅風, 바람을 몰아내다)' '진화(鎭火, 화재를 진압하다)' '항요(降妖, 요괴를 항복시키다)'라는 글자가 새겨져 있었다. 7층에는 "하나의 탑이 홍주(洪州, 남창)를 진정시켜 천년 동안 떠내려가지 않고 금줄이 지맥을 붙들어 매어 만년토록 근심이 없으리라"라고 쓰인 죽간(竹簡)이 있었다. 이에 노인이 태수에게 진언했고 태수는 쇠 상자의 모양대로 7층 8각형의 탑을 세워 바람과 물과 불의 재앙으로부터 벗어났다는 전설이다. 말하자면 이 탑이 뗏목처럼 남창 고을을 지탱해주는 삿대 역할을 한 것이다.

당나라 천우(天祐) 연간(905~906년경)에 건립된 승금탑은 이후 아홉 차례의 중건과 중수를 거쳐 오늘에 이르고 있다. 마지막으로 중수한 것은 1999년이라고 한다. 그런데 승금탑은 1층에서 나왔다는 '금줄〔金繩, 금승〕'에서 이름을 따왔을 터인데 왜 '금승탑'이라 하지 않고 '승금탑'이라 했는지 모를 일이다.

공자를 모신 문묘

승금탑 옆에는 천불사(千佛寺)라는 사원이 있다. 중앙에 석가모니불이 모셔져 있고 그 옆에 999존의 작은 불상이 조각되어 있다. 탑 아래 있다고 해서 탑하사(塔下寺)라 불리기도 한다. 절 앞에 있는 반달 모양의 방생지(放生池)는 일명 검지(劍池)라고도 한다. 지금 사원의 규모는 보잘 것 없지만 우민사(佑民寺)·보현사(普賢寺)·대안사(大安寺)와 더불어 남창의 4대 사원으로 꼽힌다.

사원 오른쪽에는 무대 같은 공간인 고희대(古戱臺)가 있고 탑 뒤편에는 공자를 모신 사당인 문묘(文廟, 원먀오)가 있다. 특이하게도 사찰과 문묘가 함께 있는 것이다. 더 특이한 것은 문묘의 내부 구조이다. 중앙에 공자상이 놓이고 좌측에 자우(子羽), 우측에 안회(顔回)의 상이 있다. 공자 옆에 수제자인 안회를 앉힌 것은 당연하지만 자우를 함께 모신 것은 뜻밖이었다. 공자상에는 '만세사표(萬世師表, 만세에 모범이 될 만한 덕이 높은 사람)', 안회상에는 '화성유구(化成悠久, 오랫동안 만물을 교화·육성하다)', 자우상에는 '성집대성(聖集大成, 성인의 덕행을 집대성하다)'이라 쓰여 있다.

문묘 공자를 모신 사당으로, 중앙에 공자가 있고 좌우에 안회와 자우가 배향되어 있다. 자우가 배향된 것이 특이하다.

자우가 공자의 제자인 것은 틀림없지만 문묘에 배향될 만큼 뛰어난 제자는 아니었다. 궁금증을 풀기 위하여 여행에서 돌아와 『사기(史記)』의 「중니제자열전(仲尼弟子列傳)」을 찾아보니 이런 대목이 있다.

담대명멸(澹臺明滅)은 무성(武城) 사람으로 자는 자우(子羽)이고 공자보다 39세 아래이다. 그는 용모가 매우 못생겨서 공자는 그가 가르침을 받으러 왔을 때 재능이 모자라는 사람이라 생각하였다. 그러나 수업을 받고 물러나 덕행을 닦아서, 길을 갈 때에는 지름길로 가지 않았고 공적인 일이 아니면 경대부(卿大夫)를 만나지 않았다. 그가 남쪽으로 내려가 장강(長江) 근처에 이르니 그를 따르는 제자가 300명이나 되었다. 그는 취(取)하고 주는 것, 벼슬에 나아가고 물러나는 도리를 가르쳐 제후들에게 이름을 드러내었다. 공자가 듣고 이렇게 말했다. "내가 말 잘하는 것으로 사람을 골랐다가 재여(宰予)에게 실패하였고, 얼굴 모양을 보고 사람을 가리다가 자우에게 실패하였다."

이제야 알 것 같다. 못생긴 제자 자우가 남쪽으로 내려가 유세(遊說)했다는 곳이 바로 남창이기 때문에 이곳 문묘에 특별히 그를 배향한 것이다. 가이드는, 못생겼기 때문에 공문(孔門)으로부터 축출되어 이곳에 내려와 많은 제자를 길렀다고 했다. 그러나 축출되었다는 기록은 없고 또 자우가 이곳으로 내려왔는지의 여부도 확인할 길이 없다. 남창 사람들이 자우를 선점한 것이 아닌가 싶다.

이외에도 대성전 안에는 공자의 일생을 석각한 「성적도(聖迹圖)」와 동판에 새긴 「공자탄신도(孔子誕辰圖)」 「공자순유도(孔子巡遊圖)」가 수십 점 진열되어 있다. 대성전 앞뜰 한켠에는 승금탑을 세우자고 건의한 김우근 노인의 소상과 3개의 보검을 형상화한 조각품이 놓여 있다.

청운보의 팔대산인기념관

승금탑을 뒤로하고 팔대산인기념관으로 향했다. 승려 화가 팔대산인(八大山人, 1626~1705년경)은 명나라 태조 주원장(朱元璋)의 열여덟째 아들인 영왕(寧王) 주권(朱權)의 9세손 주답(朱耷)의 호이다. 그는 어렸을 때부터 예술 방면에 천재적인 재능을 보였다고 한다. 그러다 19세 때 명나라가 망하자 왕족으로서 신변의 위협을 느껴 깊은 산속으로 숨어들어 삭발을 하고 스님이 되었다가 후에 도사(道士)가 되어 이곳에 도관(道觀, 도교의 사원)을 짓고 은거하며 서화(書畫)를 즐겼다.

원래 이곳은 전통적인 도교사원으로 태을관(太乙觀), 천영관(天寧觀) 등의 명칭으로 불리다가 팔대산인이 그의 동생 주추월(朱秋月)과 함께 이곳에 오면서 청운포(靑雲圃)로 개명했다. 그후 다

팔대산인 서명 이 독특한 서명은 보기에 따라서 '哭之(곡지)' 또는 '笑之(소지)'로 보이기도 한다.

시 청운보(靑雲譜, 칭윈푸)로 개칭되었으며 1959년 여기에 팔대산인기념관이 세워졌다.

팔대산인은 나라 잃은 통분을 가슴에 품고 살았기 때문에 종종 기괴한 행동을 했다고 한다. 때로는 귀머거리 노릇도 하고 벙어리 노릇도 하며 사람들과 어울리는 것을 꺼렸고, 때로는 길가에서 노래하고 통곡하다가 한바탕 크게 웃으며 돌아오기도 했다. 이랬던 그의 그림에는 망국의 한을 은유적으로 표현한 것이 많다. 물고기나 새가 사람에게 눈을 흘겨 쏘아보는 그림 등이 그 대표적인 예이다. 그의 그림에는 '八大山人'이라는 호가 독특한 초서로 쓰여 있는데 보기에 따라서 '哭之'(곡지, 통곡한다는 뜻), 또는 '笑之'(소지, 비웃는다는 뜻)로 쓴 것처럼 보인다. 그가 의도

팔대산인 「화조산수(花鳥山水)」(1694) 팔대산인의 대표작으로, 새가 눈을 흘겨 사람을 쏘아보는 듯하다.

적으로 그랬는지 어떤지는 알 수 없지만 그렇게 보이는 것은 사실이다. 그의 그림은 통상적인 격식을 벗어난 것이 많고 그래서 형체를 사실적으로 그리기보다 작가의 뜻을 표현하려는 이른바 사의화(寫意畵)의 대표적 화가로 평가된다. 그의 화풍은 후대에 지대한 영향을 미쳐 정판교(鄭板橋), 임백년(任伯年), 오창석(吳昌碩), 제백석(齊白石), 장대천(張大千) 등 저명 화가들이 그의 영향을 받았다.

기념관에는 팔대산인과 그의 동생 우석혜(牛石慧, 주추월의 호)의 서화 작품 100여 점이 전시되어 있는데 대부분 복제품이고 진품은 상해박물 관 등에 있거나 개인이 소장하고 있다고 한다. 그러나 팔대산인의 그림 을 감상하는 데에는 별 지장이 없다. 이외에도 기념관 내에는 팔대산인 묘와 소상이 있다.

그런데 기념관 입구까지 갔으나 들어갈 수 없었다. 여행을 준비할 때 중국 여행사 측으로부터 관람불가 통고를 받았지만 또 속는 것이 아닌 가 싶어 일단 가보기로 한 것인데 이번에는 정말이었다. 2008년 이곳에 왔을 때 그 일대를 문화예술촌으로 조성하고 있었는데 아직도 공사가 끝나지 않은 것인지 명확한 이유는 알 수 없지만 입장 불가였다. 가이드 에게 알아보라고 해도 그저 "안 된다"는 대답뿐이었다. 전에는 기념관 앞에까지 버스가 들어갔으나 지금은 그 일대를 막아놓고 입구에 '팔대 산인 매호경구(八大山人梅湖景區)'라는 표석이 세워져 있다. 우리는 입구 근처에 새로 조성된 여러 조형물들만 보고 발길을 돌리는 수밖에 없었 다. 연세대학교 국문과 박무영 교수는 "가슴 떨리며 기대했는데……" 하 면서 몹시 안타까워했다. 박무영 교수는 한때 미술을 전공하려고도 했 던 분으로 미술에 대한 관심이 많았다.

'문명' 표어로 뒤덮인 중국

팔대산인기념관을 돌아 나오는데 입구에 '군인과 경찰과 민간이 함께 문명 풍경구를 건설하자(軍警民共建文明景區)'라는 입간판이 눈에 띄었다. 중국을 여행해본 사람이라면 흔히 보았겠지만 중국은 온통 '문명'이라는 표어로 뒤덮여 있다. 북경이나 상해와 같은 대도시에서는 많이 없어졌지만 아직도 '문명'을 외치는 표어가 사라지지 않았다.

특히 1990년대 초반 내가 여행한 중국의 곳곳에는 '문명화하자'는 문구가 지나칠 정도로 많이 걸려 있었다. 절강성 항주시(杭州市, 항저우시)의 육화탑(六和塔) 경내에는 '문명한 도시를 건설하자(建文明城市)'라는 표어가 걸려 있었고, 섬서성(陝西省, 산시성) 서안시(西安市, 시안시)의 흥경궁(興慶宮) 안에는 '문명한 공원을 창건하자(創建文明公園)'라는 문구가 눈에 띄었으며, 산동성 태안역(泰安驛)에는 '문명한 태산을 건설하자(建文明泰山)'라는 문구가 쓰여 있었다. 그뿐만 아니라 섬서성 건현(乾縣, 첸현)의 어느 소학교 교문에는 '문명학교'라는 간판이 달려 있고, 산서성(山西省, 산시성) 대동시(大同市, 다퉁시)의 한 병원 앞에는 '문명의원'이라는 간판이 걸려 있었다. 지금도 음식점이나 상점에 '문명단위(文明單位)'라 표시한 곳이 많은데 이것은 말하자면 '모범업소'라는 뜻이다. 불결하고 불친절하고 무질서한 상행위를 바로잡기 위해서 중국 정부가 문명이란 이름을 내세운 정책인 것이다.

팔대산인기념관 앞의 입간판을 보면서 문득 조선 후기의 실학자 박제가(朴齊家)가 떠올랐다. 1778년 처음으로 중국을 다녀와서 쓴 『북학의(北學議)』에서 그는 당시 청나라의 수도인 연경(燕京, 지금의 북경)을 '문명도아(文明都雅)'의 도시로 묘사했다. 즉 문명하고 아름다운 도시라는 뜻이다. 그는 중국을 '문명지수(文明之藪, 문명의 숲)'라 표현했다. 이 책은 온통 청나라의 '문명'에 대한 동경으로 가득 차 있다. 청나라를 배워서 우리도 문명화하자는 것이 『북학의』의 요지였다.

그러한 중국이 오늘날 도리어 문명을 부르짖고 있다니 참으로 금석지감(今昔之感)을 금할 수 없다. 남창 시내의 택시에 붙어 있던 것도 '문명한 도시를 창건하여 화해로운 남창을 건설하자(創建文明城市 構建和諧南昌)'는 구호였다.

우민사의 도의국사 기념비

우리는 팔대산인기념관을 보지 못한 아쉬움을 뒤로 한 채 다음 행선지인 우민사(佑民寺, 유민쓰)로 향했다. 남조(南朝, 420~589) 양무제(梁武帝) 때인 547년 상란사(上蘭寺)라는 이름으로 창건된 이 사원은 그후 대불사(大佛寺), 개원사(開元寺), 승천사(承天寺), 능인사(能仁寺), 영영사(永寧寺), 우청사(佑淸寺) 등으로 개명되었다가 1929년에 지금의 우민사로 개칭되었다. 지금도 규모가 대단히 큰 사찰이지만 당나라 때 마조도일(馬祖道一)이 주석하고 있을 당시에는 제자가 3천여 명에 달했다고 한다.

사천왕상을 지나면 동불전(銅佛殿)이 나오는데 이곳에는 높이가 1장(丈) 6척, 무게가 3만 6천 근이나 되는 거대한 동불이 있다. '1장'은 약 3미터, '1척'은 약 30센티다. 이 불상의 기단부에는 '세계상 실내 최대 아미타불 동상(世界上室內最大阿彌陀佛銅像)'이라는 글귀가 적혀 있다. 이른바 '남창 3보(寶)'의 하나로 꼽혀 "남창이 가난하긴 하지만 오히려 3만 6천

우민사 선승 마조도일이 주석하면서 우민사는 중국 선종의 요람이 되었다.

근의 동(銅)이 있다네"라는 민요가 생길 만큼 유명한 불상이다.

동불전을 지나면 대웅보전이 나타나고 대웅보전 좌측에는 고루(鼓樓), 우측에는 종루(鐘樓)가 있다. 종루 안에는 높이 7척, 둘레 1장 4척, 무게 1만 64근이나 되는 거대한 동종(銅鐘)이 있는데 이것이 남창 3보 중 두 번째 보물이다. 그러나 안타깝게도 일반인에게는 공개하지 않아 종루에 올라갈 수 없었다. '3보' 중 나머지 하나인 보현사(普賢寺) 철상(鐵象, 철로 만든 코끼리)은 없어진 지 오래되었다고 한다. 대웅전을 지나면 1층이 법당인 장경루(藏經樓)가 있다.

우민사에서 눈길을 끄는 것은 '대한불교 조계종 종조 도의조사 입당 구법 기념비명(大韓佛教曹溪宗宗祖道義祖師入唐求法記念碑銘)'이 새겨진 비석이다. 이 비석은 한국의 조계종단이 주도하여 동불전 앞에 세웠는데 제막식(2008년 4월 11일) 때 조계종 총무원장 지관 스님을 비롯한 150여 명의 관련 인사가 참여했다고 한다. 높이 5.5미터에 이르는 비석에는 신라 도의국사(道義國師)의 행장과 구법(求法) 과정이 4,300여 자의 국한문으로 새겨져 있다. 머나먼 중국 땅에서 우리말로 쓰인 비석을 보는 감회도 남달랐고 더구나 한국 고승의 기념비가 유서 깊은 우민사에 세워졌다는 사실이 또 한번 나에게 깊은 인상을 남겼다.

도의조사 기념비가 우민사에 건립된 데에는 그럴 만한 이유가 있는데 이를 밝히기 위해서는 중국 선종(禪宗)의 역사를 살펴볼 필요가 있다.

선종은 달마(達磨)가 남인도로부터 숭산(嵩山, 쑹산)의 소림사(少林寺)에 와서 '면벽 9년'을 하면서 개창한 종파이다. 달마의 심법(心法)은 2조 혜가(慧可)에게 전해지고 이후 5조 홍인(弘忍)의 문하에서 신수(神秀)와 혜능(慧能)이라는 뛰어난 제자가 나왔다. 신수는 점수(漸修, 차례를 밟아 점차 도를 깨우치는 것)를 주장하며 북방에서 활동했고 혜능은 돈오(頓悟, 일정한 절차를 밟지 않고 한꺼번에 도를 깨우치는 것)를 주장하며 남방에서 활동했는데 이로부터 선종은 남북 2종으로 나뉘게 되었다. 이른바 '남돈북점(南頓北漸)'의 2파가 성립된 것으로 이후 남종의 세력이 강해져서 혜능은 사후에 선종의 6조로 추존되었다. 혜능의 제자인 남악회양(南嶽懷讓)의 제자로 마조도일(馬祖道一)이 있었는데 그가 홍주(洪州, 지금의 남창)의 개원사(開元寺, 지금의 우민사)에 주석하자 제자들이 운집하여 선풍을 드날리게 되었다. 이로부터 개원사는 중국 선종의 요람이 된다.

마조도일은 비천한 농가에서 태어났지만 용모나 행동거지가 남들과

대한불교 조계종조 도의조사비 한국 불교 조계종의 개조인 도의선사가 이곳에서 서당지장으로부터 법을 전수받은 것을 기념하여 세운 비석이다.

달리 비범하고 기이했다고 한다. 걸음은 소걸음과 같고 호랑이 눈빛을 가졌으며, 혀가 길어서 코끝을 지났고, 발바닥에는 2개의 법륜(法輪) 표시가 있었다고 전해진다. 마조도일의 제자 중에 서당지장(西堂智藏)이 있는데 신라의 도의(道義)가 홍주 개원사에서 이 서당지장으로부터 법을 전수받았다고 한다. 그래서 지금의 우민사에 도의조사 기념비가 세워진 것이다.

도의선사는 784년(신라 선덕왕 5)에 당나라에 가서 37년간 구법 활동을 하다가 821년(신라 헌덕왕 13)에 귀국했는데, 불경을 중심으로 불법을 펴는 교종(教宗)이 지배하던 당시 신라의 불교계는 선종의 법통을 이은 그를 받아들이지 않았다. 이에 그는 설악산으로 들어가 40년 동안 수도하며 제자를 양성했고 후에 그의 제자들이 구산선문(九山禪門)의 하나인 가지산문(迦智山門)을 개창하고 선풍을 일으켜 불교개혁에 앞장섰다. 이로 인하여 그는 지금 조계종의 개조(開祖)로 추앙받고 있다.

그런데 최근 도의선사가 서당지장으로부터 법을 받은 곳이 지금의 우민사가 아니라 건주(虔州) 공공산(龔公山)의 보화사(寶華寺)라는 사실이 밝혀졌다(조영록 『동아시아 불교교류사 연구』, 동국대학교 출판부 2011 참조). 이곳은 오늘의 행정구역으로는 강서성 감현(贛縣, 간현) 전촌진(田村鎭, 톈춘진) 동산촌(東山村, 둥산촌)에 속한다. 그러므로 엄밀하게 말하자면 도의선사 기념비는 보화사에 세워야 마땅하다는 것이 동국대학교 조영록(曺永祿) 교수의 견해이다. 그러나 지장은 스승인 마조도일이 입적할 때까지 개원사에서 시봉했으므로 도의선사의 기념비를 이곳에 세우는 것이 크게 잘못된 일은 아닌 듯싶다.

등왕각에서
왕발의 명문을
보다

명루 등왕각
명문「등왕각서」
명층과 암층이 교차되는 등왕각

명루 등왕각

우리가 고대하던 등왕각(滕王閣, 텅왕거)은 653년 당태종 이세민(李世民)의 스물두 번째 동생인 이원영(李元嬰)이 남창(南昌)에 세운 누각이다. 이세민은 이원영을 '등왕(滕王)'으로 봉했는데 태종이 죽고 즉위한 고종은 숙부인 그를 홍주(洪州) 도독(都督)으로 좌천시켰다. 황족 내부의 권력투쟁에 환멸을 느끼던 차에 음악과 춤과 그림을 좋아한 이원영은 정치 현실을 멀리하고 이곳에 눌러 앉아 여생을 보내려고 했다. 이에 풍경이 수려한 감강(贛江, 간강. 장강의 지류) 변에 누각을 짓고 빈객을 초청하여 연회를 베풀 장소로 삼았던 것이다.

등왕각은 지금까지 29차례의 중건과 보수를 거쳐 오늘에 이르는데 1926년 북양군벌 등여탁(鄧如琢) 부대에 의해 완전 소실된 것을 1989년

등왕각 황학루·악양루·봉래각과 더불어 중국의 4대 누각으로 불리는 등왕각의 웅장한 모습. 1층 입구에 '괴위절특(瑰偉絶特, 웅장하기 짝이 없다)'이라 쓰인 편액이 걸려 있다.

에 중건한 것이 지금 우리가 보고 있는 등왕각이다. 당나라 때 처음 세워진 건물은 높이가 6장(약 18미터)이었으나 지금은 57.5미터의 웅대한 누각으로 변신했다. 역대 등왕각 중에서 규모가 가장 큰 것으로 엘리베이터를 타고 올라가도록 되어 있다. 현재의 등왕각 내부는 왕발(王勃)과 그의 「등왕각서(滕王閣序)」를 중심으로 배치되어 있기 때문에 이것을 먼저 살펴볼 필요가 있다.

왕발(650~676)은 당나라 초기의 시인으로 자(字)는 자안(子安)이고, 수나라 말의 유학자 왕통(王通)의 손자이다. 어렸을 때부터 신동으로 불릴 만큼 재주가 뛰어나 일찍이 벼슬길에 올랐으나 성격이 오만하고 강직하여 여러 번 파직당했다. 이러한 그가 천고의 명문이라 일컬어지는 「등왕각서」를 짓게 된 데에는 다음과 같은 이야기가 전한다.

명문 「등왕각서」

왕발은 26세 때 교지(交趾, 지금의 베트남)에 좌천되어 있는 부친을 만나기 위해 먼 길을 떠났다. 산서성을 출발하여 배를 타고 장강을 거슬러 가다가 강서성과 안휘성의 경계에 위치한 팽택(彭澤, 펑쩌)에 이르렀을 때 돌연 광풍이 불고 큰 비가 내려서 부득이 마당산(馬當山, 마당산) 아래에서 하룻밤을 묵는데 꿈에 산신이 나타나 말하였다.

"내일 중양절(重陽節)에 등왕각에서 연회가 열리는데 네가 가서 글을 쓰면 이름을 천고에 전할 것이다."

"여기서 등왕각까지는 700리 길인데 어떻게 내일 아침까지 갈 수 있겠습니까?"

"네가 배를 타기만 하면 내가 도와주겠다."

그래서 반신반의하면서 배를 탔더니 과연 새벽 동이 틀 무렵 등왕각에 도착했다. 그날은 홍주도독 염백서(閻伯嶼)가 등왕각을 중수하고 성대한 기념연회를 여는 날이었다. 연회장에서는 초청된 빈객들이 각자 글을 한 편씩 짓는 것이 관례로 되어 있었지만, 염백서는 자기 사위인 오자장(吳子章)을 자랑할 목적으로 미리 글을 지어 준비해놓은 상황이어서 이를 알고 있던 빈객들이 선뜻 나서지 않았다. 이때 왕발이 나서서 글을 써내려갔다. 염백서가 처음에는 대수롭지 않게 여기다가

풍물은 아름다워 하늘이 낸 보배라
용천검(龍泉劍) 칼 빛이 견우성과 북두성 사이를 쏘고

인재가 뛰어남은 땅이 신령스러워
서유(徐孺)가 진번(陳蕃)의 평상을 내리게 했네

物華天寶　龍光射斗牛之墟
人杰地靈　徐孺下陳蕃之榻

라는 구절에 이르러서는 염백서의 표정이 약간 놀란 듯했다. 이곳의 풍물들은 모두가 아름다워 하늘의 보배와 같고, 이곳은 땅이 신령스러워

「등왕각서」를 쓰는 왕발 등왕각 1층 내부의 한백옥(漢白玉)에 부조된 조각이다.

인재가 뛰어났다는 말이다. 그리고 그 예로 용천검과 서유·진번을 들었다. 용천검은 천하의 보검인데 이곳 풍성(豊城) 땅 속에 묻혀 밤이 되면 자색의 칼 빛이 북두성과 견우성 사이를 쏘았다고 한다. 서유는 후한의 서치(徐穉)를 말하는데 자(子)가 유자(孺子)로 이곳 사람이다. 진번이 홍주의 태수로 있을 때 평소엔 손님을 접대하지 않았는데 유일하게 서치가 왔을 때에만 걸어두었던 평상을 내려서 대접했다고 한다. 서치가 간 뒤에는 누가 와도 평상을 내리지 않았다는 것이다. 이 '물화천보 인걸지령(物華天寶 人杰地靈)'은 후대에 남창을 상징하는 구호가 되었다. 이윽고 왕발이 너무나 유명한

떨어지는 노을은 외로운 따오기와 함께 날고
가을 물은 먼 하늘과 함께 한 가지 색이로다

落霞與孤鶩齊飛　秋水共長天一色

라는 구절을 써내려가자 염백서도 찬탄을 금하지 못하고 그를 후하게 대접했다. 이 구절은 지금 등왕각 1층 입구의 커다란 2개의 기둥에 새겨져 있는데 모택동의 글씨다. 모택동 특유의 활달한 필체에서 과연 일세를 풍미한 영웅의 기상을 읽을 수 있다. 왕발의 글은 이 장문의 서(序)에 이어 7언 4운의 시로 끝을 맺는다.

등왕의 높은 누각 강을 내려 보는데
패옥 소리, 방울 소리, 노래와 춤 그쳤구나

아침이면 단청 고운 누각에 남포의 구름 날고
저녁에 주렴 걷자 서산에 비 내리네

못에 비친 구름 그림자 언제나 한가한데
사물과 세월 바뀌어 몇 가을이 흘렀는지

누각 속 왕자는 지금 어디 있는가
난간 밖 긴 강물만 홀로 흘러가누나

滕王高閣臨江渚　佩玉鳴鸞罷歌舞

畵棟朝飛南浦雲 珠簾暮捲西山雨

閒雲潭影日悠悠 物換星移幾度秋

閣中帝子今何在 檻外長江空自流

　글을 다 마치고 난 후 염백서는 크게 기뻐하여 왕발에게 후하게 사례하였다. 왕발은 곧 하직하고 길을 떠났는데 그가 떠난 후 남은 사람들의 품평이 이어졌다. 그중에서 염백서의 사위 오자장은 노골적으로 불만을 드러냈다. 그날의 주인공으로 화려한 각광을 받을 것으로 기대했다가 왕발에게 영광을 빼앗겼기 때문이다. 왕발의 글 중에서 앞서 소개한 "낙하여고목제비 추수공장천일색(落霞與孤鶩齊飛 秋水共長天一色)"이 가장 빛나는 구절인데, 오자장은 이 구절이 양무제(梁武帝) 때의 문학가 유신(庾信)의 "낙화여지개제비 양류공춘기일색(落花與芝蓋齊飛 楊柳共春旗一色)"을 표절했기 때문에 별로 볼 것이 없다고 주장했다. 과연 글자 몇 개만 바뀌었을 뿐 두 시의 차상은 거의 비슷했다. 특히 이 구절의 핵심이라 할 수 있는 '여(與)'자와 '공(共)'자를 그대로 가져다 썼다. 그는 또 다른 예를 들면서 왕발의 글이 독창적이 아님을 역설했다. 오자장이 이론을 제기하자 의론이 분분한 가운데 염백서가 결론을 내렸다. 그는 이렇게 말했다.

　자장(子章)이 여러 책을 두루 읽어 실력이 대단하다. 그러나 문인들이 서로를 경멸하는 태도는 좋지 않은 관습이다. 자고로 옛사람들의 시문을 인용해서 더 새로운 뜻을 만들어내는 것은 흔히 있는 일이다.

또 유신(庾信)의 시는 봄 경치를 묘사했고 그 묘사 범위가 좁은 데 비해서 왕발이 묘사한 것은 가을 경치이고 우리 홍도(洪都, 지금의 남창)의 강산풍월(江山風月)을 그림같이 묘사했으니 이전에도 이런 글이 없었고 앞으로도 없을 것이다.

염백서는 이 글의 진정한 가치를 알았던 것이다. 왕발이 쓴 「등왕각서」가 워낙 유명하다보니 이와 관련하여 후에 여러 가지 전설 같은 이야기가 전한다. 염백서는 이렇게 결론을 내린 후 빈객들을 돌아가게 하고 혼자서 다시 읽어내려가다가 앞의 시 마지막 구절에 한 글자가 빠져 있는 것을 발견했다. 마지막 구의 '공(空)'자가 들어가야 할 곳이 비어 있었던 것이다. 이에 염백서는 급히 빈객들을 불러 모아 "이것은 필시 우리가 시인을 소홀히 대접했기 때문에 일부러 한 글자를 비워놓고 우리를 괴롭히는 것이다. 시의 원 뜻에 비추어 이 빈 곳의 글자를 추측해보라"고 명령했다. 어떤 사람은 '독(獨)'자가 좋다 하고 어떤 사람은 '선(船)'자가 좋을 것이라 하고 또 어떤 사람은 '수(水)'자가 알맞을 것이라 하였으나 어느 글자도 마음에 들지 않았다. 여러 사람들이 밤새도록 머리를 짜내었으나 신통한 결과를 얻지 못했다.

새벽이 되었을 때 염백서가 말했다.

"왕발이 지금 어디쯤 가고 있을까?"

"아마 풍성(豊城)에 있을 것입니다."

염백서는 관리에게 천금(千金)을 주어 왕발을 뒤따라가서 한 글자와 바꾸어 오라고 명하고 뒤이어 또 비단 500필을 말에 실려 보냈다. 급히 말을 달려 왕발을 만난 관리가 천금을 주려 하자 극구 사양하면서 받지 않았다. 관리가 자초지종을 말하자 왕발이 마지못해 받으면서 이렇게 말했다.

"내가 어찌 염 도독(閻都督)을 희롱하겠소. 당신 손바닥에 한 글자를 써줄 테니 염 도독 앞에 가기 전까지는 절대 손을 펴지 마시오. 만일 그전에 손을 펴면 글자가 날아가버릴 것이오."

그러고는 먹이 묻지 않은 붓으로 관리의 손바닥에 글자 하나를 써주었다. 관리가 염 도독 앞에서 손바닥을 펴보니 아무 글자도 없었다. 원래 먹을 묻히지 않고 썼기 때문에 글자가 있을 리 없었던 것이다. 염백서는 크게 실망하여 "천금으로도 한 글자를 살 수 없단 말인가!" 하고 한탄하다가 문득 깨달은 바 있어 그것이 '공(空)'자임을 알았다. 관리의 손바닥이 '텅 비어(空)' 있었던 것이다. 이후 왕발은 부친을 만나기 위해 바다를 건너다가 풍랑을 만나 익사했다고 한다. 그의 나이 27세였다.

명층과 암층이 교차되는 등왕각

등왕각은 명층(明層)과 암층(暗層)이 교차되어 있는데 1층은 명층으로 사방에 회랑이 있어 밝다. 1층에서 눈에 띄는 것은 길이 5.4미터의 한백옥(漢白玉)에 부조(浮彫)된 대형 조각으로 제목은 '시래풍송등왕각(時來風送滕王閣, 때맞춰 바람이 등왕각으로 보내주다)'이다. 왕발이 마당산에서 배를 타고 하룻밤에 700리를 달려가는 모습인데, 파도가 휘몰아치는 가운

등왕각 「**인걸도**」 강서성 출신이거나 강서성을 거쳐 간 인물들의 초상화이다. 「등왕각서」에서 말한 '인걸지령' 중 인걸에 해당한다.

데 옷깃을 휘날리며 뱃머리에 서서 하늘을 올려다보는 장면을 중심으로 왼쪽에는 왕발이 「등왕각서」를 쓰는 모습이, 오른쪽에는 왕발이 산신(山神)으로부터 계시를 받는 장면이 동시에 새겨져 있다.

2층은 주위에 회랑이 없는 어두운 암층인데, 길이 43.9미터, 높이 2.55미터의 거대한 「인걸도(人杰圖)」가 눈에 들어온다. 여기에는 선진(先秦)시대부터 청말(清末)까지 강서성 출신이거나 강서성을 거쳐간 80명의 인물들이 그려져 있다. 우리에게 익숙한 인물만 해도 도연명, 혜원, 구양수, 왕안석, 황정견, 주희, 문천상, 팔대산인 등이 갖가지 자세와 표정으로 우리를 맞는다.

3층은 다시 명층. 여기에는 길이 5.5미터, 높이 2.8미터의 대형 아크릴 벽화가 걸려 있는데 이름하여 「임천몽(臨川夢)」이다. 이 그림은 남창 출신의 현대 화가 완성(阮誠, 롼청)이 그린 것으로 역시 강서성 임천(臨川, 린촨) 출신으로 중국의 셰익스피어라 불리는 탕현조(湯顯祖, 1550~1616)의 희곡 「임천몽」을 주제로 하고 있다. 회색과 청색을 주조로 한 낭만적이고 환상적인 그림이다. 탕현조는 권력에 아부하지 않았고 또 송명이학(宋明理學)이 내세우는 가식적인 예교(禮敎)를 거부하여 남녀 간의 '정'을 중요시한 작품을 많이 남겼다. 「임천몽」은 그가 쓴 「환혼기(還魂記)」 「자차기(紫叉記)」 「남가기(南柯記)」 「한단기(邯鄲記)」 등 네 편의 희곡작품을 통칭하는 말로 이를 '임천사몽(臨川四夢)'이라 부른다. 기록에 의하면 1600년에 탕현조가 처음으로 등왕각에서 이 희곡을 시연했다고 한다.

4층은 2층과 같은 암층이다. 「등왕각서」에 나오는 "인걸지령(人杰地靈)" 중에서 2층의 주제가 '인걸도'라면 4층의 주제는 '지령도'이다. 여기에는 대유령(大庾嶺, 다위링), 삼청산(三淸山, 싼칭산), 여산(廬山), 파양호(鄱陽湖), 정강산(井岡山, 징강산), 석종산(石鐘山, 스중산) 등 강서지방 명산대천의 자연경관이 길이 20미터, 높이 2.55미터의 거대한 화면에 펼쳐져 있다. 그리고 뒤편 전시실에는 원·명·청대의 등왕각 그림이 걸려 있다.

5층은 명층으로 정면에 「등왕각서」가 동판에 새겨져 있는데 소동파의 글씨를 확대 복사한 것이다. 동판 앞에는 왕발의 소상을 세워놓았다. 동쪽에는 대형 도자벽화가 있고 서쪽에는 「백접백화도(百蝶百花圖)」가 있다. 등왕각을 세운 이원영은 평소 나비 그림을 잘 그려 일가를 이루었다고 한다. 그래서 그의 나비 그림은 후에 독특한 유파를 형성하여 이른바 '등파접화(滕派蝶畵)'의 시조로 추앙되었다. 5층은 원래 주원장(朱元璋)이 파양호전투(1363)에서 라이벌인 진우량(陳友諒)을 대파한 후 여러

왕발 소상과 소동파 글씨 왕발 소상 뒤로 소동파가 쓴 「등왕각서」가 보인다.

장수들을 불러 연회를 베풀었던 곳이라 전한다.

　6층은 다시 암층이다. 중앙 상면에 전서(篆書)로 쓰인 '구중천(九重天)' 편액이 걸려 있고 삼면 벽상에 가로 22미터, 세로 4.5미터나 되는 「대당악무도(大唐樂舞圖)」라는 당삼채(唐三彩)의 대형 벽화가 있다. 이곳이 원래 가무를 즐기던 장소였음을 보여준다. 그래서 조그마한 무대도 마련되어 있다. 6층의 천정은 원형이고 바닥 중앙은 5층을 내려다볼 수 있도록 뚫려 있는데 이른바 '천원지방(天圓地方, 하늘은 둥글고 땅은 네모나다)'을 상징한다고 한다.

팔일대교에서
돌아보는 중국
현대사

흑묘백묘상과 등소평
중국 현대사의 요람 남창

흑묘백묘상과 등소평

등왕각 관람을 마치고 바로 옆에 있는 신동방주점에서 점심식사를 했다. 식당에서 마침 결혼식이 거행되고 있던 터라 시끄럽고 이수선했다. 식사를 마치고 강서성의 젖줄인 감강(贛江)을 가로지르는 팔일대교(八一大橋, 바이다차오)로 향했다.

원래 계획은 팔일대교에서 하차하여 '흑묘백묘상(黑猫白猫像)'을 보는 것이었으나 진입로가 복잡하고 시간도 빠듯하여 그냥 버스 안에서 볼 수밖에 없었다. 가이드가 이곳에 고양이상을 만들게 된 연유를 들려주었다.

강택민(江澤民, 장쩌민) 주석이 남창을 방문했을 때 이 다리를 지나면서, 다리 북단에 새겨진 사자상을 보고는 남단에는 무슨 상이 있느냐고

팔일대교의 흑묘상 등소평의 '흑묘백묘론'을 기념하여 팔일대교 남단에 설치한 흑묘와 백묘상 중 흑묘상이다.

물었는데 현지 수행원이 그 지방 방언으로 '沒有'(표준말은 '메이유')라 답했다고 한다. '없다'는 말이다. 그런데 이 말이 강택민에게는 '마오(猫, 고양이)'로 들렸다. '沒有'와 '猫'는 중국어 음이 비슷하기 때문이다. 나중에 사실을 안 강택민은 다리 남단에 고양이상을 세우는 것이 좋겠다고 했고, 그래서 다리 양쪽 끝에 각각 '검은 고양이[黑猫]와 흰 고양이[白猫]상'을 만들었다는 것이다.

이른바 '흑묘백묘론'은 중국의 개혁개방을 주도한 등소평(鄧小平, 덩샤오핑)의 중심 화두다. '검은 고양이든 흰 고양이든 쥐를 잡기만 하면 좋은 고양이다'는 논리인데 중국의 경제적 발전을 위해서는 굳이 고전적 사회주의 노선만을 고집할 이유가 없다는 말이다.

가이드가 들려준 일화가 사실인지 아닌지 확인할 길이 없지만 이 일화를 떠나서도 남창은 등소평에게 결코 잊을 수 없는 도시이다. 1966년부터 시작된 이른바 '문화대혁명'의 와중에서 이를 주도한 4인방에 의해 주자파(走資派, 자본주의를 추종하는 일파)로 몰려 숙청당한 등소평은 남창으로 추방되어 1969년부터 1973년까지 이곳의 한 트랙터 공장에서 일하게 된다. 한때 중국 공산당 총서기까지 역임한 그가 인고의 세월을 보냈던 이곳에 그의 트레이드마크나 다름없는 흑묘백묘상을 세우는 것은 어쩌면 당연한 일이었을지 모른다. 아마 강택민도 이러한 사실을 알고서 지시를 했을 것이다. 더구나 강택민은 등소평에 의해 후계자로 지명된 사람이 아닌가. 팔일대교 남단 양쪽에 세워 붙인 검은 고양이와 흰 고양이 상은 조각이 정교하고 생동감이 넘친다.

흑묘백묘론은 개혁개방 이전인 1960년대 초에 등소평이 내세웠던 이론이다. 1958년에서 1960년까지 인민공사(人民公社)를 설립하면서 모택동(毛澤東, 마오쩌둥)에 의해 추진된 대약진운동이 실패로 돌아가자 모택동은 책임을 지고 물러나면서 실용주의자인 유소기(劉少奇, 류사오치)에게 정권을 이양했는데 유소기와 실용주의 노선을 함께한 등소평이 1962년에 처음으로 흑묘백묘론을 주장했다. 훗날 4인방에 의하여 숙청당할 때에도 이 흑묘백묘론이 주요 타깃이 되었다. 그후 문혁이 끝나고 등소평이 실질적인 권력을 장악한 1979년 미국을 방문하고 귀국한 직후에 다시 흑묘백묘론을 들고 나와서 이 이론을 바탕으로 개혁개방을 이끌었다. 그 결과 오늘날 중국은 눈부신 경제발전을 이루고 있다. 그래서 중국 인민들은 등소평을 중국의 '총설계사(總設計師)'라 부른다. 등소평은 1989년 강택민에게 주석 자리를 물려주고 공식적으로 은퇴한 후 한 유명 화가로부터 「쌍묘도(雙猫圖)」를 그려 받아 늘 거처하는 방에 걸어두었다고 한다. '쌍묘'는 물론 흑묘와 백묘를 말한다. 이만큼 그는 흑묘백묘론에 애착을 가졌다.

중국 현대사의 요람 남창

남창은 등소평과의 인연 말고도 중국 현대사에서 매우 중요한 장소다. 중국 공산당은 1921년 창당 이후 1924년에 손문(孫文, 쑨원)의 주선으로 장개석(蔣介石, 장제스)의 국민당 정부와 제1차 국공합작(國共合作)을 하게 된다. 그러나 공산당의 세력 확장에 위기를 느낀 장개석이 대대적으로 공산당원을 탄압하자 이에 대응해서 공산당은 1927년 8월 1일 새벽에 기습적으로 봉기하여 4시간 만에 이곳 남창을 점령했다. 주은래(周恩來, 저우언라이)의 지휘로 총사령관 하룡(賀龍, 허룽)이 주도한 이 전투는 공산당과 국민당과의 최초의 전면전이었다. 이 전투를 '팔일남창기의(八一南昌起義)'라 부른다.

그러나 공산당은 국민당의 반격으로 5일 만에 남창을 다시 내주고 광동성으로 패퇴했다가 1931년 강서성의 정강산(井岡山)에서 모택동 부대와 합류하여 '강서 소비에트'를 결성하게 된다. 강서 소비에트는 모택동과 주덕(朱德, 주더)이 주도하여 세운 독립정부인데 '중화 소비에트 공화국'이라고도 한다. 프랑스 유학을 거쳐 소련 유학을 마치고 이즈음 귀국한 등소평은 여기서 정치·군사 조직가로서 탁월한 능력을 발휘하여 지도자로서의 자질을 인정받는다. 이 강서 소비에트도 장개석의 집요한 공산당 토벌작전을 견디지 못하여 1934년에는 드디어 머나먼 대장정(大長征)의 길을 떠나게 된다.

1927년의 남창봉기는 비록 5일천하로 끝났지만 공산당으로서는 여러 가지로 의미 있는 사건이었다. 무엇보다 이 전투를 계기로 해서 공산당의 군사조직을 정비할 수 있었다. 그래서 중국은 남창봉기를 일으

팔일남창기의기념탑 1977년 남창기의 50주년을 기념하여 남창시 인민광장에 세워졌다.

킨 8월 1일을 인민해방군 건군기념일로 정하여 이날을 기념하고 있다. 그리고 남창봉기 당시 지휘본부로 쓰던 강서대여사(江西大旅社) 건물은 '남창팔일기의기념관'으로 보존하고, 남창시 중심에 있는 인민광장에 는 높이 45.5미터의 '팔일남창기의기념탑'을 세웠다. 이 탑은 1977년 남창기의 50주년을 기념하여 건립한 것이다.

이렇게 볼 때 팔일기의가 일어나고 등소평이 유배된 남창과, 강서 소비에트가 결성된 정강산이 위치해 있는 강서성은 중국 현대사의 요람이라 할 만하다. 왕발의 「등왕각서」와 더불어 이러한 역사적 사실을 알고 둘러보면 강서성 기행이 더욱 뜻깊을 것이다.

세계적인
도자기 도시
경덕진

강남 제일의 규모인 부량 관아

남창의 팔일대교를 지나 다음 목적지인 경덕진으로 향했다. 가는 도중 군산호(軍山湖, 쥔산호)라는 큰 호수가 있었는데 얼마 전의 홍수 때문인지 호수 가의 가옥들이 물에 잠긴 모습이 보였다. 약 4시간을 달려 오후 5시 30분쯤 경덕진(景德鎭, 징더전) 톨게이트에 도착했다. 경덕진시에 진입하면 경덕진을 상징하는 거대한 조각상이 나타난다. 타오르는 불꽃을 형상화한 붉은 색의 조각인데 도자기 가마의 이글거리는 불꽃을 이곳의 상징으로 삼은 듯하다.

우리 일행은 지친 몸을 이끌고 개문자대주점(開門子大酒店)에 여장을 풀었다. 좀 특이한 이름의 호텔이라 나중에 알아보니 '개문영군자(開門迎君子)', 즉 '문을 열고 군자를 맞이한다'는 뜻이었다. 4성급 호텔이지만

5성급 못지않은 시설을 갖추고 있었다.

다음날 날씨는 맑았으나 찌는 듯이 더웠다. 아침에 호텔을 출발해 바로 부량(浮梁, 푸량)으로 향했다. 부량현은 경덕진시에서 북쪽으로 약 15킬로미터 지점에 있는데도 도로 사정이 좋지 않아 이동 시간이 꽤 걸렸다.

부량현은 621년 파양현(鄱陽縣)에서 분리되어 여러 이름으로 불리다가 742년에 지금의 이름을 가지게 되었다. 한때는 인구 3만 명이 거주한 큰 현으로 지금의 경덕진도 부량현 관할 하에 있었다. 이렇게 규모가 크기 때문에 이곳의 지현(知縣, 현의 수장)은 5품관이었다. 일반적으로는 7품관이 지현으로 임명되는 것이 통례였지만, 이곳이 교통의 요지이고 전략적으로 중요할 뿐만 아니라 여기서 거두어들이는 세수(稅收)가 많았기 때문에 특별히 5품관이 임명되었다. 특히 차(茶)의 산지로 유명하여 당시 중국 차엽세(茶葉稅)의 8분의 3이 이곳에서 나왔다고 한다. 백거이의 유명한 시 「비파행」에서도 차 장사를 하는 남편이 돌아오기를 기다리는 아내가 이렇게 노래한다.

상인은 이익을 중시하고 이별을 경시하여
지난 달 부량으로 차를 사러 떠났다오

商人重利輕別離 前月浮梁買茶去

그만큼 이곳의 차가 유명하다는 말인데 지금도 경덕진 시내의 음식점이나 차를 파는 상점에는 이 구절을 문 앞에 써 붙인 곳이 많다.

중앙정부에서 이곳을 중시한 또 하나의 이유는 도자기 때문이었다. 경덕진의 도자기는 당시 황실에 진상하던 명품이어서 3,4품의 관원을 파견하여 이를 감독케 했다고 한다. 따라서 이곳의 현아(縣衙, 관청 건물) 역시 규모가 커서 '강남제일아(江南第一衙)'라 불린다. 현존하는 건물은 청나라 도광(道光) 원년(1821)에 중수한 것으로 청나라 때의 현급(縣級) 관아로 완벽하게 보존되어 있는 강남 유일의 건물이다.

버스에서 내려 걸어가는 도중에 너무나 덥고 햇볕이 강해서 손부채로 햇볕을 가리고 걸었더니 이를 본 부량의 현지 여성 가이드가 자기가 쓰고 있던 양산을 받쳐주었다. 한결 시원해져서 같은 양산 밑에서 짧은 중국어로 이런저런 이야기를 나누며 걷는데 일행 중 누군가가 뒤에서 사진을 찍은 모양이다.

"이 사진 공개할래요. 사모님께 보여드려도 괜찮지요?"

"그러세요. 난 아무렇지도 않으니……"

여자들은 참 별 것 아닌 일에도 관심이 많다.

부량 관아의 정문 앞에는 부량의 역사를 새긴 216개의 도판(陶板)이 길바닥에 깔려 있다. 이름하여 '부량 역사문화 장랑(浮梁歷史文化長廊)'. 과연 세계적인 도자기 도시답다는 생각이 들었다. 정문을 들어서면 좌우로 여러 부속 건물들이 늘어서 있고 곧 의문(儀門)이 나타난다. 정문과 의문과의 거리는 36미터나 된다. 의문은 현령(縣令)이 상급관원을 위해 의장을 거행하던 곳인데 3개의 문이 있다. 중문(中門)은 현령과 상급관원이 통과하는 문이고, 동문은 일명 '생문(生門)' '인문(人門)'이라 하여 일

부량 역사문화 장랑 세계적인 도자기 도시답게 216개의 도판에 부량의 역사와 문화를 새겨놓았다.

반인이 통과하는 문이며, 서문은 사형수들이 통과하는 문으로 일명 '사
문(死門)' 또는 '귀문(鬼門)'이라 한다. 재미있는 것은, 당시 현령의 부친
은 반드시 동문으로 통과해야 했지만 모친은 중문으로 드나들 수 있었
다고 한다.

　의문을 지나면 좌우에 이(吏)·호(戶)·예(禮)·병(兵)·형(刑)·공(工)의 육
방 건물이 위치하고 그 앞에 정당(正堂)이 우뚝 서 있다. 정당에는 '친민

부량 관아 친민당 부량 관아의 정당으로 중요한 의식을 거행하고 옥사를 판결하던 곳이다. '명경 고현(明鏡高懸, 맑은 거울이 높이 달려 있다)' 편액이 보인다.

당(親民堂)'이란 현판이 걸려 있다. 현령이 중대한 의식을 거행하고 중요 옥사를 판결하던 곳이다. 그래서 정당 현령의 좌석 앞에는 원고석(原告席)과 피고석(被告席)이 있고 좌우 벽에는 각종 형구(刑具)가 진열되었다. 정당의 기둥에는 주련이 이렇게 쓰여 있다.

欺人如欺天 毌自欺也 (기인여기천 무자기야)
負民卽負國 何忍負之 (부민즉부국 하인부지)

사람을 속이는 것은 하늘을 속이는 것과 같으니 자신을 속이지 말라
백성을 저버림은 곧 나라를 저버림이니 어찌 차마 그를 저버리겠
는가

이곳 말고도 곳곳에 많은 주련이 있다. 정당 뒤편은 금치당(琴治堂)이다. 여기는 현령이 정사를 의논하고 일반 민사사건을 처리하던 곳인데 '정대광명(正大光明)'이라 쓰인 현판이 걸려 있다. 예외 없이 여기에도 주련이 있다.

爲政不在多言 須息息從省身克己而出 (위정부재다언 수식식종성신극기이출)
當官務持大體 思事事皆民生國計所關 (당관무지대체 사사사개민생국계소관)

정치를 하는 것은 말을 많이 하는 데 있지 않다
모름지기 순간마다 자신을 반성하고 극복하고 나서 말을 하라
관리가 되어서는 대체(大體)를 유지하기에 힘써
하는 일마다 모두 민생과 나라에 관계된다는 것을 생각하라

여기 쓰인 말대로 정사를 폈다면 백성에게 선정을 베풀지 않은 지방 관이 없었을 것이다.

'청신근(淸愼勤)'이라는 편액이 걸려 있는 금치당 뒤편 건물은 일상적인 문건을 처리하던 현령의 사저(私邸)이다. 청신근이란 항상 '청렴하고 신중하며 부지런하라'는 뜻이다. 여기서 현령은 관복이 아닌 평상복을 입고 생활했다. 양쪽에 곁방이 있는데 동쪽 방은 현령과 부인이 거주하고 서쪽 방은 시종들이 거주하던 곳이다. 사저 뒤에는 '화청(花廳)'이 있는데 이곳은 현령이 고급관료나 친구들과 시도 짓고 바둑도 두던 휴식

처이다. 때로는 여기서 밀담을 나누기도 했다.

홍탑에 얽힌 주원장의 일화

관아에서 멀지 않은 곳에 홍탑(紅塔)이 있다. 높이 40미터의 정육각형 7층 전탑(塼塔)으로, 전하는 말에 의하면 79년간의 조성 기간을 거쳐 961년에 완공되었고 1575년에 중수했다고 한다. 천년 이상 된 이 고탑(古塔)은 부량의 랜드마크다. 원래의 명칭은 '서탑(西塔)'이었으나 벽돌을 쌓을 때 찹쌀 풀과 석회와 붉은 진흙을 사용했는데 세월이 흘러 진흙의 붉은 색이 벽돌 밖으로 새어 나와 붉게 보여서 홍탑이라는 별칭을 얻게 되었다.

홍탑에는 명나라 태조 주원장(朱元璋)과 관련된 재미있는 이야기가 전해 내려온다. 주원장이 파양호전투에서 진우량(陳友諒)에게 패하여 도망가다가 이곳 홍탑으로 올라가 꼭대기에 숨었다. 추격하던 진우량이 홍탑에 이르렀으나 탑 입구의 거미줄이 흐트러지지 않은 것을 보고 더이상 수색하지 않고 군대를 철수했다. 주원장이 홍탑에 들어갈 때 몸을 낮추어 기어들어갔기 때문에 목숨을 건질 수 있었던 것이다. 탑에서 내려온 주원장에게 고을 사람들은 '회수파(灰水粑, 후이수이바)'라는 경단을 만들어 주었는데 이 빵은 식초, 소금, 채소, 매운 고추, 향료 등의 재료로 만든 것으로 매우 맛있어서 이후로 부량의 대표적인 향토 음식이 되었다고 한다. 그후 다시 파양호에서 진우량과 전투를 벌일 때 주원장은 부량

의 '회수파'를 대량으로 구
입하여 군량미로 썼다는 이
야기도 전한다. 그리고 황
제에 즉위한 후 자신의 목
숨을 건져준 탑을 회상하
며 '탑 이름은 분명히 기억
나지 않지만 나를 살려준
붉은 색의 탑이 있는데 매
우 낡아서 수리를 해야겠
다'는 요지의 말을 했고 그
의 9대손인 만력제(萬曆帝)
가 태조의 유지를 받들어
1575년에 중수를 하였다.

홍탑 부량의 랜드마크로, 이 탑에는 명나라 태조 주원장의 목
숨을 구해준 이야기가 전해 내려온다.

　이것 말고도 주원장과
강서성은 인연이 깊다.
1363년 파양호전투에서 진우량을 사살함으로써 18년에 걸친 전투를 끝
내고 명나라 개국의 기틀을 마련한 곳도 이곳 강서성이다. 진우량을 사
살하던 날 주원장은 부하들과 함께 등왕각에 올라 성대한 연회를 베풀
었다. 이런 인연 때문인지 그는 황제가 된 후 일정 기간 강서성에 세금을
면제해주었고 강서성 사람을 만나면 '강서노표(江西老表, 강서의 사촌들)'
라 하여 특별히 우대했다고 한다.
　홍탑을 둘러보고 '청일사(靑一舍)'라는 음식점에서 점심을 먹었다. 문

앞에 '도자 문화예술 주제 자조 찬청(陶瓷文化藝術主題自助餐廳)'이라는
현수막이 걸려 있고 안에서는 도자기를 전시 판매하기도 한다. 반주로
곁들인 백운변주(白雲邊酒, '중국술 4' 참조)는 비교적 좋은 술이었다.

경덕진의 고령토

다시 경덕진 시내로 나와 본격적인 견학에 나섰다. 경덕진은 창강(昌
江, 창강) 남쪽에 있다고 해서 옛 이름이 창남(昌南)인데 여기서 '차이나
(China)'가 유래되었다고 가이드가 말해주었다. 영어 'china'가 '도자기'
라는 뜻이고 도자기의 본고장인 '昌南'의 중국어 발음('창난')이 '차이
나'와 비슷하니 가이드의 말이 그럴듯하다 싶다.

이곳은 한(漢)나라 때부터 도자기를 생산하여 송나라 때에 전성기를
맞이했다. 송나라의 진종(眞宗)황제가 특히 이곳의 도자기를 좋아해서
경덕(景德) 원년(1004) 이곳에 진(鎭)을 설치하고 감독관을 파견하여 제
품을 조정에 공납토록 했다. 그리고 생산된 도자기 밑면에 '경덕년제(景
德年制)'라는 글자를 넣도록 명했기 때문에 후에 이곳의 명칭이 경덕진
이 된다. 원나라 때에는 이곳에 도자기 생산을 관리·감독하는 기구인 부
량자국(浮梁瓷局)이 설치되었고 명나라 때엔 새로 청화백자를 개발하는
등 도자기 생산이 한층 발전했다. 명나라 때 이곳의 관요(官窯)가 58개,
민요가 수백 개, 종사하는 인원이 40만 명에 달했다고 한다.

경덕진 도자기가 우수한 품질을 유지할 수 있었던 것은 그 원료인 고

령토(高嶺土) 때문이다. 고령토가 나는 고령산은 경덕진시에서 동북쪽으로 약 40킬로미터 거리에 있다. 고령토는 점성이 강하고 견고하여 1300도 이상의 고열에도 견딜 수 있다. 이 고령산의 자토(瓷土)가 얼마나 배합되었는가에 따라 자기의 품질이 좌우된다. 1712년 프랑스의 전도사 은특뢰과리사(恩特雷科利斯, François Xavier d'Entrecolles)가 편찬한 『중국도자견문록』에서 처음으로 고령토를 소개했고 이어 독일인 이희곽(李希霍, Ferdinand von Richthofen)이 이를 'kaolin'으로 음역한 후 고령토는 질 좋은 도자기를 만드는 흙의 대명사로 통칭되었다. 고령토가 고유명사 아닌 일반명사로 된 것이다. 참고로 명나라 송응성(宋應星)의 『천공개물(天工開物)』(1637)에 경덕진 도자기에 대한 이런 기록이 있다.

흙은 무원(婺源)과 기문(祁門)에 있는 두 산에서 난다. 고령산이라는 곳에서는 멥쌀토(梗米土)가 나오는데 그 성질이 굳고 강하며, 개화산(開化山)이라는 곳에서는 찹쌀토(糯米土)가 나오는데 그 성질이 떡처럼 연하다. 두 가지 흙이 섞여서 자기가 완성된다.

2008년 이곳에 왔을 때는 성균관대학교 박물관의 김대식 학예실장으로부터 도자기 제조 과정에 관한 자세한 해설을 들었지만 그때는 이 책을 쓸 예정이 없었기 때문에 메모를 하지도 않아 지금 여기에 소개하지 못하는 것이 유감스러울 뿐이다.

사실 내가 경덕진을 처음으로 방문한 것은 2004년이었다. 그때 아내가 단국대학교 사회교육원에서 도자기를 공부하고 있었는데 마침 중국

도자기 견학 여행을 한다고 해서 남편 자격으로 따라 나섰다. 그런데 신청을 해놓고 보니 일행 8명 중 남자는 나 혼자였다. 게다가 신시아라는 이름의 미국인도 끼여 있었다. 중국 여행을 하면 좋은 술 한잔 하는 것이 무엇과도 바꿀 수 없는 즐거움인데 이런 즐거움은 날아갔다는 생각이 들었다. 그러나 상해, 경덕진, 황산, 의흥 등지를 구경하는 5박 6일 동안 나의 생각은 완전히 빗나갔다. 저녁마다 술잔치가 벌어졌다. 일행 중에서 사회교육원 임헌자 교수는 나보다 술을 더 잘 마셨고 고광순, 조애란 씨도 상당한 애주가였다. 술을 전혀 마시지 못한다던 김영숙 씨도 중국술에는 맛을 들인 것 같았다. '애란 공주'라는 별명을 가진 자그마한 몸집의 조애란 씨는 가벼운 체중을 십분 활용하여 호텔 방 소파에 올라가 춤을 추며 노래하기도 했다. 이때 맺어진 끈끈한 인연 때문인지 여행에서 돌아와서도 임헌자, 고광순, 조애란, 김영숙 씨와는 지금까지 1년에 네 차례 만나며 우의를 다지고 있다. 최근에는 조애란 씨의 남편 박주기 씨도 고정 멤버로 참여하고 때로는 도예학과의 박종훈 교수도 참석한다. 박종훈 교수는 나처럼 술과 담배를 좋아해서 그분이 참석하면 내가 즐겁고 마음이 편해진다.

이야기가 옆길로 좀 샜지만, 2004년 방문했을 때 단국대학교 도예학과 출신으로 경덕진 도자학원에 유학 중이던 학생의 안내로 도자학원 안의 전시실 등을 관람하고 중국 도자의 현황에 대하여 설명을 들을 수 있었다. 그 학생의 말에 의하면 중국에서는 도자기 공예가 철저히 분업화되어 있다고 한다. 즉 초벌 도자기를 만드는 사람, 여기에 그림을 그리는 사람, 이것을 굽는 사람이 완전히 독립적으로 작업을 한다는 것이다.

여기서 제일 중요한 것은 그림 그리는 사람이다. 이 사람이 도예작가인 셈이다. 작가는 시장에서 초벌구이 도자기를 사와 그림을 그린 후 굽는 것은 전문가마에 맡긴다. 우리나라와는 전혀 다르다. 우리나라에서는 한 사람이 전 과정을 혼자서 해낸다. 그래서 유명 작가는 보통 개인 가마까지 운영하고 있다. 어느 쪽이 질 좋은 도자기를 생산해내는 방식인지 문외한인 나로서는 알 길이 없다.

도자기 가로등 경덕진 시내 일부 구간에는 가로등 기둥을 도자기로 만들어 세웠다.

경덕진은 '천년자도(千年瓷都)'답게 온 시내가 도자기로 장식되어 있다. 막 돋아나는 새싹을 형상화한 거대한 조각상이 있는가 하면, 시내의 가로등 기둥도 도자기로 되어 있다. 도자기를 여러 개 쌓아 올려 만든 전신주에는 감, 매화, 용, 다화(茶花), 산수화 등 다양한 문양이 그려져 있었다. 건널목의 신호등 기둥도 도자기였다.

경덕진 도자 역사문화 박람구

'경덕진 도자 역사문화 박람구'에서는 수백 년 전의 도자기 제조 과정

재현 공방 관광객들에게 보여주기 위해 도자기에 무늬를 그리고 있다.

을 재현하고 있다. 손으로 물레를 돌려 초벌 그릇을 만드는 과정, 사람 키
만 한 도자기를 손으로 틀어 올리는 과정, 초벌구이를 마친 도자기에 일
일이 무늬를 그리고 색을 입히는 과정 등을 보여준다. 커다란 도자기에
붓으로 무늬를 그리는 일은 아마도 몇 달이 걸리는 작업일 듯싶었다. 특
이한 것은 우리나라에서는 물레를 발로 돌리는데 여기서는 손으로 돌린
다는 점이다. 이 재현 과정은 관광객들을 위한 것이다. 관광객이 오면 한
동안 작업을 하다가 관광객이 지나가면 곧 멈춘다. 이 재현 공방 맞은편
에는 도자기 상점이 늘어서 있어서 구경하고 직접 구매할 수도 있다. 공
방에서 멀지 않은 곳에 2층의 목조건물로 조성된 거대한 진요(鎮窯)가 있
는데 '경덕진요(景德鎮窯)'라는 뜻으로 경덕진을 대표하는 고요지(古窯
趾)로 생각된다. 1층 구석에는 나무를 때서 기물을 굽는 어마어마한 규

호전 옛 가마 좌로부터 호로요, 마제요, 용요. 세계적으로 유명한 청화백자도 이곳에서 처음 만들어졌다.

모의 가마가 있다.

이 박람구는 1979년 풍수산(楓樹山, 펑수산) 기슭에 조성된 것으로 면적이 약 170만 평에 달한다. 수목이 울창하고 자연 지형을 살려 오르막길과 내리막길을 따라서 걸을 수 있다. 이 산길을 따라 한참을 걸어가면 유명한 가마터인 호전고자요지(湖田古瓷窯趾, 후톈 고가마 유적지)가 나타난다. 전국중점문물보호단위로 지정된 이곳은 명대(明代) 중엽까지 약 600여 년간 도자기를 생산하던 곳으로 호로요(葫蘆窯), 마제요(馬蹄窯), 용요(龍窯) 등의 옛 가마가 노천에 보존되어 있다. 이들 가마의 명칭은 혹은 조롱박 모양으로 혹은 말발굽 모양으로 혹은 용 모양으로 생겼다고 해서 붙여진 이름이다. 전 세계적으로 알려진 청화백자가 처음으로 만들어진 곳이 바로 여기다.

근처에는 명청(明淸)시대의 고건축물들이 복원되어 있어 청원(淸園)과 명려(明閭)라 불린다. 옥화당(玉華堂), 대부제(大夫第) 등 이곳에 복원된 명청시대 민가에서는 도자기를 전시·판매하고 있다.

도자기 가게 경덕진 도자기 시장에는 천여 개의 가게들이 밀집해 있다.

이곳을 돌아서 나오면 커다란 인공 호수가 있고, 호수 주위의 긴 회랑
에는 흙을 채취하는 과정부터 도자기가 완성되기까지의 과정을 수십 개
의 도판으로 진열해놓았다. 이 회랑 끝에 '자악(瓷樂)', 즉 도사기 음악을
연주하는 무대가 있다. 찌는 듯한 더위에 관람객도 없어 무대는 텅 비어
있었다. 가이드가 무대 옆의 조그마한 방문을 몇 차례 두드린 후에야 악
사들이 나와서 연주를 시작했다. 원래는 6인조 악단인데 상해 엑스포에
차출되는 바람에 4명이 연주한다고 했다. 남자 3명은 각각 북과 편종과
접시를 연주하고 여자 1명이 피리를 불었다. 사용된 악기는 모두 도자기
로 만들어졌다. 크기가 각각 다른 접시 7,8개를 두 줄로 포개어놓고 실
로폰처럼 쳐서 소리를 내는 접시 연주가 인상적이었다. 너무나 더운 탓
인지 북치는 여자는 연주하는 도중에 하품을 하기도 했다. 그러나 경덕

진에서만 볼 수 있는 연주라 끝날 때에는 아낌없는 박수를 보냈다.

다음은 도자기 시장. 입구에 '경덕진 국제 상무광장'이라 쓰여 있는 이곳은 도자기 시장이다. 도자기 제조 천년을 기념하여 2004년 '제1회 경덕진 국제도자박람회'가 열렸고 이를 계기로 거대한 도자기 시장이 형성되어 천여 개가 넘는 상점들이 밀집해 있다. 여기서는 경덕진에서 생산되는 각종 도자기의 구입이 가능하다.

2008년에 왔을 때의 일이다. 나는 조선미 교수와 함께 상점들을 둘러보다가 어느 상점에서 밥공기 10개를 350위안(약 7만 원)에 흥정해서 포장해달라고 했다. 그런데 주인이 커다란 상자에 그것 말고도 진열된 칸에 있던 도자기들을 모두 포장하고 있는 게 아닌가. 조선미 교수와 나는 그저 의아하다는 표정으로 서로 쳐다보기만 했다. 결국 홈세트 한 벌을 350위안에 사게 된 셈이다. 주인은 내가 그 칸에 진열된 세트 전체를 사겠다는 말로 들은 것이다. 처음에 1,000위안을 불렀다가 350위안까지 내려간 것인데 나의 서툰 중국어 때문에 덕을 본 셈이었다. 그 크고 무거운 상자를 한국까지 가져오느라 고생은 했지만 이곳의 도자기는 잘만 하면 이렇게 값싸게 살 수도 있다.

경덕진의 랜드마크 용주각

도자기 시장을 나와서 용주각(龍珠閣, 룽주거)으로 향했다. 경덕진 시내 중앙의 주산(珠山, 주산) 정상에 세운 4층 건물로, 명청시대에 황궁에 진상하는 도자기를 생산하던 곳이다. 황실에서는 이곳에 도독사(陶督使)를 파견하여 관리·감독케 했다. 이곳에는 근처에서 발굴된 역대 도자기들이 전시되어 있는데 대부분 깨어진 파편들을 붙여서 조립·복원한 것들이다. 여기엔 황실 진상품으로 선정되지 못하고 낙선된 도자기도 포함되어 있다.

용주각 옆 지하에는 당시 도자기를 생산하던 가마터가 새로 발굴되어 보존되고 있다. 현재 용주각에 진열된 도자기 파편들이 발굴된 곳으로 우물, 창고, 가마터 등이 남아 있어 이곳이 당시의 관요(官窯)였음을 짐작하게 한다.

용주각이 있는 이곳 주산은 이른바 '주산팔우(珠山八友)'의 집결처이기도 하다. 주산팔우란 1920년대 말부터 이곳에 모여 도자기에 그림을 그리던 일군의 화가를 지칭한다. 이들은 대부분 가난한 화가들로 주로 그림을 팔아 생계를 이어간 사람들인데 주산에서 결의를 맺고 자기들의 모임을 '주산팔우'라 불렀다고 한다.

다음은 오늘의 마지막 행선지 상집롱(祥集弄, 샹지눙)이다. '농(弄)'은 중국어로 '골목'이라는 뜻이다. 이곳은 명나라 때의 민가들이 모여 있는 거리로 500여 년 전의 옛 모습 그대로 보존되어 있다. 대부분 2층으로 된 가옥들로 지붕이며 창문의 조각이 아주 볼만하다. 지금도 사람들이 거주하기 때문에 건물 내부로는 들어가지 못하고 밖에서만 구경할 수 있다. 1층의 집들은 거의가 상점인데 '韓國眞怡美'라는 간판이 눈에 띄었다. 옆에는 '진이미'라는 한글도 병기되어 있었다. 한국의 옷을 파는 상점이다.

상집롱 500여 년 전 명나라 때의 민가가 잘 보존되어 있는 거리로, '한국성'이라는 간판을 단 가게에서 한국 상품을 판다.

숨이 막힐 정도로 날씨가 덥다.

저녁식사 때는 값이 98위안(약 2만 원)인 5년산 사특주(四特酒)를 마셨다. 앞에서도 말했지만 강서성 특산인 사특주는 역시 괜찮은 술이다.

백운변주

백운변주(白雲邊酒, 바이윈볜주)는 호북성(湖北省, 후베이성) 송자현(松滋縣, 쏭쯔현)의 백운변주창(白雲邊酒廠)에서 생산되는 술로 기타향형에 속하는 겸향형(兼香型) 고급 백주다. 우리나라에는 잘 알려져 있지 않지만 1979년, 1984년, 1989년 연속 3회에 걸쳐 전국 평주회(評酒會)에서 '중국 우질주(優質酒)'로 선정되었다. 평주회에서 '중국 명주'로 선정된 술은 말할 나위 없이 좋지만 여기서 선정된 중국 우질주도 국가로부터 품질을 인정받은 술이다. 중국 명주가 금상이라면 중국 우질주는 은상에 해당한다. 백운변주는 2008년에 중국치명상표(中國馳名商標)도 획득했다.

이 술이 운치를 더하는 것은 그 명칭 때문인데, '백운변(白雲邊)'이라는 이름은 이백의 시에서 따온 것이라 한다. 이백은 759년(59세) 봄에 유배지 야랑(夜郎, 지금의 귀주성에 위치)으로 가던 중 사면령을 받고 돌아와 동정호(洞庭湖, 둥팅호)가 있는 호남성의 악양(岳陽, 웨양)에 머무는 중이었다. 이해 가을, 이백은 영남지방으로 좌천되어 이곳을 지나던 족숙(族叔, 아저씨뻘 되는 사람) 이엽(李曄)을 우연히 만나, 역시 이곳에 좌천되어 있는 친구 가지(賈至)와 함께 달밤에 동정호를 유람하면서 시 5수를 지었다. 「배족숙형부시랑엽급중서가사인지유동정(陪族叔刑部侍郎曄及中書賈舍人至游洞庭)」5수가 그것인데 '족숙 형부시랑 이엽과 중서사인 가지를 모시고 동정호에서 노닐다'라는 뜻이다. 인간 세상에 환멸을 느끼고 달과 술을 벗 삼으며 천상으로 비상하려는 이백의 내면이 투영된 걸작으로 평가된다. 5수 중에서 이백의 기발한 상상력이 빛나는 시가 제2수다.

가을 밤 남호(南湖)엔 안개도 없는데
어떡하면 물결 타고 곧장 하늘 오를까

동정호 달빛을 외상으로 얻어서
배를 저어 흰 구름 가에서 술을 사리라

南湖秋水夜無煙　耐可乘流直上天
且就洞庭賖月色　將船買酒白雲邊

이 시 끝 구절의 "백운변(白雲邊)"을 술 이름으로 정했다는 것이다. 이 술이 생산되는 송자시(松滋市)가 동정호에서 멀지 않기 때문에 이백의 시를 선점한 것이라 생각된다.

이백을 생각하며 마시는 백운변주의 술맛이 유난히 좋았다. 이 술도 진양계열(陳釀系列), 성급계열(星級系列) 등 100여 종에 가까운 품종이 출시되는데 '20년 진양'은 350위안(약 7만 원)을 호가한다. 우리가 그날 마신 것이 어떤 품종인지 생각나지 않지만 값이 비싸지 않은 것으로 보아 고급은 아닌 듯한데도 괜찮았다. 100점 만점에 75점.

석종산에서
소동파를
그리워하네

왜 '석종'인가

어젯밤에 비가 내려서 더위가 조금은 가셨다. 그러나 여전히 덥다.

아침에 호텔을 출발해서 약 2시간 지나 석종산(石鐘山, 스중산)에 도착했다. 여기로 오면서 톨게이트에 '石鐘山'이라 쓰인 것을 보았는데 이곳의 행정지명은 석종산현이 아니고 구강시 호구현(湖口縣, 후커우현)이다. 석종산이 워낙 유명하다보니 이렇게 표기한 것이다.

점심식사는 석종산 입구에 있는 식당에서 했는데 다섯 가지 생선요리가 나오는 식단의 맛이 매우 좋았다. 장강과 파양호 연안에 위치하기 때문에 옛날부터 이곳은 수산자원이 풍부하다고 한다. 생선요리를 주로 한 이곳의 '호구어찬(湖口魚餐)'은 널리 알려진 음식이다.

석종산은 상석종산과 하석종산으로 이루어진다. 흔히 말하는 석종산은 하석종산으로 산이라기보다는 높이가 해발 57미터 남짓한 동산에 불과하다. 이곳은 내가 처음 와보는 곳이다. 전부터 와보고 싶었으나 번번이 기회가 닿지 않다가 이제야 오게 된 것이다. 이곳이 내 마음을 끌었던 것은 물론 저 유명한 소동파의 「석종산기(石鐘山記)」 때문이다. 이 글은 석종산의 명칭에 대하여 고찰한 것이다.

석종산이라는 명칭의 유래에 대해서 처음으로 언급한 사람은 북위(北魏, 386~534)의 지리학자 역도원(酈道元)이다. 그는 『수경주(水經注)』에서, 산이 물가에 있어 바람이 불고 물결이 일면 물결과 바위가 서로 부딪쳐 큰 종소리를 내기 때문에 산 이름을 '석종(石鐘)'이라 했다고 하였다. 또한 훗날 당나라의 이발(李渤)이 이곳을 방문하고 「변석종산기(辨石鐘山記)」라는 글을 남겼는데 여기서 그는, 물속에서 2개의 큰 바위를 발견했는데 도끼로 두드려보니 길게 울려 퍼지는 종소리와 같은 소리가 났다고 해서 석종산이라는 이름이 붙여졌다고 했다. 역도원과 이발은 모두 '소리'에서 비롯된 명칭이라고 했는데 소식(蘇軾)은 '소리'설에 동조하면서도 그 근거가 약하여 믿을 수 없다고 생각한 끝에 달밤에 직접 배를 타고 현지 답사를 감행한다.

소동파(蘇東坡)는 1084년에 여주단련부사(汝州團練副使)에 임명되어 황주를 떠나 임지로 가는 도중 강서성 균주(筠州)에 좌천되어 있는 동생 철(轍)을 만난 뒤, 덕흥위(德興尉)로 부임하는 큰아들 매(邁)를 전송하기 위하여 배를 타고 파양호에 왔다가 처음으로 석종산에 들렀다. 여기서 그는 석종산 명칭에 대한 논란을 끝내려는 의도에서 달밤에 아들과 함께 배를 타고 석종산 절벽 밑을 탐험했다.

소동파의 결론은 이렇다. 석종산 절벽 아래에는 바위 사이에 커다란 동굴이 있고 갈라진 바위틈이 많아 동굴 속으로 파도가 밀려오면 그 소리가 울려서 종소리처럼 들린다는 것이다. 이 탐험의 시말을 기록한 글이 「석종산기」인데 실사구시(實事求是) 정신을 구현한 철리산문(哲理散文)으로 높이 평가받는 작품이다. 이 글의 마지막 단락은 이렇게 끝난다.

사물을 눈으로 보지 않고 귀로 듣지 않고서 그 있고 없음을 억단하는 것이 옳겠는가? 역도원이 보고 들은 것이 나와 거의 같지만 말한 것이 자세하지 못하다. 사대부(역도원)는 밤에 작은 배를 절벽 아래에 정박시키려 하지 않았기 때문에 (진상을) 알 수 없었고, 어부나 뱃사공들은 (진상을) 알고 있었지만 이를 글로 표현할 수 없었다. 이것이 (석종산의 진상이) 세상에 전해지지 않은 이유이다. 또 고루한 자(이발)는 도끼로 두드려보고 추구하여 스스로 진상을 알아냈다고 여겼다. 이 때문에 내가 이를 기록하는 것이니, 내게 역도원의 자세하지 못함이 한탄스럽고 이발의 고루함이 가소롭다. (괄호 안은 인용자)

나중에 석종산을 내려와서 유람선을 타고 장강과 파양호가 합쳐지는 곳까지 가서 석종산을 바라보니 과연 절벽 아래에 커다란 동굴이 있었다. 실로 석종산은 소동파의 글 한 편으로 유명해졌다고 해도 과언이 아니다.

이렇게 석종산 명칭에 대한 논란은 소동파의 글로 일단락된 듯했으나, 후에 명나라 나홍선(羅洪先)과 청나라 증국번(曾國藩) · 팽옥린(彭玉

유람선에서 바라본 석종산 소동파는 달밤에 배를 타고 석종산 절벽 밑의 동굴을 탐험한 뒤, 그 유명한 「석종산기」를 썼다.

麟)·유월(兪樾) 등이 '소리'설에 대하여 반론을 제기했다. 이들은 소동파가 "그 문을 지났으나 방에 들어가지는 못했다(過其門 而未入其室)"라 말하며, 산의 모양이 종을 거꾸로 엎어놓은 것 같아서 석종산이라는 이름이 붙여졌다고 주장했다. 이른바 '형태'설이다. 그러나 최근에는 '소리'설과 '형태'설을 절충한 이론이 폭넓은 지지를 받는다고 한다. 따지고 보면 이 모든 이론들이 호사가들의 지적 호기심에서 나온 것이 아니겠는가. 이들 논란을 떠나서 석종산은 그것대로 좋고 소동파의 글은 또 그것대로 아름다운 작품이 아니겠는가.

석종산 입구의 웅장한 산문이 먼저 우리를 맞는다. 2001년에 세워진

석종산 입구 '석종산' 글씨는 곽말약이 쓴 것으로 중국 유적지 현판의 절반가량은 그의 글씨일 것이다.

이 산문에 쓰인 '석종산'이라는 글씨체를 어디서 많이 본 것 같아서 자세히 살펴보니 역시 곽말약(郭沫若, 궈모뤄)의 글씨였다. 중국 여행을 많이 해본 사람은 알겠지만 중국 도처의 명승지와 고적지에 걸려 있는 현판 등의 글씨는 곽말약 아니면 조박초(趙樸初, 자오푸추)가 쓴 것이다. 이 두 분은 당대의 명사들이고 서예에도 일가견을 가졌다. 그러나 너무 흔하다보니 약간 식상한 느낌이 들기도 한다. 산문의 후면에는 '강호쇄약 (江湖鎖鑰)'이라는 네 글자가 새겨져 있어 이곳이 중요한 군사적 요충지였음을 보여준다. '쇄약(鎖鑰)'은 자물쇠와 열쇠라는 뜻으로 중요한 요충지라는 의미이다.

계공, 풍기용 교수와의 추억

글씨 이야기가 나온 김에 여기서 석종산 관람기를 잠시 접어두고 나의 개인적인 체험 한 토막을 소개하고자 한다. 다름 아닌 중국이 자랑하는 서예가 계공(啓功, 치궁)에 관한 이야기다.

나는 1993년 2월부터 6개월 동안 북경사범대학의 연구교수로 있었다. 그때는 성균관대학교에 지금과 같은 연구년 제도는 아직 없었고 6개월간의 해외연수를 지원해주는 제도가 있었다. 중국에 몹시 가고 싶었던 나는 여기에 지원했고 운 좋게 선발되어 꿈에도 그리던 중국생활을 하게 되었다. 퇴계학연구원에서 주관하는 퇴계학 국제학술회의 참석차 한국에 자주 나오는 중국 사회과학원의 보근지(步近智, 부진즈) 교수에게 내가 가 있을 중국 대학을 주선해달라고 부탁했더니 북경사범대학 팽림(彭林, 펑린) 교수를 소개해주었다. 나중에 알고 보니 보근지 교수는 팽림 교수의 박사학위 지도교수였다.

지금은 없어졌지만 '교우지가(交友之家)'라는 간판이 걸려 있는 북경사범대학 구내의 단독 2층 목조건물의 방 하나를 쓰면서 나의 북경생활이 시작되었다. 이때 처음으로 청나라 황족이자 당시 북경사범대학 교수로 있던 계공 선생에 대한 이야기를 들었다. 일찍이 상처하고 혼자 살면서 글씨를 쓰는데 인격이 고매하여 전 중국인이 존경한다고 했다. 글씨가 하도 유명해서 부탁하는 사람이 많기 때문에 학교 구내의 교수 아파트에 있는 그의 숙소는 비밀이라고도 했다. 전화번호도 수시로 바꾼다는 말이 있다. 그의 대외적인 일정과 활동은 전적으로 북경사범대학

교장(중국에서는 대학 총장을 교장이라 부른다)이 관리한다고 했다. 가끔 홍콩이나 대만에서 전시회를 열면 엄청난 판매 수익이 생기는데 그 수익금을 전액 북경사대에 기부한다고 했다. 이렇게 물욕이 없는 분인지라 어쩌다 부탁을 받으면 그 대상을 가리지 않고 흔쾌히 글씨를 써주고 돈은 절대 받지 않는다는 것이다. 지금도 북경 시내의 상점이나 병원, 시장의 간판 등에서 계공의 글씨를 볼 수 있다. 북경사대 안에서는 '중문학과 체육대회 포스터' 같은 데에서도 그의 글씨를 볼 수 있다. '중국의 국보(國寶)'로 불리며 추앙받지만 상점의 간판 글씨까지 써주는 그의 소탈한 인품 때문에 중국인들은 그를 더욱 존경한다고 한다.

계공의 글씨는 획이 가늘고 살이 없는 독특한 서체지만 힘이 넘치고 아름다웠다. 북경에 있는 동안 그의 글씨를 가지고 싶은 마음이 간절했으나 언감생심, 엄두를 낼 수가 없었다. 망설이던 끝에 용기를 내어 팽림 교수에게 넌지시 운을 떼어보았다. 처음에는 매우 난처한 표정을 짓더니 이윽고 조광현(趙光賢, 자오광셴) 교수에게 알아보겠다고 했다. 조광현 교수는 북경사대 사학과의 원로교수로 팽 교수를 무척 아끼는 분이었다. 조 교수는 당시 83세로 계공 선생과 동갑이면서 서로 친밀한 사이라서 계공 선생을 만날 수 있는 몇 안 되는 사람 중의 한 명이라고 했다. 그래서 나는 다산(茶山)의 시구인 '我是朝鮮人 甘作朝鮮詩'(나는 조선사람이니 조선시를 즐겨 쓰리) 열 글자를 주면서, 주제넘게 많은 것을 요청할 수 없고 단지 이 열 글자만 써주면 좋겠다는 뜻을 전했다. 이렇게 부탁은 했지만 크게 기대를 하지 않고 있었는데 얼마 후 팽 교수로부터 연락이 왔다. 계공의 글씨를 받았다는 것이었다. 꿈인가 생시인가 싶었다.

주위 사람들은 이런 나를 무척 부러워했다. 어떤 중국 학생은 "계공 선생의 글씨는 해외 반출이 금지되어 있다"라고 하면서 걱정해주기도 했다. 이런 큰 선물을 받고 그냥 있을 수 없어 사례를 하겠다고 하니 팽 교수는 단호히 거절했다. 사례를 하더라도 받지 않겠지만 그것을 운운하는 자체가 계공 선생에 대한 큰 실례라는 것이다. 개혁개방 이래 돈 맛을 알게 된 중국인들이 많은 가운데 아직도 이런 분이 있다는 사실에 감명을 받았다. 생각다 못해 나는 조광현 교수가 소장으로 있는 북경사대의 역사문화연구소에 500달러를 기부했다.

이야기가 나온 김에 또 한 가지 '사건'을 소개한다. 북경사범대학에서 생활하는 동안 팽림 교수는 매주 한 번씩 일요일에 자기 집으로 나를 초대해서 식사 대접을 했는데 그때 내 눈에 띈 것이 방에 걸려 있는 파초 그림 족자였다. 채색을 하지 않은 묵화였는데 난초를 그리듯 한 번의 붓놀림으로 커다란 파초 잎사귀를 그린 것으로 품격이 매우 높아 보였다. 누구의 그림이냐고 물었더니 풍기용(馮其庸, 펑치용) 교수의 작품이라고 했다. 풍기용 교수는 홍루몽(紅樓夢)학회 회장으로 중국 학계의 거물급 학자인데 여가에 가끔 사군자 치듯 그림을 그린다고 말해주었다. 전문적인 화가도 아니고 전문적인 서예가도 아니지만 그의 그림과 글씨는 학자로서의 명망과 작품의 품격 때문에 간혹 매우 높은 가격으로 매매된다고 한다. 그러나 그는 자신의 작품이 상품화되는 것을 몹시 꺼려, 북경의 골동품 상점이 밀집해 있는 유리창(流璃廠, 류리창)에 자기의 작품이 걸려 있는 것을 보면 그 자리에서 찢어버린다고 한다.

팽림 교수는 풍기용 교수와 같은 강소성 무석(無錫, 우시) 출신이어서 그의 그림을 받을 수 있었던 모양이다. 내가 팽 교수 집에 갈 때마다 그 파초 그림이 좋다고 말했더니 6월 어느 날 나를 데리고 풍기용 교수 집을 방문했다. 나를 위해 풍 교수에게 미리 귀띔을 해놓은 듯했다. 나는 준비해 간 인삼캡슐과 합죽선을 선물했다. 풍 교수는 서예와 전각에도 일가견을 가졌고 골동품 취미도 대단했다. 그가 소장하고 있는 한대(漢代) 화상전(畫像磚), 석기시대의 유물을 비롯해서 수많은 골동품을 보여주었다. 나는 그의 소장품을 둘러보고 나서 이런저런 이야기 끝에 그림 부탁을 어렵게 꺼냈다. 그랬더니 무슨 그림을 원하느냐고 물어서 파초 그림이라 답했다. 흔쾌히 그려주겠다고 하면서 그때 마침 중국에 와 있어서 함께 간 아내에게도 글씨 한 폭을 써주겠다고 했다. 그러고 나서 얼마후 팽 교수로부터 그림과 글씨를 전해 받았는데, 내가 받은 파초 그림은 초록색으로 그린 것이었고 아내가 받은 글씨는 자작시인데 서체가 매우 독특했다. 이번에도 사례 이야기를 꺼냈더니 팽 교수가 펄펄 뛰며 거절했다. 귀중한 서화를 또 공짜로 얻은 셈이었다. 계공 선생과 풍기용 교수의 작품은 지금 가보(家寶)로 간직하고 있거니와, 6개월 동안의 중국 생활에서 불쾌한 일도 많았지만 이 두 사건은 좋은 추억으로 남아 있다.

석종정, 회소정, 범주애

다시 석종산 이야기로 돌아간다. 산문(山門)을 지나 계단을 올라가면 2001년에 세워진 유백색의 소동파 석상이 보이고 좀더 올라가면 석종정

(石鐘亭)이 나타난다. 이 정자의 중앙에 커다란 바위가 있는데 이를 두드리면 종소리가 난다. 여기서 더 올라가면 회소정(懷蘇亭)이 있다. 문자 그대로 '소식을 그리워한다'는 뜻의 정자이다. 1708년 석종산 남쪽 기슭에 세운 것을 1959년 이곳으로 이전하여 중건했고 1979년 중수를 거쳐 오늘에 이른다. 정자에 있는 비석 전면에는 소식의 상(像)이 새겨졌고 그가 이곳에 세 번 온 내력이 기록되어 있다. 비석 후면에는 「석종산기」가 청나라의 대학자 옹방강(翁方綱)의 글씨로 새겨져 있다.

소동파상 이 석상은 소동파의 풍모를 제대로 드러내지 못한 듯하다.

범주애(泛舟崖)는 소동파가 달밤에 탐방을 하기 위해서 배를 탔던 곳
이다. '배를 띄운 언덕'이라는 뜻이다. 지금은 산 위에서 이곳으로 내려
가는 계단을 만들어놓았으나 거의 수직으로 내려가는 길이라 위험하다
고 하여 입구를 막아버렸다. 이곳을 따라 내려가면 범주정(泛舟亭)이 나
온다고 하는데 갈 수가 없었다.

여기까지가 소동파와 관련 있는 핵심적인 볼거리이고 석종산에는 이
외에도 30여 개의 건물이 빽빽하게 들어서 있다. 또한 소동파·황정견(黃
庭堅)·정판교(鄭板橋)·곽말약을 비롯한 역대 문인들의 글씨, 그림을 새긴
30여 개의 비석, 50여 개의 마애석각(磨崖石刻) 들이 볼거리를 제공해준
다. 그리고 관람객들을 위한 배려인 듯 조그마한 간이무대에서 3인조 악
단의 연주도 구경할 수 있다. 편종(編鐘)·고쟁·피리로 구성된 미니 악단
이다.

중국차의 분류

찻잎을 분류하는 방법은 다양하다. 제조 과정에서 찻잎의 발효 정도에 따라 불발효차·발효차·반발효차로 분류하기도 하고, 찻잎을 따는 계절에 따라 춘차(春茶)·하차(夏茶)·추차(秋茶)로 분류하기도 하고, 찻잎의 형태에 따라 산차(散茶)·말차(末茶)·병차(餠茶)로 분류하기도 한다. 이외에도 다양한 기준에 의한 분류가 있을 수 있으나, 일반적으로는 여러 가지 기준을 종합해서 녹차(綠茶)·홍차(紅茶)·오룡차(烏龍茶)·백차(白茶)·황차(黃茶)·흑차(黑茶)·화차(花茶)의 일곱 가지로 분류하고 있다. 이 7대 분류는 대개 차의 제조 방법에 그 기준을 둔 것이다.

① 녹차

불발효차로서 역사상 최초로 등장했다. 녹차는 중국에서 가장 흔히 볼 수 있고 전체 차 생산량의 약 70퍼센트를 차지한다. 발효를 막기 위하여 찻잎을 따는 즉시 찌거나 볶아서 찻잎의 수분을 제거함으로써 효소의 활성을 중지시키고 산화를 방지한다. 다음 공정은 「녹차의 제조 과정」('중국차 2' 참조)에 자세하다.

중국의 대표적인 녹차로는 서호용정(西湖龍井, 절강성), 태호벽라춘(太湖

碧螺春, 강소성), 황산모봉(黃山毛峰, 안휘성), 여산운무(廬山雲霧, 강서성) 등이 있다.

② 홍차

완전발효차로서 전 세계인이 가장 많이 마시는 차이다. 찻잎을 찌거나 볶지 않고 자연상태에서 시들게 하여 손으로 비빈 후 일정한 온도와 습도에서 발효시킨다. 이 과정에서 산화작용이 일어나 찻잎의 성분이 화학적으로 변화되어 홍차 특유의 성분이 생성된다. 충분히 발효된 찻잎을 고온 건조시켜 완성품으로 만든다.

대표적인 홍차는 기문홍차(祁門紅茶, 안휘성), 전홍(滇紅, 운남성), 천홍(川紅, 사천성) 등이다. 이 중 기문홍차는 인도의 다르질링(Darjeeling), 스리랑카의 우바(Uva)와 함께 세계 3대 홍차로 꼽힌다.

③ 오룡차(청차)

녹차와 홍차의 중간쯤에 해당하는 반발효차로서 일명 '청차(靑茶)'라고도 한다. 찻잎을 햇볕에 말려 엽록소가 파괴되면 공기가 통하는 실내에서 30분 정도 말린 후 대바구니에 담아 흔든다. 이때 찻잎끼리 서로 부딪쳐 잎의 조직이 파괴되고 화학적 변화가 일어나 발효가 진행된다. 일정한 정도로 발효가 진행되면 고온으로 볶아서 더이상의 발효를 막는다. 다음에는 비비고 건조하는 과정을 거쳐 완성된다.

오룡차는 복건성(福建省, 푸젠성)이 주산지인데, 복건성을 가로지르는 민강(閩江, 민강)을 중심으로 민남(閩南)의 안계(安溪, 안시)에서 나는 철관음(鐵觀音)이 유명하고, 민북의 오룡차로는 무이산(武夷山, 우이산)에서 나는 무이암차(武夷巖茶)가 유명하다. 무이암차는 대홍포(大紅袍), 육계(肉桂), 수선(水仙), 철나한(鐵羅漢) 등이 대표적이다. 복건성과 가까운 대만(臺灣)에서도 동정오룡차(凍頂烏龍茶), 문산포종차(文山包種茶) 등의 우수한 오룡차가 생산된다.

④ 백차

경발효차(輕醱酵茶)로 분류되는데 제조과정이 매우 간단하다. 강한 햇볕에 말린 후 40도 정도의 약한 불로 건조시키기만 하면 된다. 햇볕에 말리는 과정에서 경미한 발효가 일어난다. 이렇게 하고서도 우수한 차가 만들어지는 것은, 복건성에서만 자라는 '대백다수(大白茶樹)'라는 특수한 차나무에서 딴 찻잎 때문이다. 이 찻잎은 온통 하얀 털(白毫)로 뒤덮여 있는데 복잡한 제조 과정을 거치지 않기 때문에 완성된 찻잎도 원래의 모양을 간직하고 있다고 한다.

백호은침(白毫銀針), 백목단(白牧丹)이 유명하다. 이 차는 중국에서만 생산되는 독특한 제품이다.

⑤ 황차

역시 경발효차이다. 녹차는 제조 과정에서 볶은 찻잎을 비빈 후 건조가 잘 되지 않거나 제때에 비벼 주지 않으면 찻잎이 누렇게 변하기도 하지만, 황차는 비빈 후에 인위적으로 민황(悶黃)이라는 과정을 거쳐 찻잎을 누렇게 변하도록 만든 것이다. 이 과정에서 약간의 발효가 일어난다.

군산은침(君山銀針, 호남성 동정호), 몽정황아(蒙頂黃芽, 사천성) 등이 있다.

⑥ 흑차

후발효차로 저 유명한 보이차(普洱茶)가 대표적이다. 찻잎을 볶고 비비고 난 후 '악퇴(渥堆)'라는 과정을 거치는 것이 특징이다. 악퇴는, 비빈 후의 찻잎을 대나무 평상에 넣고 ㄱ 위에 물을 뿌리고 젖은 수건을 덮고 또 뚜껑을 덮어 일정한 보온·보습을 유지하면서 발효시켜 화학적 변화를 촉진하는 과정이다. 이 과정이 흑차의 품질을 좌우한다. 충분히 발효시킨 다음에 다시 비비고 건조한 것을 흑모차(黑毛茶)라 한다. 이 흑모차를 그냥 음용하기도 하며, 여기에 다시 증기를 쐬어 악퇴한 다음 압축하여 엽전 모양이나 벽돌 모양으로 만들어 건조시키면 이른바 '떡차'가 된다.

이렇게 압축하여 덩어리차를 만든 것은 운반의 편의와 변질을 방지하기 위함이었을 것으로 생각된다. 옛날 차마고도(茶馬古道)를 통하여 운남성(雲南省, 윈난성)이나 사천성(四川省, 쓰촨성)에서 티베트까지 몇 개월에 걸쳐 차를 운반하려면 부피를 줄여야 했기 때문이다. 또한 운남성은 아열대 기후의 덥고 습기가 많은 지역이기 때문에 차가 쉽게 변질된다. 충분한 발효를 거친 흑차는 상온에 오래 두어도 변질되지 않으며 오히려 오래 둘수록 자연 발효가 진행되어 더욱 좋은 차가 된다. 메주콩을 삶아 메주를 만들어 띄우듯 하는 것이다. 15년, 20년 등 오래된 보이차가 좋다는 것은 이런 이유에서다.

보이차의 이런 특성 때문에 최근 홍콩 등지에서 보이차는 재산 축적의 수단으로 이용된다고도 한다. 보이차를 사서 십에 오래 보관하면 그만큼 오래된 차가 되어 값이 올라갈 뿐만 아니라 변질도 되지 않기 때문에 투자가치가 높은 것이다. 그래서 흔히 보이차를 '마실 수 있는 골동품'이라 부르기도 한다.

⑦ 화차

찻잎에 여러 가지 꽃잎을 넣어 그 향이 베어나도록 한 차이다. 북경 사람들이 즐겨 마시는 자스민차가 대표적인 화차이다.

심양루와
『수호지』 주인공
송강

송강의 활동무대 심양루

석종산에서 버스를 타고 다시 구강으로 향했다. 구강에서 먼저 찾은 곳은 심양루(潯陽樓, 쉰양러우)다. 징강 변에 위치한 이곳은 경치가 좋아 예부터 명사들이 술과 차를 마시던 유흥의 장소였다. 그러나 지금은 『수호지(水滸誌)』에 나오는 송강(宋江)의 활동무대로 더 유명하다. 1989년에 중건된 현재의 심양루 역시 『수호지』와 송강을 주제로 내부가 계획되어 있다.

『수호지』의 송강 관련 내용은 이렇다. 송강은 장삼과 간통한 처 염파석을 죽인 죄로 얼굴에 금인(金印)이 찍힌 채 강주(江州, 지금의 구강)로 유배된다. 여기서 그는 후일 양산박(梁山泊, 산동성에 있는 지명으로 『수호지』의 송강 등 호걸들이 모여든 곳) 108호한(好漢, 108명의 호걸)의 구성원이 되는 대

심양루 옛날엔 시인 묵객들이 풍류를 즐기던 곳이었는데 지금은 『수호지』의 주인공 송강의 활동무대로 재현해놓았다.

종(戴宗)과 흑선풍(黑旋風) 이규(李逵)를 만난다. 어느 날 송강은 혼자 심양루에서 술을 마시고 취한 나머지 다음과 같은 시(「서강월西江月」)를 벽에다 쓴다.

어려서 일찍이 경사(經史)를 읽었으며
장성하여 권모(權謀) 또한 가지게 되어

마치도 맹호가 거친 언덕에 엎드려

발톱, 이빨 감추며 참고 있는 형세인데

불행히 두 뺨에 금인이 찍혀
강주에 유배되니 이를 어이 견디랴

후일 만약 원수를 갚게 된다면
심양강 어구를 피로 물들이리라

自幼曾攻經史　　長成亦有權謀
恰如猛虎臥荒丘　潛伏爪牙忍受
不幸刺文雙頰　　那堪配在江州
他年若得報寃仇　血染潯陽江口

시를 써놓고 술을 몇 잔 더 마시고는 흥에 겨워 춤을 추다가 다시 붓을
들어 절구 한 수를 덧붙였다.

마음은 산동에 있으나 몸은 오(吳) 땅에 있어
강호를 떠돌며 부질없이 한숨짓네

후일 만약 높은 뜻을 이룰 수 있다면야
황소(黃巢)도 대장부 아님을 비웃어주리라

'반시'를 쓰는 송강 심양루 4층 벽에 걸린 그림으로, 송강이 심양루에서 술에 취해 저 유명한 '반시'를 쓰는 모습이다.

心在山東身在吳　飄蓬江海謾嗟吁

他時若遂凌雲志　敢笑黃巢不丈夫

　이것이 이른바 유명한 '반시(反詩)'이다. 취중에 자신의 기개와 포부를 밝힌 것인데 은연중에 반역의 의지가 드러난 것이다. "심양강 어구를 피로 물들이리라" "황소도 대장부 아님을 비웃어주리라" 등의 구절이 특히 그렇다. 황소는 당나라 말 반란군의 우두머리이다. 그는 한때 낙양(洛陽, 뤄양)을 점령하고 장안(長安, 지금의 산시성 시안)에 진입하여 희종(僖

宗)을 몰아내고 황제의 자리에 오르기도 했을 만큼 그 세력이 대단했다. 그런 황소도 대장부가 아니라고 할 정도로 송강의 취흥이 거나했던 것이다. 그런데 이 시가 간교한 황문병(黃文炳)의 눈에 우연히 띄게 되고 그의 집요한 추궁으로 인하여 송강과 대종은 반역죄로 몰려 형장에 선다. 그러나 형장의 이슬로 사라질 마지막 순간, 산채(山寨)의 두령들과 흑선풍의 활약에 힘입어 탈출에 성공하여 후일 송강은 양산박의 수령이 된다.

도자기로 만든 108명의 호걸들

우선 심양루 1층 외벽 전면에는 양산박의 108호한상(好漢像)이 그려진 도자기 판이 진열되어 있고 그 앞에 송강의 소상이 서 있다. 건물 입구에는 '하이유관(遐邇流觀, 멀고 가까운 곳 전체를 훑어본다)'이라는 현판이 달려 있다. 1층 안으로 들어가면 동서 양쪽의 벽에 걸린 대형 도자기 판이 보인다. 여기에는 '송강이 강주로 유배되다(宋公明發配江州城)' '송강이 심양루에서 반시를 쓰다(潯陽樓宋江題反詩)' '황문병이 송강을 해칠 계획을 세우다(黃文炳設計害宋江)' '양산박의 호걸들이 형장을 덮치다(梁山好漢劫法場)' 등의 주제별로 그림이 그려져 있다. 이 모든 도판 그림은 경덕진에서 제작되었다고 한다. 그리고 정면에는 '충의당(忠義堂)'이라는 현판 아래 도자기로 만든 108명의 호걸들의 조각상이 진열되어 있다. 그림이 아닌 도자기로 만든 조각품으로 호걸들의 성명과 별호까지 일일이 표시해놓았는데 각자의 성격과 특징에 따라 자세도 다양하게 만들었다. 이 역

도자기로 만든 108호한상 『수호지』 108호한의 모습을 경덕진에서 도자기로 제작하여 전시해놓았다.

시 경덕진에서 제작된 것인데 국가적 보물이라고 한다. 과연 세계적인 도자기 도시 경덕진의 힘을 느낄 수 있다.

2층에는 심양루의 역사와 지방 문물, 3층에는 현대 서화가들의 글씨와 그림이 전시되어 있다. 4층 휴게실에는 커다란 글씨로 '호한주(好漢酒)'라 쓰인 술 단지가 놓여 있는데 강서성 특산인 사특주(四特酒)라고 했다. 술 단지가 놓인 뒷벽에는 "마음은 산동에 있으나 몸은 오(吳) 땅에 있어(心在山東身在吳)"로 시작되는 반시(反詩)와 술에 취한 송강이 붓을 들고 있는 그림이 걸려 있다.

1950년대 중국에서 『수호지』는 농민기의(農民起義)를 찬양한 작품으로 높이 평가되었으나, '송강은 단지 탐관오리를 반대했을 뿐 황제를 반대하지는 않았다. 그러므로 나중에 관군에 투항함으로써 수정주의 노선을 걸었다'는 요지의 모택동의 언급이 있은 이후로는 대체로 부정적으로 평가되고 있다.

녹차의 제조 과정

녹차는 일반적으로 살청(殺靑)·유념(柔捻)·건조의 세 가지 기본 공정을 거쳐 완성된다.

① 살청

녹차는 불발효차이기 때문에 찻잎의 발효를 막기 위해서 열을 가하여 효소의 활성을 죽임으로써 산화를 억제하는데 이런 과정을 살청이라 한다. 이렇게 하는 과정에서 찻잎에 함유된 수분도 증발한다. 살청에는 네 가지 방법이 있다.

증청(蒸靑): 증기로 찌는 방법이다. 이 방법은 중국 당나라 때 처음 개발되었는데 이후 일본으로 전래되어 현재 대부분의 일본 녹차는 증청법으로 제조된다. 이 방법으로 만들어진 차는 빛깔이 좋고 엽록소가 오래 보존된다는 장점이 있다.

초청(炒靑): 찻잎을 가마솥에서 덖는 방법으로 중국 명나라 때 처음 개발되었다고 한다. 우리나라의 수제(手製) 녹차는 대부분 이 방법을 쓰는데 이른바 '덖음차'이다. 초청법으로 만들어진 차는 증제차(蒸製茶)에 비해 빛깔은 떨어지지만 깊은 맛이 난다. 유명한 용정차(龍井茶)와 벽라춘(碧螺春)이 이 방법으로 제조된다.

홍청(烘靑): 찻잎을 불에 쬐는 방법인데 황산모봉이 이 방법으로 제조된다.

쇄청(晒靑): 햇볕에 말리는 방법이다.

② 유념

살청한 찻잎을 비비는 과정이다. 찻잎을 비벼서 찻잎의 조직을 파괴함으로써 다즙(茶汁)을 밖으로 유출시켜 찻잎 표면에 부착시키는 과정이다. 이렇게 해야 찻잎에 뜨거운 물을 부으면 차를 쉽게 우려낼 수 있다. 생잎에 뜨거운 물을 부어도 쉽게 우러나지 않는 이유가 여기에 있다. 비비는 과정은 또한 찻잎의 모양을 만드는 데에도 기여한다. 황산모봉은 이 과정이 생략되어 있다.

③ 긴조

찻잎에 남아 있는 수분을 완전히 제거하는 과정이다. 살청과 유념 과정에서 대부분의 수분은 증발하지만 찻잎의 변질을 방지하고 보관의 편의를 위하여 최종적으로 이 과정을 거친다.

한국의 수제 녹차는 덖고〔殺靑〕 비비는〔柔捻〕는 과정을 적어도 3, 4회 이상 반복한다. 가마솥의 온도나 덖는 시간 등을 '감(感)'에 의존해야 하기 때문에 좋은 차를 만들기 위해서는 고도의 숙련된 기술이 필요하다. 인력과 시간이 많이 투여되기 때문에 대량생산을 하기가 어렵다. 그래서 현재 대규모 제다공장에서는 증기로 찌고 비비고 건조하는 전 과정을 기계화하여 차를 생산하고 있다.

백거이 명작의 산실
비파정

불후의 명작 「비파행」

강서성 구강에 위치한 비파정(琵琶亭, 피파팅)은 당나라 시인 백거이(白居易, 772~846)의 「비파행(琵琶行)」을 기념하기 위해 세워진 정자이다. 「비파행」은 「장한가(長恨歌)」와 더불어 백거이의 대표작일 뿐만 아니라 중국문학 최고의 걸작으로 꼽히는 장편 서사시이다.

백거이는 815년 납득하기 어려운 죄명으로 이곳 강주사마(江州司馬)로 좌천되어 사실상의 유배생활을 하게 된다. 이듬해 어느 가을 밤 손님을 전송하기 위하여 강가로 왔다가 배 안에서 비파 타는 소리를 듣는다. 보통 솜씨가 아님을 알고 가까이 가서 한 곡을 더 청하고 그 여인의 사연을 듣는다. 그녀는 본래 장안의 이름난 기생으로 화려한 한 시절을 보냈으나 늙어서 이곳의 상인에게 시집왔다. 부량(浮梁, 지금의 경덕진)으로 차

비파정 백거이가 이곳으로 좌천된 후 쓴 「비파행」을 기념하기 위하여 세운 정자이다.

(茶)를 사러 간 남편이 돌아오기를 기다리며 외로움을 달래기 위해 배 안에서 비파를 탄다는 사연이었다. 백거이는 이곳에 좌천된 자신의 처지와 비슷하다는 생각이 들어 그녀를 위해 이 시를 썼다고 한다.

「비파행」에서 여인이 타는 비파 소리를 묘사한 구절은 백거이의 문학적 재능을 유감없이 보여준다.

굵은 줄 큰 소리는 소낙비 같고
가는 줄 작은 소린 속삭임 같아

큰 소리 작은 소리 섞어서 타니
큰 구슬 작은 구슬 옥쟁반에 떨어지네

꾀꼬리 노랫소리 꽃 아래서 매끄럽고
얼음 아래 샘물이 목매어 흐느끼네

얼음물 차가워 줄이 엉겨 끊어지니
끊어져 통하잖아 소리 잠시 멈추는데

깊은 시름 따로 있어 남모를 한(恨) 생겨나니
이때의 침묵이 소리보다 나은데

갑자기 은병 깨져 물이 쏟아 나오니
기마병 돌출하여 칼과 창이 울린다

大絃嘈嘈如急雨　小絃切切如私語
嘈嘈切切錯雜彈　大珠小珠落玉盤
間關鶯語花底滑　幽咽泉流氷下灘
氷泉冷澁絃凝絶　凝絶不通聲暫歇
別有幽愁闇恨生　此時無聲勝有聲
銀甁乍破水漿迸　鐵騎突出刀槍鳴

절묘한 비유법을 사용하여 비파의 다양한 음색을 놀랍게 묘사해놓았다. 특히 "큰 구슬 작은 구슬 옥쟁반에 떨어지네"라는 구절은 상해(上海)에 있는 동방명주탑(東方明珠塔, 468미터)을 설계하는 데 기본 모티프가 되었다고 한다. 실제로 동방명주탑의 외형은 위에서 아래로 떨어지는 크고 작은 구슬 모양의 조형물로 장식되어 있다.

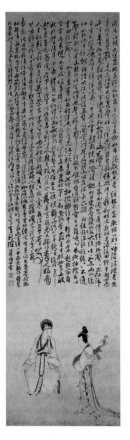

여인의 기구한 사연을 듣고 한 곡을 더 요청하니 그녀는 처연한 곡을 연주한다. 그리고 「비파행」은 다음과 같은 구절로 끝난다.

처량하고 처량하여 앞의 소리 같지 않아
사람들 거듭 듣고 얼굴 가리고 흐느끼네

그중에 흘린 눈물 누가 가장 많은가
강주사마(江州司馬) 푸른 적삼 흠뻑 젖었네

凄凄不似向前聲　滿座重聞皆掩泣
座中泣下誰最多　江州司馬靑衫濕

「비파행도」 명나라 화가 곽후(郭詡)의 그림. 비파 소리를 듣던 백거이와 비파를 타던 여인과의 만남 장면을 표현한 것이다.

모택동이 쓴 「비파행」

이곳이 불후의 명작 「비파행」이 창작된 현장이라 생각하니 실로 감개가 무량했다. 비파정 대문을 들어서면 정면에 모택동이 쓴 「비파행」 전문이 커다란 대리석판에 새겨져 있다. 사회주의자인 모택동이 보기에 「비파행」은 사회주의 리얼리즘과는 거리가 먼 작품이었을 것이고 또 그가 한가한 사람도 아니었을 터인데 이곳에까지 들러서 616자에 달하는 장편시를 직접 붓으로 쓴 것이다. 이것을 보면서, 일국의 지도자라면 이 정도의 인문학적 소양을 가져야 되지 않을까 하는 생각을 하였다. 글자 수가 워낙 많아서 일일이 읽어볼 겨를이 없었는데 가이드의 말에 의

대리석에 새겨진 「비파행」 전문 616자에 달하는 불후의 명작 「비파행」이 모택동의 글씨로 새겨져 있다.

하면 모택동의 글씨 중 다섯 글자가 틀렸다고 한다. 하기야 악양루(岳陽樓)에 모택동의 글씨로 걸려 있는 두보(杜甫)의 시「등악양루(登岳陽樓)」에도 한 글자가 틀려 있다. 그러나 이것이 큰 흠은 되지 않는다는 생각이 들었다.

여기서 더 들어가면 백거이의 소상과 그 뒤에 비파정이 있다. 비파정은 당나라 때 세워졌으나 여러 번 파괴되어 중건되었다. 마지막으로 1853년 병란으로 파괴된 것을 1989년 중건해서 지금에 이른다. 현재의 비파정은 원래의 위치가 아닌 구강장강대교(九江長江大橋) 남단 부근에 있는데 주위 경관은 썩 좋은 편이 아니었다. 나는 평소 한문 공부를 하면서「비파행」을 즐겨 읽은 터라 이곳에 와서 시 한 수를 남기지 않을 수 없었다.

楓葉荻花籠夜煙　琵琶一曲潯陽川

天涯貶謫心凄悵　淚濕靑衫白樂天

단풍잎 갈대꽃을 밤안개가 덮었는데
심양천 어디선가 비파 소리 들리네

하늘 끝에 귀양 온 그 마음 처량하여
백낙천 푸른 적삼 눈물에 젖네

제목을「비파정회백낙천(琵琶亭懷白樂天)」으로 달았다. '비파정에서

백거이상 비파정 앞에 있다.

백낙천을 그리다'는 뜻이다. '낙천'은 백거이의 호이다.

　비파정을 나와서 저녁식사 시간까지 다소 여유가 있어 근처의 큰 가게에 가서 술을 사기로 했다. 어차피 귀국할 때 중국술을 사야 할 처지라 시간이 있을 때 미리 사두는 게 좋겠다 싶어 내가 제안했다. 중국은 공항 면세점 가격이 일반 상점 가격보다 훨씬 더 비싸고 술의 종류도 많지 않을 뿐만 아니라 그나마도 고가의 상품만 진열되어 있기 때문이다. 상점에 들어가니 모두들 내 눈치만 보고 있다. 그 많은 술 중에서 어느 술을 사야 할지 골라달라는 것이다. 몇 가지를 추천해주자 모두들 한두 병씩 구입했다. 나는 오랜만에 공부가주(孔府家酒, '중국술 5' 참조) 한 병과 10년 산 사특주(四特酒, '중국술 3' 참조) 한 병을 샀다.

구강 호텔의 콜걸

저녁식사를 마치고 첫째 날 투숙했던 구강원주국제대주점에 다시 묵었다. 어느 방에선가 또 술판이 벌어졌는지 나를 오라고 했으나 피곤해서 사양했다. 마침 방문을 열어놓고 있었는데 젊은 여성 한 명이 들어와서 좀 앉아도 되겠느냐는 몸짓을 했다. 나는 몹시 당황한 가운데에서도 직감적으로 콜걸이라는 생각이 들어 "부야오(不要)"(필요 없다)라고 말했으나 막무가내로 내 옆에 앉으려고 했다. 정색을 하고 여러 번 "부야오"를 외치자 그제서야 물러났다. 생각해보니 내가 방을 혼자 쓴다는 것을 미리 알고 온 것 같았다. 그렇다면 카운터 직원과 연계되어 있음이 분명했다. 대도시도 아닌 구강에 이런 콜걸이 있을진대 큰 도시는 말할 것도 없겠다 싶었다.

1990년대 초만 해도 중국에서 매춘 행위를 하다가 적발되면 여권에 '호색한(好色漢)'이라는 낙인이 찍히고 요주의 인물로 분류되어 재입국이 금지되었는데 지금은 많이 달라졌다. 이외에도 중국은 급격한 경제성장의 부산물로 인한 여러 가지 폐해 때문에 몸살을 앓고 있는 듯하다.

개혁개방을 하면서 등소평은 "문을 활짝 열어야 한다. 열린 문으로 파리나 모기가 들어오면 잡으면 그만이다"라고 했지만 지금 중국에 들어오는 파리나 모기를 하나하나 잡고 있는지 모를 일이다.

공부가주

공부가주(孔府家酒, 쿵푸자주)는 산동성 곡부공부가주창(曲阜孔府家酒廠)에서 생산하는 농향형 백주이다. 공부(孔府, 공자의 후손들이 거주하는 저택)에서는 명나라 때부터 제사용으로 술을 빚어왔는데 후에는 공부를 방문하는 고관들에게 선물로 주기도 하고 연회용으로도 쓰였다고 한다.

청나라 건륭제의 딸 우씨(于氏)는 72대 연성공(衍聖公) 공헌배(孔憲培)에게 시집을 갔다. '연성공'은 송나라 인종(仁宗)이 공자의 자손들에게 내려준 세습적 벼슬이다. 건륭제는 전후 여덟 차례 공부를 방문했는데 1790년 마지막으로 공자 제사에 참석하기 위하여 공부를 방문했다. 장인을 맞은 공헌배는 집에서 빚은 술(공부가주)로 접대했고 이 술을 마신 후 건륭제는 찬탄을 금치 못하며 "차후 북경에 올 때에는 이 술 몇 단지와 어린 양고기(小羊羔)를 보내달라"고 말하고 다른 공물(貢物)은 면제해 주었다고 한다. 아마 그날 연회석상에 어린 양고기가 안주로 나왔던 듯하다. 이로부터 공부가주는 이름이 나서 사람들은 이를 '양고미주(羊羔美酒)'라 불렀다는 이야기가 전한다.

그러나 현재 시판되고 있는 공부가주는 건륭황제가 마셨다는 술과는 아무런 관련이 없다. 지금 공부(孔府)에는 공자 후손들이 거주하지 않고 있으며 따라서 술을 만들지도 않는다. 77대 마지막 연성공 공덕성(孔

德成)은 장개석을 따라 대만으로 간 후 한 번도 공
자의 고향인 곡부(曲阜, 취푸) 땅을 밟지 못하고
2008년 대만에서 사망했다. 전하는 말에 의하면
1990년대에 곡부 시정부의 대표단이 대만으로 공
덕성을 방문하여 공부가주를 선물하자 그는 "우리
공씨 집안에 이런 술은 없다"라고 했다. 그러니 지
금 우리가 마시는 공부가주는 '공부(孔府)'라는 명
칭만 빌렸을 뿐이다. 하지만 좋은 술이다.

공부가주는 1986년에 생산을 개시했다. 다른 전봉석 백주에 비해 역사
가 일천하지만 그 품질을 인정받아 1988년에는 제5회 평주회에서 중국
우질주(優質酒)로 선정되었고 제1회 중국 식품박람회에서 금상을 받기도
했다. 또 1989년 북경 국제식품박람회에서 금상을 받았으며 2001년에는
중국 10대 문화명주로 선정되었다. 공부가주는, 마시기 전에 맡는 향〔聞
香〕, 입에 넣었을 때의 향〔入口香〕, 마시고 난 후 입안에 남는 향〔回味香〕의
'삼향(三香)'이 우수하다는 평을 받고 있다.

공부가주는 처음에 39도 단일 도수로 생산되어 '저도 우질 백주(低度優
質白酒)'의 명성을 이어갔으나 지금은 35도, 42도, 46도, 52도 등으로 다양
화했고, 처음에는 고급 도자기병에 담겨 나왔는데 현재는 유리병으로도
시판된다. 품질 또한 다양화하여 도덕인가(道德人家), 유가풍범(儒家風范),
교장(窖藏), 부장(府藏), 공부가주 1988, 대도(大陶), 유아향(儒雅香) 등 7종
의 제품이 출시되고 있다. 가격도 27위안(약 5,000원)에서부터 600위안(약
10만 원)에 이르기까지 다양하다. 이 중에서 유아향이 가장 값비싼 제품

이다. 유아향은 1년 내내 항온항습(恒溫恒濕)이 유지되는 지하 9미터의 저장고에서 오랜 숙성과정을 거쳐 출시된다고 한다.

공부가주는 공자의 고향인 곡부에서 생산된다는 이점을 살려 스스로도 '중국 예의 문화주(中國禮儀文化酒)'로 자처하고 있다. 그래서 특히 우리나라 사람들이 애호하는 술이다. 2012년 5월에, 서울 강남의 임페리얼 팰리스 호텔 중식당 '천산(天山)'에서 도덕인가(道德人家)를 독점 수입하여 판매한다는 광고를 본 적이 있다. 가격은 한 병에 10만 원(세금·봉사료 별도)이라고 한다.

대중화되어 있는 39도 공부가주는 100점 만점에 75점을 주고 싶다.

자연과 인문이
어우러진
여산

여산은 어떤 곳인가

어젯밤에 비가 내렸는데 아침에는 활짝 개었다. 그래서 조금은 덜 더웠다. 오늘은 하루 종일 구강시에 위치한 여산의 이곳저곳을 다녀야 하는데 날이 개어서 다행이다.

여산(廬山, 루산)은 '광여(匡廬)' 또는 '광산(匡山)'이라고도 한다. 이런 명칭의 유래는 다양한데 그중에서 일반적인 이야기는 이렇다. 옛날 광씨(匡氏) 7형제가 여기서 오두막을 짓고 살다가 후에 신선이 되어 하늘로 올라가고 그들이 살던 초려(草廬, 오두막)만 남게 되었다. 그래서 광씨의 '광(匡)'자와 초려의 '여(廬)'자를 따서 광여산(匡廬山)이라고도 하고 초려의 '여'자만 따서 여산으로 명명했다는 것이다.

여산은 장강 남쪽에 위치하고 장강과 합류하는 파양호와 이웃하는 지리적 위치로 인하여, 수로(水路) 교통에 의존하던 옛날에 사람들이 빈번하게 왕래하던 곳이었다. 지리적인 위치뿐만 아니라 빼어난 경관을 자랑하고 있어서 수많은 문인 학자들이 이곳을 드나들었다. 동진(東晉, 317~420) 이래 청대(淸代, 1636~1912)까지 약 500여 명의 문인 학자들이 여산을 유람하고 4,000여 편의 시문을 남겼다고 한다. 여산에는 한때 18개의 도관(道觀, 도교의 사원)이 있었을 만큼 도교가 성했고, 전성기에 380여 개의 불교사원이 있었을 정도로 중국 남방 불교의 중심지였다. 또한 주자(朱子)가 여산 기슭에 백록동서원을 창건하여 강학하기도 했다. 이렇게 볼 때 여산은 자연 경관이 빼어날 뿐만 아니라 인문학의 보고이기도 하다. 여산은 1996년 유네스코 세계자연유산 및 2004년 유네스코 세계지질공원으로 지정되었다.

여산에 들어가는 길은 남문과 북문 2개의 코스가 있다. 남창에서 오면 남문을 통과하게 되고 구강에서 오면 북문으로 들어가는 것이 편리하다. 2007년과 2008년에는 남문으로 들어갔고 이번에는 북문으로 입산했다. 아기자기한 맛을 즐기려면 남문 쪽이 나은 것 같다. 남문 입구에는 "여산의 기이함과 빼어남은 천하에 으뜸이다(匡廬奇秀甲天下)"라는 백거이의 글귀가 쓰인 현수막이 걸려 있고, 굽이굽이 돌아서 올라가는 길목마다 소동파(蘇東坡), 당인(唐寅), 주원장(朱元璋), 주덕(朱德), 장대천(張大千), 모택동(毛澤東) 등 수십 명의 시를 적은 대형 시판(詩板)이 길옆에 세워져 있어서 지루하지 않다.

여산 중턱의 마을 고령진

어느 문을 통과하든 여산 관람의 기지인 고령진(牯嶺鎭, 구링전)에 도착한다. 예전에 남문으로 입산했을 때에는 관광버스가 곧장 고령진까지 들어와서 이걸 타고 여산의 다른 곳을 관람했는데, 이번에는 북문 입구에서 여산 전용 셔틀버스로 갈아타야 했다. 셔틀버스를 타고 내리면서 관람하는 게 다소 불편했다.

고령진은 해발 1,164미터의 여산 중턱에 형성된 특이한 마을이다. 이 근처에 사세의 지형에 따라 600여 채의 서양식 별장이 들어서 있는데 여기에는 중국 현대사의 아픈 곡절이 스며 있다. 1885년 22세의 한 영국인 선교사가 중국에 와서 이덕립(李德立, Edward Selby Little)이라는 중국 이름을 사용했다고 한다. 그는 무한, 남경, 구강 등지의 더위를 견디다 못해 1886년 우연히 여산에 올랐다가 그곳의 시원한 기후가 마음에 들어 '쿨링(COOLING)'이라는 이름을 붙여주었다. '고령(牯嶺)'의 중국어 발음('구링')이 영어 '쿨링'과 비슷하기도 하여 이로부터 한동안 외국인들 사이에 여산은 '쿨링'으로 통용되었다. 상업적 안목이 있었던 그는 10년간의 노력 끝에 1895년 주구강(駐九江) 영국 영사를 설득해서 지금의 고령진 일대를 999년 동안 조차(租借)하는 데 성공했다. 이로부터 1929년 중국을 떠날 때까지 33년 동안 그는 이 일대를 대규모로 개발하여 서양인들의 피서 별장촌을 조성했다. 이렇게 해서 사람 하나 살지 않던 곳에 마을이 형성된 것이다. 지금 고령진에는 2만여 명의 주민이 거주하고 각종 상점과 서점, 호텔, 우체국, 영화관, 은행 등이 들어서 있으며 초등학교와 중학교도 있다.

고령진의 유명한 영화관 이름이 '여산연 전영원(廬山戀電影院, 루산롄 영화관)'이다. 이 영화관에서 상영하는 '여산연'이라는 영화 제목을 극장 이름으로 삼은 것이다. 이 영화는 개혁개방의 정당성을 홍보하기 위하여 만든 것으로 대륙 남자와 대만 여자가 여산에서 사랑을 나누는 내용이라고 한다. 당시로서는 이색적인 내용일 뿐만 아니라 아름다운 여산의 풍광을 배경으로 촬영했기 때문에 선풍적인 인기를 얻어, 영화가 상영된 지 1년 만에 1억만 명이 관람했다고 한다. 또한 1980년 7월 12일 이 영화관에서 처음 상영된 이래 지금까지도 매일 상영되는데 총 상영 회수가 7,000여 회나 되고 이 영화관의 관객 수만 134만 명에 이른다고 한다. 그래서 단일 극장에서의 최장 상영 영화로 인정되어 기네스북에 등재되기도 했다.

화경공원과 백거이 초당

고령진 중심가를 지나 셔틀버스가 처음 정차한 곳은 화경공원(花徑公園, 화징공원)이다. 공원에는 1955년에 인공으로 조성된 여금호(如琴湖, 루친호)와 화경정(花徑亭)이라는 조그마한 정자가 있다. 그 안에 '花徑' 두 글자가 석각된 바위가 놓여 있는데, 전하는 말에 의하면 백거이의 글씨로 1930년 이 근처에서 발굴된 것이다. 이 발굴을 계기로 여기에 화경정을 짓고 화경공원을 조성한 것이다. 백거이는 강주사마로 있으면서 여

화경공원 바위에 새겨진 백거이 시 「대림사 도화」 「대림사 도화」는 소동파의 「제서림벽」과 함께 여산을 유명하게 만든 시이다.

산을 자주 올랐다고 한다. 그는 이곳에 초당을 짓고 장차 여기서 늙을 생각까지 했다. 초당이 준공된 후 「여산초당기(廬山草堂記)」를 쓴 사실이 이를 말해준다. 그러나 백거이의 시 「대림사 도화(大林寺桃花)」 한 편이 무엇보다 여산을 인상 깊게 해준다.

> 인간 세상 사월엔 꽃들 모두 졌는데
> 산사(山寺)의 복사꽃은 이제 막 한창일세
>
> 가버린 봄 찾을 길 없어 늘 한스러웠는데
> 이곳으로 옮겨 온 줄 모르고 있었네

화경 백거이의 글씨라고 하는 '화경'은 '꽃길'이라는 뜻이며 이를 근거로 이 일대를 화경공원으로 조성해놓았다.

人間四月芳菲盡　山寺桃花始盛開

長恨春歸無覓處　不知轉入此中來

　백거이는 46세 되던 해인 817년 4월 9일 승려와 친구들 17명과 함께 대림사에 숙박하면서 이 시를 썼다고 한다. 너무도 짧게 왔다 가버린 봄이 아쉬웠는데 이곳 대림사의 활짝 핀 복사꽃을 보고서 '봄이 아직 가버린 것이 아니라 이곳으로 와서 숨어 있었구나'라고 노래한 시이다. 사실상 여산 속의 절기는 산 아래보다 약 두 달이 늦다고 한다. 그러니 산 아래의 4월 9일은 복사꽃이 다 지고 난 초여름이지만 산 속 대림사의 절기는 아직 초봄이었던 것이다. 대림사는 여금호를 조성하면서 수몰되고

백거이 초당 복원된 백거이 초당 앞에 서 있는 백거이의 표정이 시상에 잠긴 듯하다.

말았지만 백거이의 시는 아직도 살아남아 인구에 회자되고 있다.

복원된 백거이 초당으로 들어가는 입구에 대문이 있다. 가로로 '화경(花徑)'이라 쓰여 있고 양쪽 기둥에 각각 '화개산사(花開山寺, 꽃피는 산사)' '영류시인(詠留詩人, 시를 남긴 시인)'이라 쓰여 있다. 대문을 지나면 '백사마 화경(白司馬花徑)'이라 새겨진 바위가 있고 또 시 「대림사 도화」가 석각된 바위가 나타난다. 그리고 대문에서 백거이 초당으로 들어가는 길 좌우에 복숭아나무를 심어놓았다. 그 옛날 대림사의 복사꽃을 재현하기 위하여 근래에 심은 것이다. 더 들어가면 백거이 초당이 복원되어 있는데 반은 상점이고 반은 백거이 관련 전시실이다. 초당 앞에 백거이 소상이 있는데 사색에 잠겨 시상을 구상하는 듯한 표정이 재미있다. 휴일이 아닌데도 관람객들이 인산인해를 이루어서 차례를 기다렸다가 간신히 백거이 소상 앞에서 사진 한 장을 찍을 수 있었다.

선인동의 신선 여동빈

화경공원을 나오면 서북쪽에 선인동(仙人洞, 셴런둥)과 금수곡(錦綉谷, 진슈구)으로 가는 입구가 나란히 있다. 사실은 선인동과 금수곡이 이어져 있지만 입구를 따로 분리해놓은 것이다. 우리 일행은 일정상 양쪽을 다 가볼 수 없어서 선인동 쪽을 택했다. 날씨가 덥고 그동안의 여행으로 약간 지쳐 있었기 때문에 나이가 많은 나와 김상홍 교수는 입구에서 쉬기로 했다. 나는 2008년에 한 번 가본 곳이기도 해서 쉬었는데 김 교수는 상당히 힘든 모습이었다. 그도 그럴 것이 빡빡한 일정을 소화하느라 강행군을 했고 또 밤마다 술잔을 기울였으니 지칠 만했다. 그런데도 젊은 사람들은 씩씩하게 돌아다녔다. 역시 젊음이 부럽다.

길을 따라 내려가면 여산 북서쪽의 경관이 펼쳐진다. 경치를 감상하며 가다보면 유선암(游仙巖), 관묘정(觀妙亭), 섬여석(蟾蜍石) 등을 지나게 되고 드디어 선인동에 도착한다. 이곳은 상당히 규모가 큰 천연 동굴인데 중국 8대 신선의 한 사람인 여동빈(呂洞賓)이 수도했던 장소로 알려져 있다. 여동빈은 당나라 말엽의 인물로 본래 유가(儒家) 출신이지만 과거 시험에 낙방하고 산수간을 유람하다가 이곳에서 수도한 후 신선이 되었다고 한다. 그래서 '선인동(仙人洞)'이라는 명칭이 생긴 것이다. 동굴 안

에는 돌로 만든 기단 위에 여동빈의 좌상이 있고, 더 안쪽에는 천장에서
맑은 물이 한 방울씩 떨어지는 '일적천(一滴泉)'이 있는데 일 년 내내 물
방울이 떨어져 오랜 세월 마르지 않는다고 한다. 일적천을 둘러싼 돌기
둥에는 다음과 같은 대련(對聯)이 새겨져 있다.

山高水滴千秋不斷 (산고수적천추부단)
石上淸泉萬古長流 (석상청천만고장류)

높은 산 물방울이 천년토록 끊이지 않아
바위 위 맑은 물이 만고에 길이 흐르네

동굴 옆에는 도교의 비조인 노자(老子)를 모신 태상노군전(太上老君殿)
이 있다.

선인동 부근에 있는 어비정(御碑亭)은 명나라 태조 주원장의 명에 의
하여 1393년에 세워진 석정(石亭)이다. 전설에 의하면 주원장이 파양호
에서 진우량과 전투를 벌이다가 여산으로 쫓겨왔을 때 주전(周顚, 전설 속
의 익살맞고 신비스러운 기인)의 도움으로 목숨을 건진 일이 있었기 때문에
이곳에 정자를 세운 것이라 한다. 정자 안에는 주원장이 지은 「주전선인
전(周顚仙人傳)」을 새긴 비석이 있고 비석 뒷면에는 주원장의 시가 새겨
져 있다.

미려별서와 장개석·송미령 부부

금수곡을 보지 못한 아쉬움을 남긴 채 미려별서(美廬別墅, 메이루볘수)로 향했다. 이동 수단은 역시 여산 셔틀버스다. 미려별서는 1903년 영국인이 지은 서양식 건물인데 그후 전도사인 파리(巴莉) 여사에게 이양되었다가 1933년 파리 여사가 장개석의 부인 송미령(宋美齡, 쑹메이링)에게 증여했다고 한다. 이후로 이 집은 장개석 부부의 전용별장으로 사용되었다. 별서(別墅)는 '별장'이라는 뜻이다. 이 별장은 여산에 있는 별장을 대표하는 건물로 규모가 상당히 커서 건평이 906평방미터(약 274평), 대지가 4,928평방미터(약 1,490평) 달한다. 정원에는 후박나무, 은행나무, 단풍나무 등 70여 종의 국내외 식물이 심겨 있고, 높이 30여 미터나 되는 여산 최대의 금전송(金錢松)이 우뚝 솟아 있다. 이 집의 원래 명칭은 '13호'였다고 한다. '13'이라는 숫자를 장개석은 개의치 않았으나 다년간 미국에서 생활한 기독교인인 송미령이 불길한 숫자라 여겨 '12B호'로 고치고 원래의 '12호'는 '12A호'로 바꾸었다고 한다.

장개석 부부는 이 별장을 무척 사랑하여 중요한 회의를 여기서 했고 중대 결정도 여기서 많이 이루어졌다. 특히 1937년 6월, 당시 황포군관학교 부주임 자격으로 주은래가 방문하여 장개석과 담판 끝에 역사적인 제2차 국공합작을 성사시킨 곳이기도 하다. 이어서 장개석이 직접 기초한 대일(對日) '항전선언문'을 발표한 곳도 이곳이다. 그래서 국민당 정부의 하도(夏都), 즉 '여름 수도'로 불리기도 했다. 그러나 일본이 패망한 직후 다시 시작된 치열한 국공내전에서 공산당에게 밀려 패색이 짙

미려별서 장개석과 송미령이 즐겨 찾았던 별장으로, 장개석이 대만으로 쫓겨가기 직전에 '미려'라는 이름을 붙여주었다.

어지자 장개석은 1948년 8월 9일 송미령과 함께 마지막으로 이 별장을 방문하여 10일간 머문다. 이때 그는 별장 정원의 바위에 '미려(美廬)' 두 글자를 새긴다. 이 별장을 영원히 떠나면서 '12B호'로 불리던 이 집에 비로소 이름을 지어준 것이다. '미려'의 뜻에 대해서는 '아름다운 집' '송미령의 집' '아름다운 여산' 등으로 의견이 분분하나 이후로 이 집은 '미려별서'라 불리게 되었다. 지금은 '하동로(河東路) 180호'로 통칭된다.

1949년 장개석이 대만으로 도망간 후에 주인 없는 집으로 남아 있던 이곳에 1959년 6월 29일 모택동이 '제1차 여산회의' 참석차 왔을 때 약 50일간 머문 적이 있다. 처음에는 정원의 바위에 새겨진 글자(미려)를 그냥 지나쳤으나 잠시 뒤에 설명을 듣고는 방에서 다시 나와, '미려'라 쓰인 바위 앞에서 한참을 묵묵히 서 있다가 "장 위원장, 내가 왔소!"라 말했다고 한다. 그렇게도 처절하게 싸웠던 상대였기에 만감이 교차했을 터이지만 상대가 대만으로 쫓겨난 그때는 한결 마음의 여유를 가질 수 있었을 것이다. 그는 미려에 도착한 다음날 새벽에 「등여산(登廬山)」이라는 7언 율시 한 수를 썼다.

큰 강변에 산 하나 날듯이 우뚝 솟아
사백 번을 돌고 돌아 푸른 산에 올랐는데

차가운 눈으로 넓은 세계 바라보며
뜨거운 몸, 강 하늘에 땀을 뿌린다

구름 빗긴 아홉 강에 황학(黃鶴)이 떠 있고
물결 아래 삼오(三吳)엔 흰 안개 일어나네

모르겠네 도연명은 어디로 갔는지
도화원 속에서 밭을 갈고 있을까

一山飛峙大江邊　躍上蔥蘢四百旋
冷眼望洋看世界　熱膚揮汗洒江天
雲橫九派浮黃鶴　浪下三吳起白煙
陶令不知何處去　桃花源裏可耕田

이 시에는 "1959년 6월 29일 여산에 올라 파양호와 양자강을 바라보니 일천 봉우리가 빼어남을 경쟁하고 일만 골짜기에 물결이 다투어 흐른다. 붉은 해가 막 떠올라 시 8구를 이루었다"라는 서(序)가 달려 있다. 이 시의 제4구는 후에 "뜨거운 바람이 비를 불어 강 하늘에 뿌린다(熱風吹雨灑江天)"로 개작되었는데, '뜨거운 바람', 즉 '열풍(熱風)'은 당시의 여산회의 분위기와 무관하지 않다. 이때 여산에서 '중앙정치국 확대회의'와 '당 8차 8중전회의'가 연이어 개최되었는데 두 번째 회의에서 팽덕회(彭德懷, 펑더화이) 등이 '반당집단'으로 몰려 숙청되었다. 1958년부터 시작된 대약진운동이 거의 실패로 판명된 그즈음에 팽덕회 등이 그 오류를 지적하자 모택동은 이를 자신의 권위에 도전한다고 생각하여 숙청한 것이다. 이후 대대적인 '반우경(反右傾)' 투쟁이 전개되어 전국적으로 3만여 명의 당원과 간부들이 해를 입었다. 이러한 정치적 파동을 예견하고 있었던 모택동이 당시 여산에 부는 바람을 '열풍'으로 표현한 것이다. 결국 대약진운동은 3천만 명의 아사자를 내며 참담한 실패로 끝나고 모택동은 그 이듬해에 스스로 권좌에서 물러난다. 그후에도 모택동은 1961년과 1970년 두 차례 더 여산을 방문했다.

미려별서에는 1층에 송미령의 침실이, 2층에는 장개석의 침실·집무실·응접실 등이 옛 모습 그대로 보존되어 있다. 욕실에는 양변기와 좌변기가 나란히 놓였고 송미령이 쓰던 가구와 피아노, 중국 최초의 냉장고도 놓여 있다. 전시실에서는 국민당 정부 요인들이 활동한 사진들을 볼 수 있다. 복도에 걸려 있는 여러 사진과 그림들 중에 주원장의 초상화에 눈길이 갔다. 주원장의 얼굴은 기괴하게 생긴 것으로 알려져 있다. 황제가 된 후 그는 자신의 초상화를 그리게 했는데, 실물보다 훨씬 잘 생기게 그린 화가와 실물과 꼭 같게 그린 화가 모두 처형되었고 중간쯤 모습으로 그린 화가만 살아남았다고 한다. 여기에 걸린 초상화는 중간 모습의 주원장인데도 기괴하기는 마찬가지였다. 그러니 원래의 모습이 어떠했는지 상상할 수 있는 일이다. 이 그림은 천지사(天池寺)에 보관되어 있는 초상화의 복제품이라고 한다. 별장 입구에서 좀 떨어진 곳에 있는 장개석 경호실은 미려초시(美廬超市, 미려 슈퍼마켓)로 변해 있다.

이 미려별서를 관람하는 데에도 우여곡절이 있었다. 처음 여행 일정표를 짤 때 미려별서를 넣었으나 중국 여행사 측에서 보내온 일정표에는 '미려별서 차창 관람'으로 되어 있었다. 중국 근대사의 중요한 장소이자 여산 별장의 대표격인 이곳을 그냥 지나칠 수 없다는 생각에서 몇 번이나 강력하게 주장하여 겨우 성사시킬 수 있었다. 이는 단순히 시간상의 문제 때문만은 아닌 듯했다. 내가 보기에는 입장료 때문인 것 같다. 같은 여산에 있는 모택동 고택(舊居)은 무료인 반면에 미려별서는 25위안의 입장료를 받고 있었기 때문이다. 어쨌든 입장료의 유무가 중국에서 모택동과 장개석의 위상의 차이를 단적으로 보여준다.

여산박물관에 서린 모택동의 체취

미려별서를 나와 근처에 있는 '대하식부(大廈食府)'에서 점심식사를 했다. 반주로 마신 임천공주(臨川貢酒, '중국술 6' 참조)는 한국에는 별로 알려지지 않았으나 수준급이었다.

　점심식사를 마치고 여산박물관으로 향했다. 여산박물관은 원래 1960년 노림호(蘆林湖, 루린호) 옆에 지은 모택동의 별장이었는데 1985년 이곳으로 이전했다. 모택동은 '노림 1호 별서'라 불리기도 하는 이 별장에 거처하면서 노림호에서 자주 수영을 즐겼다고 한다. 정문의 오른쪽 기둥에 '모택동동지구거(毛澤東同志舊居, 모택동 고택)', 왼쪽 기둥에 '여산박물관(廬山博物館)'이라 쓴 간판이 걸려 있는데 모택동 고택 간판 밑에서 사진 찍으려는 사람들이 줄을 서서 기다리고 있었다. 나도 기념사진을 남기려고 한참을 기다리다가 결국은 포기하고 말았다. 중국의 모택동 열기는 식을 줄을 모른다.

모택동 고택·여산박물관 입구 양쪽 기둥에 '모택동 동지 구거' '여산박물관'이라 쓰여 있다.

이곳에는 모택동의 침실, 집무실, 욕실 등 그의 체취를 느낄 수 있는 유물들이 보관되어 있다. 심지어 기워서 입은 모택동의 잠옷도 볼 수 있었다. 모택동의 유품 이외에도 박물관에는 유물들이 많이 진열되어 있다. 2,3천 년 전의 청동기부터 역대 도자예술품, 당인(唐寅)·정판교(鄭板橋)·서비홍(徐悲鴻)의 그림, 모택동·호지명(胡志明, 호찌민)·강택민 등의 글씨가 있다. 그중에서 유명한 것은 「여산고도(廬山高圖)」 「여산삼협교도(廬山三峽橋圖)」 「오백나한도(五百羅漢圖)」이다.

「여산고도」는 명나라 때 오문화파(吳門畫派)의 창시자인 심주(沈周)가 1467년에 그린 그림으로, 송나라 시인 구양수(歐陽脩)가 쓴 장편시 「여산고(廬山高)」의 시의(詩意)를 그림으로 옮긴 것이다. 여산의 향로봉을 배경으로 그 아래의 수봉폭포(여산폭포)가 웅장하게 그려졌고 그림 상단 오른쪽에 구양수의 시 「여산고」가 쓰여 있다. 「여산삼협교도」는 명나라 당인이 1514년 여산 남쪽의 삼협교(지금의 관음교) 일대의 겨울 풍경을 그린 것이다. 「오백나한도」는 청나라 때 민간화기인 히종룡(許從龍)이 6년간의 노력 끝에 1712년에 완성한 200폭의 그림이다. 한 폭의 높이가 2.74미터, 폭이 1.25미터나 되는 거대한 화폭에 오백나한의 갖가지 모습과 다양한 표정이 담겨 있다. 현재 112폭이 남아 있다고 한다.

'아(鵝)'자를 쓴 커다란 족자가 있는데 왼쪽 하단에는 '영화년신해춘삼월왕희지서(永和年辛亥春三月王羲之書)'라는 낙관이 찍혀 있다. 족자 전면에는 소동파, 범중엄(范仲淹), 주희(朱熹), 문천상(文天祥), 조맹부(趙孟頫) 등의 제발(題跋)이 빽빽하게 쓰여 있다. '아(鵝)'는 거위이다. 왕희지가 평소에 거위를 좋아했고 족자에 왕희지의 낙관도 있으며 여러 사람들의 제발까지 있어서 이 글씨를 왕희지의 작품으로 여겼는데 사실은 후대인의 모작이라는 설이 유력하다.

이외에 '혈서 화엄경'이 있다고 하는데 보지는 못했다. 이것은 여산 해회사(海會寺)의 보초화상(普超和尙)이 손가락을 찔러 흐르는 피로 15년에 걸쳐 쓴 것이라 한다. 총 81권 중 지금은 46권이 남아 있다. 박물관 내에 있는 '여산 지질 전시관' 복도에는 여산과 유관한 역대 명인들의 초상화, 사진, 글씨 등을 전시하고 있다.

2011년 4월에 다시 가본 전시실에는 「오백나한도」 9폭과 '아(鵞)'자 족자만 걸려 있었다. 다른 전시물들은 어디에 보관하고 있는지……

밖으로 나오니 시원한 바람이 불었다. 확실히 여산은 평지보다 시원하다. 왜 이곳에 그 많은 피서 별장이 들어섰는지 알 만했다. 일행 중의 누군가가 "이곳에 별장을 하나 사서 한여름 보냈으면 좋겠다"고 말하자 또 누군가가 "시원하긴 하지만 사람들이 너무 많아서…… "라 대꾸했다. 관람객이 그야말로 인산인해를 이루고 있었다. 사실상 이 근처에는 빈 집들이 많았고 상점이나 음식점으로 사용하는 곳도 있었다.

여산 별장 중에서 미려별서와 팽덕회가 살았던 176호와 359호, 주은래와 여성정치가 등영초(鄧穎超, 덩잉차오)가 거주했던 442호는 전국중점문물보호단위(국가급 문화재)로 지정되어 있다. 중국 근대사의 아픈 상처를 품고 있는 이 별서군(別墅群)은 여산 풍경의 색다른 일면임이 틀림없다.

새진주기념관에서 본 펄 벅

여산의 별장을 말할 때 빼놓을 수 없는 것은 『대지』의 작가 펄 벅(Pearl Buck, 1892~1973)이다. 펄 벅은 태어난 지 3개월 만에 중국에 왔는데, 미국에서 대학을 다닌 기간(1910~1914)을 제외하고 1936년 중국을 떠날 때까지 줄곧 중국에서 생활했다. 그러니 그녀의 말대로 중국을 제2의 조국이라 할 만하다. 펄 벅의 아버지는 1883년에 중국으로 와서 강소성의 진강(鎭江) 일대에서 선교활동을 했는데 진강의 더위 때문에 펄 벅 위로 3남매가 열병으로 죽었다고 한다. 그래서 궁리 끝에 1897년에 피서지로 이름난 여산에 땅을 매입하여 조그마한 집을 짓고는 매년 6월이 되면 더위를 피해 여산으로 가서 한여름을 보냈다. 펄 벅도 어린 시절부터 이곳에서 생활했으며 미국에서 대학을 졸업하고 남경대학 교수로 재직하는 동안에도 여름이면 이곳에서 지냈다고 한다. 말하자면 이곳은 펄 벅 창작의 산실인 셈이다. 그녀는 이곳에서 작품을 구상하고 십필했을 것이다. 1931년에 출간된 『대지』는 1938년 노벨 문학상을 수상했다.

펄 벅이 살았던 집은 지금 310호 별서로 되어 있다. 펄 벅의 풀네임은 펄 사이든스트리커 벅(Pearl Sydenstricker Buck)인데 중국 이름은 '싸이전주(賽珍珠, 새진주)'이다. 그녀의 성(姓)인 '사이든스트리커'의 앞 두 글자 '사이'와 음이 같은 '賽'를 성으로 삼고 이름인 '펄(Pearl)'이 '진주(珍珠)'라는 뜻이기 때문에 賽珍珠라 한 것으로 생각된다. 이번 여행에서는 펄 벅이 살았던 집을 방문하지 못했다.

2011년 4월에 다시 갔을 때는 펄 벅 기념관을 둘러보았다. 입장권을 사면 당시 선교사들이 살았던 여러 건물들을 함께 관람할 수 있는데, 이 일대를 고령조차박물관(牯嶺租借博物館)으로 별도로 구획해놓았다. 그래서 한 건물에는 주구강(駐九江) 영국 영사와 중국인 관리가 조차 조약에 서명하는 모습을 밀랍 인형으로 재현해놓았고, 고령진을 처음 발견하고 조차한 영국인 선교사 이덕립(李德立, Edward Selby Little)이 동료 두 명과 여산의 오룡담(烏龍潭)에서 찍은 사진도 걸려 있다. 또 이곳에는 선교사들과 그 가족들이 다녔던 교회당과 그들이 술과 차를 즐기던 카페도 있으며, 또한 선교사 가정의 내부 모습도 볼 수 있고 그들이 사용하던 집기들도 전시하고 있다.

타이프라이터 앞 펼벽 펼벽 모습은 밀랍 인형이고, 그 앞의 타이프라이터는 실물인데 매우 낡은 것으로 보아 당시 그녀가 사용하던 것인 듯하다.

'새진주기념관(賽珍珠記念館)'이라는 현판이 걸린 펄 벅 기념관에는 그녀의 어린 시절, 대학 시절, 집필 시절의 사진들이 걸려 있는데 사진 속의 학사모를 쓴 펄 벅은 무척 아름다워 보였다. 낡은 타이프라이터 앞에 앉아서 집필하는 펄 벅의 밀랍 인형도 있다. 기념관 앞마당의 표지판에는 이 집의 내력과 건축양식을 설명하고 끝에 "아담하고 소박하지만 실용성이 풍부하다(淡雅朴素 而富于實用)"라는 문구가 적혀 있다.

파양호를 머금은 함파구

다시 셔틀버스를 타고 가다가 주차장에서 내려 함파구(含鄱口, 한포커우)까지 걸어서 갔다. 함파구는 고령진 동남쪽에 위치한 함파령 중앙의 해발 1,211미터 지점에 있는 여산의 관광 명소이다. 여기서 내려다보면 파양호의 장관이 한눈에 들어오고 동쪽으로 오로봉(五老峰), 서쪽으로 여산 최고봉인 한양봉(漢陽峰, 1473미터)의 우뚝 솟은 모습이 보인다. 여기서 내려다보는 파양호 경관이 뛰어난데 우리가 갔을 때는 안개가 자욱이 끼어 볼 수 없었다. 2007년에 왔을 때에는 날씨가 맑아 전망대 밑에서 리프트를 타고 내려가면서 파양호의 광활하고 아름다운 모습을 마음껏 감상할 수 있었다. 모택동도 함파구의 경치를 좋아해서 여산에 오면 이곳을 들렀다고 한다. 그래서 전망대 아래쪽 모택동이 앉았던 자리에 표시를 하고 사진 찍는 장소를 마련해놓았다. "모택동 동지가 일찍이 이 주봉(主峰)에서 사진을 남겼다(毛澤東同志 曾在主峰留影)"라는 글씨를 새긴

함파구 여산의 명소로, 계단을 따라 올라가면 전망대가 나오는데 여기서 파양호의 장관을 볼 수 있고, 아름다운 운무와 오로봉, 한양봉 등도 볼 수 있다.

바위 옆에 의자를 갖다놓고 사진을 찍게 했는데 물론 의자에 앉아 사진을 찍으려면 돈을 내야 했다. 함파구는 원래 안개가 많이 끼는 곳이어서 안개 낀 풍경 자체가 또 하나의 볼거리가 되기도 하다.

우리는 안개 때문에 파양호를 보지 못했지만 안개 낀 함파구의 풍경을 본 것으로 위안을 삼고 돌로 만든 큰 패방 안으로 들어갔다. 이 패방은 삼문(三門)으로 되어 있는데 가운데 문루에 '함파구(含鄱口)' 세 자가 쓰였고 좌우의 문루에는 각각 '산색(山色)' '호광(湖光)'이라 쓰여 있다. 이 패방을 지나서 계단을 올라가면 함파정(含鄱亭)과 망파정(望鄱亭)이 나타난다. 이름 그대로 이곳은 파양호를 바라보기 위해서 만든 정자인데 안개 때문에 그냥 지나칠 수밖에 없었다.

삼첩천 폭포 가는 길

함파정과 망파정을 지나 산길 계단을 오르고 내려가서 다시 셔틀버스를 타고 가다가 삼첩천(三疊泉, 싼뎨취안)으로 가는 모노레일 전동차로 갈아탔다. 전동차에서 내려 또 돌계단을 한없이 걸어서 내려가는데 계단 수가 수천 개는 되는 것 같았다. 더운 날씨에 땀이 비 오듯 쏟아져 눈으로 들어가 쓰라리기까지 했다. 내려가는 도중에 원숭이가 나타나 신기한 듯 우리를 쳐다보기도 했다. 그냥 계단만 내려다보고 걷는데 드디어 물소리가 들렸다. 이제 다 왔구나 싶었는데 또 한참을 가서야 삼첩천에 도착할 수 있었다. 생각건대 전동차에서 내린 곳이 3단으로 형성된 폭포의 중간쯤인 듯싶었다.

2007년과 2008년에는 이 코스를 택하지 않고 여산 동문(東門)에서 걸어서 곧장 폭포로 갔었다. 2007년 벽사 선생님을 모시고 갔던 때가 문득 생각났다. 그때 어찌하다가 오후 4시가 넘어서야 여산 동문에 도착했다. 당시엔 나도 처음 가보는 길이라 시간을 예측할 수가 없어서 가이드에게 물어보니 갈 수 있다는 것이었다. 동문에서 대기하고 있던 가마꾼들도 이미 철수한 후였지만 보행이 불편한 벽사 선생님은 가마를 타야 하겠기에 급히 연락해서 가마꾼을 불러왔다. 2시간가량 걸었지만 폭포에 도착하기도 전에 10월 중순의 날은 이미 저물었다.

돌아오는 길은 그야말로 고행이었다. 캄캄한 산 속에서 밤길을 더듬어 내려오다가 자칫 발을 잘못 디디기라도 하면 큰 사고가 일어날 법한 상황이었다. 휴대폰 불빛으로 간신히 길을 찾기도 하고 앞선 사람이 위험한 구간을 지날 때면 '조심'이라 소리쳐 뒤로 전달하게 했다. 그나마 다행인 것은 달이 떠서 봉우리가 가려지지 않은 곳을 통과할 경우에는 조금 나았다. 우리들은 그래도 괜찮은 편이었지만 가마 위에 앉아계신 벽사 선생님은 정말 불안하셨던 모양이다. 그래서 내려가시는 동안 "지산, 지산" 하고 연신 나를 부르셨다. 그때마다 "예, 저 여기 있습니다"라 대답하고 일부러 큰 소리로 이런저런 이야기를 해드렸다. '지산(止山)'은 나의 호이다. 나중에야 "지산이 옆에 있어서 그래도 마음이 조금 놓였어"라고 말씀하셨다. 그때는 무척 고생했지만 지금 생각하면 아름다운 추억이 되었다. 특히 여산에서 맛본 달밤의 정취는 오랫동안 기억에 남는다. 그 이듬해에는 이때의 경험을 살려 여유 있게 삼첩천을 다녀왔다.

이번에는 좀 다른 코스를 택해서 삼첩천을 가보려 했는데 결과적으로는 전보다 더 힘들게 되었다. 삼첩천을 가려면 여산 동문에서 올라가는 편이 수월하다. 가는 도중의 경치도 이쪽이 훨씬 낫다.

웅장하고 아름다운 3단 폭포

삼첩천은 여산 최대의 폭포로 "삼첩천에 가보지 않으면 여산의 손님

으로 쳐주지 않는다(不到三疊泉 不算廬山客)"라는 말이 있을 정도로 여산에서 손꼽히는 볼거리이다. 삼단으로 꺾어져 흘러내리기 때문에 '삼첩천'이라는 이름이 붙었으며 전체 길이가 215미터에 달한다. 폭포 밑에 도착하니 흩날리는 물보라가 땀에 전 몸을 시원하게 씻어주었다. 우리는 폭포 아래 웅덩이에 발을 담그고 앉아 술 한잔씩 나누었다.

전하는 말로는 송나라 때 한 나무꾼에 의하여 이 폭포가 처음 발견되었는데, 당시 백록동서원에 있던 주자(朱子)가 몹시 가보고 싶어 했지만 나이가 많고 병이 들어서 가지는 못하고 화공을 시켜 그림을 그려오게 하여 보고는 그 웅장하고 아름다운 경관에 감탄을 금치 못했다고 한다. 그러고는 말하기를 "이백(李白)이 이 폭포를 보았다면 또 어떤 시를 지었을고" 했다는데 이백의 저 유명한 시「망여산폭포(望廬山瀑布)」를 염두에 두고 한 발언이었을 것이다. '여산폭포를 보고도 그렇게 뛰어난 시를 지었는데 삼첩천폭포를 보았다면 또 얼마나 훌륭한 시를 지었겠는가'라는 뜻이다. 그러나 이것은 어디까지나 전해오는 말일 뿐, 이백이 직접 이 폭포를 보았다는 의견도 있다.

이백은 생전에 세 번 여산에 올랐다. 첫 번째는 그의 나이 26세 때인 726년으로「망여산폭포」「망여산오로봉(望廬山五老峰)」등의 시가 이 시기에 쓰였다. 756년 가을 안록산의 난을 피해 부인 종씨(宗氏)와 함께 병풍첩(屏風疊)에 초당을 짓고 은거한 것이 두 번째였다. 그 당시 그는 죽

삼첩천폭포 전체 길이 215미터에 달하는 여산 최대의 삼단 폭포이다. '삼첩천에 가보지 않으면 여산의 손님으로 쳐주지 않는다'는 말이 있을 만큼 웅장한 폭포이다.

을 때까지 여기서 지낼 뜻이 있었지만 그해 겨울 영왕(永王) 인(璘)의 수차례에 걸친 간곡한 요청을 받아들여 하산했다. 영왕은 현종(玄宗)의 열여섯 번째 아들인데, 안록산의 난으로 현종이 촉(蜀)으로 피난한 사이 아들 숙종이 황제로 즉위하자 그해 12월에 영왕은 수군(水軍)을 이끌고 여산 근처로 내려와 이백의 도움을 요청했고 이백은 자신의 포부를 펼칠 수 있는 마지막 기회라 생각하여 영왕의 막료로 들어간 것이다. 영왕은 숙종의 즉위에 불만을 품고 있었다. 그러나 이후 영왕의 계획은 실패했고 이백은 영왕의 반란에 가담했다는 죄목으로 758년에는 야랑(夜郞)으로 유배 가다가 도중에 사면령을 받았다. 그가 세 번째 여산에 오른 것은 760년, 죽기 2년 전이었다. 이때 쓴 시가 「여산요기노시어허주(廬山謠寄盧侍御虛舟)」인데 그중에 이런 구절이 있다. 제목의 뜻은 '여산의 노래를 시어 노허주에게 보낸다'이다.

여산은 남두성(南斗星) 옆 빼어나게 솟아 있고
구첩병(九疊屛)엔 구름 비단 펼쳐져 있네

밝은 호수에 드리운 그림자 짙푸르게 빛나고
금궐암(金闕巖) 앞 두 봉우리 길게 뻗어 있는데

삼석량(三石梁)엔 은하수가 거꾸로 매달려
저 멀리 향로 폭포 마주보고 있다네

廬山秀出南斗傍　屏風九疊雲錦張

影落明湖靑黛光　金闕前開二峰長

銀河倒掛三石梁　香爐瀑布遙相望

이 시에 묘사된 여산의 여러 모습은 이백이 본 실제 풍경인데 여기서 말한 '삼석량'이 곧 삼첩천이라는 것이다. 청나라 양종희(楊鍾羲)는 『설교시화(雪橋詩話)』에서 이와 관련하여 다음과 같이 말했다.

지금의 삼첩천은 구첩병의 왼쪽에 있는데, 물의 흐름이 세 번 꺾여서 떨어지는 것이 마치 은하수가 '돌다리(石梁)'에 걸려 있는 듯하여 이태백의 시구와 그대로 합치한다. 그러나 이곳에 따로 3개의 돌다리가 있는 것은 아니다. 후대의 사람들이 반드시 그곳에 가서 실증해보고자 한다면 천착에 빠지는 것이다.

나는 양종희의 말을 사실로 믿고 싶다. 삼첩천폭포 옆의 구첩병 근처에 초당을 짓고 은거했던 이백이 여산 최대의 폭포인 삼첩천을 몰랐을 리 없을 것이다. 그러니 송나라 때 한 나무꾼에 의하여 발견되었다는 설은 믿을 수 없다고 하겠다.

내려오는 길에 위를 쳐다보니 계곡과 계곡 사이에 줄을 걸어놓고 줄위에서 자전거를 타는 광경이 보였다. 관광객이 있으면 서비스 차원에서 보여주는 이벤트인데 정말 아찔하다. 눈을 속이는 마술인가?

삼첩천 구경을 끝으로 오늘의 일정을 마치고 여산 동문으로 나와 숙소인 용만온천(龍灣溫泉, 룽완온천)으로 향했다. 땀에 전 몸을 씻지도 못하고 바로 식당으로 가서 저녁식사를 한 후 온천욕을 즐겼다. 용만온천은 동시에 2천 명을 수용할 정도로 규모가 크고 시설도 화려했다. 입구에서 수영복으로 갈아입고 안으로 들어가면 장미탕, 국화탕, 찹쌀탕, 산죽탕(山竹湯), 쑥탕 등 수십 개의 탕을 자유롭게 드나들 수 있다. 이외에도 대형 수영장을 비롯해 유료인 발 마사지탕, 물고기 마사지탕, 간이음식점 등의 시설이 구비되어 있다. 경내에서는 마치 해변에서처럼 수영복 차림의 남녀가 뒤섞여 돌아다니는 풍경이 이채로웠다. 종업원들도 매우 친절했다. 이 근처에는 온천장이 여러 개 있는데 우리나라 여성들에게 인기가 있어 한때는 아시아나항공사에서 전세기를 띄우기도 했다고 한다.

아침에 호텔 앞마당을 거니는데 연못 옆에 비석이 하나 보였다. 용만청우(龍灣靑牛), 즉 '용만의 푸른 소'라는 제자(題字) 밑에 '노자(老子)가 여산의 용만에서 『도덕경』 5천 자를 쓰고 난 후 푸른 소를 타고 승천했다'는 내용의 비문이 쓰여 있다. 비석 옆에는 커다란 소(牛) 조각상이 놓여 있다. 이곳이 그 현장이라는 것이다. 워낙 길고 풍부한 역사를 가진 나라이기에 이런 이야기가 가능한 것이다.

여산폭포와 이백의 시

오늘의 첫 행선지는 수봉폭포(秀峰瀑布)다. 수봉은 특정한 봉우리 이름이 아니고, 여산 남쪽에 있는 향로봉, 쌍검봉(雙劍峰), 문수봉(文殊峰), 학

제일산 여산폭포 입구의 산문에 새겨진 송나라 서예가 미불의 글씨다.

명봉(鶴鳴峰), 사자봉, 귀배봉(龜背峰), 자매봉(姊妹峰) 등을 총칭하는 이름 이다. 이 봉우리들의 경관이 '빼어나다(秀)'고 해서 붙여진 것이다. 이백 의 시로 유명한 수봉폭포는 개선폭포(開先瀑布)라 부르기도 한다. 이백은 그냥 '여산폭포'라 했다. 폭포로 올라가는 산문 입구에는 "여산의 아름 다움은 산 남쪽에 있고, 산 남쪽의 아름다움은 수봉을 꼽는다(廬山之美在 山南 山南之美數秀峰)"라는 현수막이 걸려 있다. 그리고 수봉의 여러 경치 를 찍은 대형 사진들이 걸려 있는데 수봉폭포 사진에는 '이백폭포'라 적 혀 있었다. 그만큼 이 폭포는 이백의 시로 인해 유명해진 것이다.

대문으로 들어가서 한참 걸어가면 중국인민정치협상회의 주석 교석 (喬石, 챠오스)이 쓴 이백의 시가 바위에 석각되어 있고 '제일산(第一山)'이 라 쓰인 산문이 나타난다. 이 글씨는 송나라 때의 유명한 서예가 미불(米

芾)의 작품이라고 한다. 산문을 들어서면 오른쪽 숲속에 돌에 새긴 관음보살을 모신 관음전이 있다. 대부분의 관음보살은 여성으로 표현되는데 이 관음보살 석상은 특이하게도 수염이 있는 남자상이다. 전하는 말로는 상반신은 당나라의 오도자(吳道子)가 만든 것이고 하반신은 후대 사람의 작품이라고 한다. 주위에는 예전에 장개석이 집무실로 쓰던 건물이 낡은 채로 방치되어 있었다.

여기서 좀더 가보면 옛 수봉사(秀峰寺) 터에 오층 석탑이 보인다. 근처 수옥정(漱玉亭) 앞에는 폭포물이 내려와 고인 용담(龍潭)이 있고 돌다리를 건너서 왼쪽으로 올라가면 문수봉으로 올라가는 리프트 타는 곳이 나타난다. 이 리프트는 2인승인데 이동 거리가 매우 길어서 편도에만 35분가량이나 소요된다. 리프트를 타고 가면서 수봉의 경관을 천천히 감상할 수 있어서 좋다. 멀리 폭포가 보이고 조금 더 가면 폭포의 전경이 가장 잘 보이는 곳에서 잠시 내릴 수 있다. 이곳엔 칼을 찬 이백의 소상이 있고 이 소상 옆에서 폭포를 배경으로 사진을 찍을 수 있도록 만들어놓았다. 이백의 소상은 작고 조잡하게 만들어져서 주위 경관과 어울리지 않는다는 느낌이 들었다. 다시 리프트를 타고 문수봉에 도착하여 10여 분 걸어 올라가면 폭포를 근접거리에서 볼 수 있는 관폭정(觀瀑亭)에 이른다. 이 폭포를 보면서 이백의 시(「망여산폭포」)를 떠올리지 않을 수 없다.

향로봉에 해 비쳐 붉은 안개 이는데
저 멀리 폭포가 앞 내인 양 걸려 있네

이백상 리프트를 타고 가는 도중 잠깐
내려서 사진 찍는 곳에 세워져 있고, 그
뒤로 희미하게 여산폭포가 보인다.

3천 척(尺)을 곧장 날아 아래로 떨어지니

은하수가 구천(九天)에서 떨어진 게 아닌지

日照香爐生紫煙　遙望瀑布掛前川

飛流直下三千尺　疑是銀河落九天

26세 때의 작품으로 알려진 이 시에도 이백 시의 특징인 과장법이 유
감없이 드러나 있다. 나는 평소에 막연히 '3천 척'이 지나친 과장이라 생

여산폭포 이백의 시 구절 '비류직
하삼천척'으로 유명한 이 폭포는
어림잡아 수백 미터는 되어 보인
다. 수봉폭포 또는 마미폭포로도
불린다.

각했다. 그러나 가까이서 직접 보니 그렇게 심한 과장은 아니란 느낌이 들었다. 3천 척은 990미터인데 실제 길이를 재어볼 수는 없지만 위에서 아래쪽의 웅덩이까지 족히 수백 미터는 되어 보였다.

이 폭포는 일명 '마미폭포(馬尾瀑布)'로도 불린다. 말의 꼬리처럼 가늘고 길게 드리워져 있기 때문이다. 실제로 폭은 넓지 않고 길이가 길다. 더구나 말 엉덩이 모양의 바위 중간을 흘러내리는 물길이 말 꼬리와 흡사했다. 이 유명한 폭포를 보고 나는 또 어설픈 시 한 수를 지어보았다.

香爐峰下掛長川　奇絶雄姿感謫仙
瀑布飛流今尚在　詩人捉月永歸天

향로봉 아래에 긴 시내가 걸려 있어
기절(奇絶)한 자태가 적선(謫仙) 감동시켰는데

나르는 폭포수는 지금도 여전하나
시인은 달 잡으려 영원히 귀천(歸天)했네

폭포 구경을 마치고 다시 리프트 타는 곳으로 내려오다가 길가의 허름한 간이상점 의자에 앉아서 차 한 잔씩 마셨다. 그 유명한 여산의 운무차(雲霧茶, '중국차 3' 참조)다. 자고로 여산의 특산물로는 '삼석 일차(三石一茶)'를 꼽는데, 석계(石鷄)·석어(石魚)·석이(石耳)가 삼석이고, 운무차가 일차이다. 석계는 산속 동굴이나 바위틈에 사는 개구리이고, 석어는 웅덩이나 폭포 속에 사는 물고기이며, 석이는 절벽에 기생하는 버섯을 말한다.

좋은 경치를 보고 난 뒤 기분이 상쾌한 탓인지 차 맛이 좋았다. 차를 사가려고 알아보니 상품용으로 포장된 것은 없다고 했다. 그래도 좀 보자고 하니 커다란 비닐봉지에 담은 차를 꺼내왔다. 아마 자기들도 마시고 등산객들에게도 한두 잔씩 팔려고 집에서 직접 만든 것 같았다. 평소에 차를 무척 좋아하는 허권수 교수와 내가 그 집에 있는 차를 모두 사버렸다. 시중에서 판매하는 포장된 상품보다 이런 차가 더 좋은 경우가 있다. 나는 서울에 가지고 와서 한동안 잘 마셨다. 여산의 아름다운 경치를 반추하면서.

리프트를 타고 내려오면서 생각해보았다. 여산은 그 자체의 아름다움만으로도 천하의 명산으로 불리기에 손색이 없지만 만약 이백과 백거이의 자취가 없었다면 여산이 오늘날의 명성을 지닐 수 있었을까? 여산의 풍광이 이백과 백거이로 하여금 아름다운 시를 쓰게 했지만 이백과 백거이로 인하여 여산이 더욱 아름다운 산이 되었을 것이다. 남송 때 축목(祝穆)이 지은 『방여승람(方輿勝覽)』에 다음과 같은 기록이 있다.

이백은 본성이 명산을 좋아하고 표연히 세상 밖에서 노닐 뜻이 있어 여산의 풍광이 좋은 곳을 찾아 유람했으며 오로봉(五老峰) 밑에 집을 지었으니 지금도 그 옛터가 남아 있다. 후에 북쪽으로 가면서 차마 떠나지 못하고 여산을 가리키면서 말하기를 "그대와 다시 만나겠다는 맹세를 감히 어기지 않겠노라. 이 붉은 절벽과 푸른 골짜기를 신

㉗(神)이 돌봐주리라"라 했다.

이백이 이렇게 사랑했던 산이 여산이다. 그 여산을, 이백이 마지막으로 오른 지 1251년 만에 내가 올랐다. 이제 이번 인문 기행의 마지막 방문지 백록동서원만 남았다.

임천공주

임천공주(臨川貢酒, 린촨궁주)는 강서성 임천(지금의 무주撫州)의 강서임천주업유한공사(江西臨川酒業有限公司)의 제품으로 농향형 백주이다. 임천 지방에서는 2500여 년 전 전국시대부터 술을 빚기 시작하여 지금까지 그 전통을 이어오고 있다.

임천 지방 사람들은 예부터 손님 접대하기를 좋아하고 술 마시기를 즐겨서 술 없이는 손님 접대를 하지 않았다고 한다. 그리고 반드시 취할 때까지 마셨다고 한다. 그래서 고을에는 술집이 즐비했고 주민들의 집에도 일 년 내내 술이 떨어지지 않았다는 이야기가 전한다. 임천은 또한 북송(北宋)의 개혁정치가 왕안석(王安石, 1021~1086)과 중국의 셰익스피어라 일컬어지는 희곡작가 탕현조(湯顯祖, 1550~1617)를 배출한 고장이기도 하다.

전하는 말에 의하면 임천의 술이 세상에 널리 알려지게 된 것은 왕안석이 이 술을 황제에게 바치면서부터였다고 한다. 왕안석은 개혁적인 '신법(新法)'을 실시하다가, 보수파의 공격을 받아 1074년에 고향으로 물러나 있다가 이듬해 재상으로 다시 복귀하면서 고향의 술을 당시 황제인 신종(神宗)에게 바쳤다. 신종은 왕안석이 평소 술을 못 마신다는 것을 알고 있었다. 그러한 그가 바치는 술이라 범상한 술이 아닐 것이라 여기고 맛을 보니 과연 천하일품이었다. 이어 좌우 신하들에게 맛을 보게 하니 모두들 '술 중의 최상품'이라 감탄했다. 이후 이 술 은 대대로 궁중에 바치는 공품(貢品)이 되었다고 한 다. 이 전통을 이어받아 1958년에 강서임천주창(江 西臨川酒廠)이 설립되었고 2001년 민영화되면서 현 재의 공사로 명칭이 바뀌었다.

임천공주가 좋은 술이 될 수 있었던 데에는 사용 하는 물이 좋기 때문이다. 임천의 영곡봉(靈谷峰) 아 래 여수하(汝水河) 주변의 지하수는 산도(酸度)와 경도(硬度)가 낮고 유기 물 함량도 적어서 백주 양조에 최적의 수질이라고 한다. 또한 발효를 위 한 교지(窖池)에 기생하는 미생물의 종류가 독특해서 다른 술과는 구별되 는 개성을 지닌다고 한다. 또 한 가지 특이한 점은 같은 강서성에서 생산 되는 사특주(四特酒)와 마찬가지로 주원료가 쌀이라는 것이다. 백주는 대 부분 고량(수수)을 주원료로 쓰는데 강서성에서는 쌀을 주원료로 사용하 는 백주가 많다고 한다.

다른 백주와 마찬가지로 임천공주도 다양한 품종을 생산하고 있는데 옥명대국계열(玉茗大麴系列), 임천특국계열(臨川特麴系列) 등 150여 개 품 종을 출시하고 있다. 2010년 상해 세계박람회가 열렸을 때 강서관(江西 館)에, 경덕진에서 만든 고급 도자기병에 23년간 저장한 임천공주를 출 품했는데 가격이 10,000위안(약 200만 원)이었다고 한다. 임천공주는 현재 강서성 중점보호상품으로 지정되어 있고, 말레이시아 박람회 금호상(金 虎賞), 북경 국제정품박람회 금상 등을 수상한 바 있다.

우리가 마신 임천공주는 고급품이 아닌 듯한데 70점을 주고 싶다.

여산운무

여산운무(廬山雲霧, 루산윈우)는 녹차로 동진(東晉)의 혜원선사가 여산의 동림사에 주석한 이후 주로 승려들이 자급자족할 목적으로 재배한 것이 그 시발점이 되었다고 한다. 그 당시 여산 일대에서는 승려들이 좌선하고 염불하는 일 외에 차 만드는 것이 중요한 일과였다.

차나무의 생장에는 다음의 몇 가지 조건이 갖추어져야 한다. 첫째, 기온이 따뜻해야 한다. 연평균 기온이 15도에서 20도 사이가 좋다. 그러나 섭씨 30도를 넘으면 성장은 빠르지만 찻잎이 쉽게 늙어버린다고 한다. 둘째, 습도가 높아야 한다. 연간 강우량이 1,500밀리미터 이상이 되어 습도가 80~90퍼센트가 되어야 한다. 셋째, 직사광선의 일조량이 짧아야 한다. 이를 위해서는 안개가 많을 필요가 있다. 햇빛이 안개를 통과하여 비치기 때문에 차나무가 방향물질(芳香物質)을 합성하는 데에 도움이 된다고 한다. 안개는 또한 습도를 높이는 데에도 도움이 된다. 여산은 연평균 190일가량 안개가 낀다. 여기에다 해발 1천 미터 정도의 고지대라면 더욱 좋은 차가 생산된다. 운무차는 이러한 조건을 모두 갖춘 데서 생산되기 때문에 송나라 때는 궁중에 바치는 공차(貢茶)로 선정되기도 했다.

운무차에 관해서는 민간에 다음과 같은 이야기가 전한다. 옛날 다정조(多情鳥)라는 새가 남방으로부터 차의 씨앗을 물고 화과산(花果山)으로 가다가 여산을 지나게 되었는데 여산의 빼어난 경치를 보고 탄성을 발하다가 씨앗을 바위틈에 떨어뜨렸다. 이에 금방 차 싹이 바위를 뚫고 자라 차나무가 되었다는 전설이다.

여산운무는 '중국 10대 명차'('중국차 5' 참조) 중의 하나이고, 1982년에는 상업부 전국 명차 평비회(評批會)에서 '전국 명차'로 선정되었으며, 1989년 제1회 전국 식품박람회에서 금상, 1995년에는 제2회 중국 농업박람회 명차 평비회에서 금상을 수상하기도 했다. 그만큼 이름난 차여서 "색과 향이 그윽하고 섬세하여 난화(蘭花)에 비길 만하다"라는 평을 듣는다. 실제로 운무차를 우려내면 금황색에 난향이 그윽하게 풍긴다. 고급 운무차는 오로봉과 한양봉 사이에서 난다고 한다.

1959년, 차에 일가견이 있는 중국 공산당 주덕(朱德) 위원장이 부인과 함께 여산을 방문하고 운무차를 마신 후 그 맛에 취하여 다음과 같은 시를 남겼다.

여산이라 운무차는
짙은 맛, 튀는 성질

오래도록 마신다면
장수하는 방법일세

廬山雲霧茶 味濃性潑辣
若得長時飮 延年益壽法

백록동서원에서
주자가
강학하다

중국 최초의 서원, 최대의 교육기관

우리는 버스를 타고 여산 오로봉(五老峰) 남쪽 기슭에 있는 백록동서원(白鹿洞書院, 바이루둥 서원)으로 향했다. 가는 도중에 차창으로 오로봉의 아름다운 모습이 선명히 보였다. 여산의 최고봉은 한양봉이지만 여산을 대표하는 주봉(主峰) 노릇을 해온 것은 오로봉이다. 오로봉은 보는 각도에 따라서 모습을 달리하는데, 파양호 가에서 산을 올려다보면 다섯 개의 봉우리가 마치 다섯 노인이 각자 다른 형태로 앉아 있는 것 같다고 해서 이런 이름이 붙여졌다. 어떤 노인은 속세를 벗어난 시선(詩仙)과 같고, 어떤 노인은 꾀죄죄한 학자와 같고, 어떤 노인은 장사(壯士)와 같고, 어떤 노인은 백발의 어부와 같고, 어떤 노인은 천년을 살게 하는 수성(壽星)과 같은 자세로 앉아 있다고 한다. 여산을 사랑한 이백은 젊은 시절에 오로

오로봉 여산의 상징적인 봉우리로, 다섯 노인이 앉아 있는 모습으로 보인다고 해서 붙여진 이름이다.

봉을 두고 이런 시(「망여산오로봉」)를 썼다.

여산이라 동남쪽에 오로봉 있어
푸른 하늘에 깎아 솟은 황금빛 연꽃

구강(九江)의 좋은 경치 손에 잡힐 듯
이곳의 구름 낀 소나무 아래 깃들어 살리라

廬山東南五老峰　靑天削出金芙蓉
九江秀色可攬結　吾將此地巢雲松

백록동서원 주자가 중건하고 강학한 곳으로 중국 4대 서원의 하나이다. 여산의 일부로 세계문화유산에 등재되어 있다.

이 시는 이백이 처음 여산에 왔을 때 밀리서 오로봉을 보고 쓴 작품인데 그의 바람대로 후에는 이곳에 초당을 짓고 한동안 살기도 했다.

이런저런 생각에 잠겨 있는 동안 어느덧 백록동서원에 도착했다. 백록동서원은 중국 최초의 서원으로 숭양서원(嵩陽書院)·석고서원(石鼓書院)·악록서원(岳麓書院)과 함께 중국의 4대 서원으로 꼽힌다. 이 서원은 송나라 때 주자(朱子, 1130~1200)가 강학했던 곳으로 유명하지만 그 유래는 훨씬 이전으로 거슬러 올라간다. 당나라 때인 785년, 이발(李渤) 형제가 이곳에 은거하여 독서하고 있는데 오로봉의 흰 사슴 한 마리가 그 향학열에 감동되어 무리를 떠나 이발과 함께 살면서 그의 수발을 들었다

고 한다. 흰 사슴은 때로는 산삼을 캐
어 오기도 하고 때로는 그를 위하여
읍내로 나가 지필묵을 사오기도 했다
는 이야기가 전한다. 그래서 사람들은
이발을 '백록 선생'으로 불렀고 이곳
을 백록동이라 이름 지었다.

주자 초상

그후 이곳을 떠났던 이발이 821년
강주자사(江州刺史)로 임명되어 다시
찾았을 때 흰 사슴은 가고 없었지만
그는 이곳에 물길을 끌어들이고 꽃을 심고 건물을 지어 독서와 강학을
위한 공간을 마련했다. 남당(南唐)시기엔 백록동에 학교를 세워 '여산국
학(廬山國學)'이라 하였고 송나라 초에 이를 백록동서원으로 개칭했다.
조정은 이곳에 국자감에서 인쇄한 구경(九經, 아홉 가지 경서)을 반급하기
도 했다. 1054년 병화(兵火)로 파괴된 서원을 1179년 주자가 남강지군(南
康知軍)으로 발령받아 이곳에 와서 다시 재건했다. 주자는 백방으로 주선
하여 자금을 마련하는 한편 건물을 짓고 서적을 모으고 선생을 초빙하
고 학생을 모집하여 일종의 교칙과 같은 '백록동서원 교조(敎條)'를 제정
하여 스스로 동주(洞主)로 자임한다. 1181년에는 이일원론(理一元論)으로
유명한 유학자 육구연(陸九淵, 陸象山)이 내방하여 강학하는 등 서원은 전
성기를 구가했다.

이후에도 서원은 여러 차례 수리를 거치면서 중국 최고·최대의 교육
기관으로서의 지위를 유지해왔으나 1903년 서원의 기능이 중지되고

1910에는 강서고등임업학당(江西高等林業學堂)으로 개편되었다. 1949년 신중국 성립 후 백록동서원은 중요 문화재로 지정되어 관리되다가 1979년 이후 대대적인 복원공사를 거쳐 오늘에 이르고 있다. 1996년에 여산의 일부로서 유네스코 세계문화유산으로 등재되었다.

예성전과 선현서원

현재의 백록동서원은 다섯 구역으로 구성되어 있다. 주차장을 바라보면서 서쪽으로 '백록동서원'이라 쓰인 조그마한 문이 서원 대문인데 원래의 서원 정문은 오른쪽으로 돌아가면 나타나는 영성문(欞星門)이다. '영성'은 '문성(文星)', 곧 문(文)을 관장한다는 별자리이다. 여섯 칸으로 이루어진 문을 들어서면 반지(泮池, 연못)가 나오고 여기서 더 가면 예성문(禮聖門), 맨 끝 북쪽에 예성전(禮聖殿)이 있는데 이들이 서원의 중심 건물이다.

반지, 즉 반수(泮水)는 『시경』 「노송(魯頌)」의 '반수(泮水)' 장에 나오는 "사락반수 박채기근(思樂泮水 薄采其芹, 즐거운 반궁의 물가에서 미나리를 캐네)"에서 유래한 말이다. 고대 제후들의 학궁(學宮)을 반궁(泮宮)이라 하고 천자의 학궁을 벽옹(辟癰)이라 했다. 제후의 학궁을 반궁이라 한 것은 반궁의 연못이 벽옹에 있는 연못의 '반(半)'이라는 데에서 유래했다. 이 '반(半)'자에 물을 뜻하는 '삼수변(氵)'을 붙여 '반(泮)'으로 표기했던 것이다. 그러므로 반수는 일반적으로 반월형이다. 백록동서원의 반수도 원래는 반월형이었는데 1980년에 수리하면서 직사각형으로 만들었다고 한다. 1980년 당시는 문화대혁명이 막 끝난 시점이어서 옛 제도를 꼼꼼히 점검할 형편이 아니었던 듯하다. 하기야 산동성 곡부(曲阜, 취푸)의 공묘(孔廟)에서 석전(釋奠, 공자의 사당에서 지내는 제사)을 행할 때 그 절차를 몰라서 우리나라 성균관에서 사람을 파견하여 지도한 일이 있었다고 하니 저간의 중국 사정을 짐작할 수 있다.

이러한 사정은 최근까지 계속된 것 같다. 1995년을 전후해서 청화대학의 팽림(彭林, 펑린) 교수가 한국을 여러 번 방문했는데 한 번은 캠코더를 가지고 왔다. 팽 교수는 중국 고대의 예학(禮學)을 전공하는 학자이다. 그런데도 『예기』 등에 나오는 관혼상제 등의 제도를 글로만 읽었지 실제로 볼 수가 없었는데 한국엔 아직도 남아 있어서 영상으로 담아가려 한다는 것이었다. 1949년 신중국이 성립된 이래 사회주의체제에서 옛 의례가 전혀 실시되지 않았고 더구나 문화대혁명을 거치는 동안 유교의식이 철저히 비판당했던 것이다. 그러나 우리라고 그런 일을 겪지 않은 것은 아니다. 서울의 명륜동에 있는 성균관도 제후국의 학궁으로서 반수가 있었고 반수를 건너는 반교(泮橋)가 있었지만 지금은 흔적도 없이 매몰되고 말았다.

예성문을 지나면 예성전, 즉 대성전(大成殿)이 있다. 그 중앙에 있는 공자의 입상 위에 강희황제가 쓴 '만세사표(萬世師表, 만세에 모범이 될 만한 덕이 높은 사람)' 편액이 걸려 있다. 그리고 뒷벽에 주자가 썼다는 '충(忠)·효(孝)·염(廉)·절(節)' 네 글자가 눈에 들어오고, 좌우 벽에 안자(顔子)·자사(子思)·증자(曾子)·맹자(孟子)의 4성(四聖), 자공(子貢)·자로(子路)·염유(冉

선현서원 주자를 모시는 사당이 있는 곳
이다. '賢(현)' 자를 특이하게 써놓았다.

有)를 비롯한 12철(哲)의 소상이 석각되어 있다.

예성전 서쪽의 한 구역이 선현서원(先賢書院)인데 이곳의 주 건물은 주
자사(朱子祠)이다. 선현서원의 '賢'자를 '賢'으로 써놓은 것이 특이했다.
이 사당은 원래 주자가 이곳을 떠난 후 그의 제자들이 세운 이른바 '생사
당(生祠堂)'으로, 후에 주자가 이를 알고 화를 내며 없애라고 해서 철거했
다가 주자 사후에 주돈이(周敦頤), 정이(程頤)·정호(程顥) 형제와 주자를
합사한 삼현사(三賢祠)를 세우는 등의 곡절을 겪은 끝에 1709년에 주자
만 모시는 사당을 세워 오늘에 이르고 있다. 여기에는 주자상과 그외에
주돈이, 정이·정호를 비롯하여 황간(黃干), 채침(蔡沈) 등 14명의 제자상
이 석각되어 있다.

주자사 옆의 보공사(報功祠)는 원래 이발(李渤)과 백록동서원 유관 인사를 모신 사당이었는데 여러 곡절을 거쳐 1497년에 주돈이와 주자 두 분을 모시는 선현사(先賢祠)로 개칭되었다. '보공사'라는 명칭은 최근에 붙여진 것으로 보인다. 주자사와 보공사 앞의 단계정(丹桂亭) 가운데에 '자양이 손수 심은 단계(紫陽手植丹桂)'라 쓴 비석이 있고 그 앞에 단계와 은계(銀桂) 두 그루의 나무가 서 있다. 단계에는 노란색의 꽃이 피고 은계에는 흰색의 꽃이 핀다고 한다. 자양(紫陽)은 주자의 또 다른 호이다.

주자의 백록동 교칙

예성전 동쪽의 한 구역에는 어서각(御書閣)과 명륜당(明倫堂)이 있다. 1181년 주자가 황제로부터 『논어』『맹자』 등의 서적을 하사받고 이를 보관하기 위하여 성경각(聖經閣)을 지었으나 일찍이 없어졌고, 1686년 청나라 강희황제가 『십삼경주소(十三經注疏)』『주자전서(朱子全書)』 등의 서책을 하사한 것을 기념하기 위하여 이 자리에 다시 지은 것이 어서각이다. 그후 몇 차례의 중수가 있었다. 어서각의 서적들은 현재 싱자현(星子縣) 문화관에 보관되어 있다고 한다. 어서각의 바깥 기둥에는 이런 주련이 쓰여 있다.

清泉堪洗硯 (청천감세연)

山秀可藏書 (산수가장서)

맑은 물은 벼루를 씻을 만하고

산은 빼어나 책을 간직할 만하네

이 건물은 1927년 남창봉기가 실패한 후 유소기(劉少奇)가 한동안 머물면서 혁명활동을 한 곳으로도 유명하다. 유소기는 1959년 8월에 이곳을 다시 방문했다고 하는데 아마 1차 여산회의가 끝난 후 지난날 어려운 시기에 몸담았던 곳이 생각나서 다시 찾은 듯하다.

어서각 뒤에는 지금의 강의실에 해당하는 명륜당이 있다. 내부에는 이곳 출신 명사들의 초상이 석각되었고 과거 급제자들의 명단이 적혀 있다. 그리고 정면 벽에 '주자 백록동 교조(朱子白鹿洞教條)' 20항목이 오교지목(五教之目, 5가지의 가르침, 즉 오륜), 위학지서(爲學之序, 학문을 하는 순서), 수신지요(修身之要, 몸을 닦는 요목), 처사지요(處事之要, 일을 처리하는 요목), 접물지요(接物之要, 외물이나 타인을 대하는 요목)로 나뉘어 적혀 있다. 지금 식으로 말하면 일종의 교칙인 셈이다. 이 '백록동 교조'는 우리나라의 거의 모든 서원에 걸려 있다. 그만큼 백록동서원이 미친 영향력은 절대적이었다.

명륜당 뒤에는 백록동이 있다. 이곳은 조그마한 동굴로 그 안에 흰 사슴의 석상(石像)이 있다. 앞서 말했듯이 당나라 때 이발이 흰 사슴과 같이 살면서 독서한 데에서 백록동이란 명칭이 유래되었고 또 이로 인하여 백록동서원이 세워졌기 때문에 옛 선현의 유적을 보존한다는 뜻에서 1535년에 동굴을 파고 돌로 만든 흰 사슴을 앉혔다고 한다. 1614년에는

朱子白鹿洞教條

父子有親
君臣有義
夫婦有別
長幼有序
朋友有信
右五教之目

博學之
審問之
慎思之
明辨之
篤行之
右為學之序

言忠信
行篤敬
懲忿窒慾
遷善改過
右修身之要

正其誼不謀其利
明其道不計其功
右處事之要

己所不欲 勿施於人
行有不得 反求諸己
右接物之要

宋淳熙七年 朱熹

주자의 백록동 교조 주자가 만든 서원의 강령, 즉 교칙인 셈인데 우리나라의 모든 서원도 이 교조를 따랐다.

서원에 이런 물건이 있어서는 안 된다고 생각한 강서참의(江西參議) 갈인량(葛寅亮)의 지시에 따라 사슴상을 땅에 파묻었는데 1982년 예성전을 중수하다가 지하 2미터 땅속에서 사슴상을 발견하여 다시 동굴에 안치했다고 한다. 이제 이 동굴은 백록의 전설과 백록동서원을 연결해주는 상징물로 자리 잡았다. 서원 뒤편 약간 높은 언덕에서는 흰 사슴을 실제로 사육하고 있다. 커다란 우리에 암수 한 쌍의 흰 사슴을 기르고 있었는데, 새끼가 딸린 암놈은 사람들을 피해 멀찍이 물러나 있고 수놈은 사람 가까이 와서 관람객들이 주는 음식을 받아먹었다. 이곳은 물론 입장료를 따로 내야 들어갈 수 있다.

어서각 동쪽의 한 구역 입구에는 철학자 풍우란(馮友蘭, 펑유란)이 쓴 '자양서원(紫陽書院)'이라는 현판이 걸려 있고 안으로 들어가면 숭덕사

백록 당나라 때 이발이 흰 사슴과 같이 살면서 독서했다고 하여 백록동이란 명칭이 생겼는
데, 백록동서원 뒤편에서는 실제로 흰 사슴을 사육하고 있다.

(崇德祠)와 문회당(文會堂)이 나온다. 숭덕사 좌우 회랑에는 역대 중수백
록동서원기(重修白鹿洞書院記)와 후대인들이 이곳에 들러서 쓴 시들이 석
각되어 있다. 그리고 문회당 앞에는 북송의 유학자 주돈이(周敦頤)의 소
상이 서 있다. 맨 동쪽의 마지막 구역에는 고등임업학당과 연빈관(延賓
館)이 들어서 있다.

주자의 자취가 서린 독대정

서원 앞으로 시내가 흐르는데 이름이 관도계(貫道溪)이다. 과연 주자
가 강학한 서원답게 도학적 냄새가 물씬 풍기는 명칭이다. 시내 앞에는

독대정 주자 당시에는 하마비 역할을 했으나 후에 주자를 기념하는 정자로 바뀌었다.

돌로 만든 육각형의 독대정(獨對亭)이 있다. 이 정자의 원래 이름은 접관
정(接官亭)으로, 1181년 주자가 백록동서원을 재건할 때 이 정자를 짓고
서원을 방문하는 관리 중 문관은 이곳에서 수레에서 내리고 무관은 말
에서 내려 서원까지 걸어가도록 했다고 한다. 우리나라의 하마비(下馬
碑) 같은 역할을 한 곳으로 서원을 신성한 공간으로 유지하려는 주자의
배려였다. 그러다가 명나라 때인 1501년 강서제학부사(江西提學副使) 소
보(邵寶)가 주자를 기념하기 위하여 명칭을 독대정으로 바꾸었다. 그 이
유는 그가 쓴 「독대정기(獨對亭記)」에 잘 나타나 있다.

오로봉의 좋은 경치는 눈을 가진 사람이라면 모두 보는 것이지만
공(公, 주자)이 아니면 그 경치를 감당할 수 없다. (⋯) 사람들이 봉우리

를 '빼어나다(秀)' '기이하다(奇)'라 하지 않고 '늙었다(老)'라 칭하는
것은 봉우리가 장수하기 때문이다. 오로봉은 하늘과 더불어 시작되었
고 땅과 더불어 끝나리니, 장수하고 도타운 마음으로 오로봉을 대할
수 있는 자는 오직 공(公)밖에 없다.

즉 천지와 더불어 영원히 존재할 여산의 상징인 오로봉과 능히 대적
할 수 있는 것은 주자의 도학사상뿐이라는 뜻에서 독대정으로 이름 지
은 것이다. 오로봉이 영원하듯이 주자의 사상도 영원하리라는 의미이
다. 독대정 돌기둥에는 다음과 같은 주련이 새겨져 있다.

五老此間惟獨對 (오로차간유독대)
孤亭之外有朋來 (고정지외유붕래)

이 속에서 오로봉을 홀로이 마주하고
외딴 정자 밖에서는 벗들이 찾아오네

독대정 앞의 침류교(枕流橋)를 건너면 시내
가운데 '침류(枕流)'라 쓰인 바위가 보이는데
주자의 글씨라고 한다. 시내를 따라 서쪽으로
걸어가면 지금은 없어진 고미정(高美亭)이 있
던 자리를 알려주는 표석이 보인다. 좀더 가면
중앙에 '강서진사방(江西進士榜)', 왼쪽에 '지

전서체로 쓰인 독대정 주련

령(地靈)', 오른쪽에 '인걸(人杰)'이라 쓰인 패방이 나타난다. 이 패방 뒤에는 강서성 출신으로 과거에 급제한 인사들의 명단이 빼곡히 적혀 있다. 왕발이 「등왕각서」에서 말한 '인걸지령(人杰地靈)'이 헛된 과장이 아니었음을 실증하기 위해서 최근에 만든 구조물인 듯했다. 즉 이곳 출신의 인물들은 걸출하고 이곳 땅은 신령스럽다는 뜻이다.

1543년 풍기군수 주세붕(周世鵬)이 세운 우리나라 최초의 서원 백운동서원(白雲洞書院)은 이 백록동서원을 본받아 건립한 것이다. 그만큼 백록동서원은 우리나라의 서원 건립과 운영에 지대한 영향을 미쳤다.

백록동을 뒤로하고 우리는 버스를 타고 무한(武漢)으로 향했다. 숙소 갈주패대주점(葛洲壩大酒店)에 여장을 풀고 저녁을 먹고 나서 일행은 중국에서의 마지막 밤을 그냥 보낼 수 없다며 근처의 노래방으로 갔다. 노래도 부르고 춤도 추면서 흥겨운 한때를 가졌다. 그중에서도 전라도 출신 조동영 군이 부른 시창(詩唱)과 구수한 남도 민요가 한문학회의 중국 기행 마무리를 더 의미있게 해주었다.

중국 평주회와
'8대 명주'

흔히 중국술을 말할 때 '8대 명주' 운운하는데 그것이 어떤 것인지는 알고 마셔야 할 것이다. 중국은 국가적 차원에서 부정기적으로 평주회(評酒會)를 개최하는데 말하자면 일종의 주류 콘테스트이다. 이 평주회에서 '중국 명주'와 '중국 우질주(優質酒)'를 선정하여 발표한다. 여기서 중국 명주로 선정된 술 상표에 '중국 명주'라 표기할 수 있다. 중국에서 술을 구입할 때 상표에 '中國銘酒'라 쓰여 있으면 틀림없이 좋은 술이다. 왜냐하면 수천 종이나 되는 중국술 중에서 선발된 수십 종의 술에만 붙일 수 있는 명칭이기 때문이다.

평주회 중국은 1952년부터 1989년까지 부정기적으로 5회에 걸쳐 일종의 '주류 콘테스트'인 평주회를 열어 '중국 명주'와 '중국 우질주'를 선정해왔다.

제1회 평주회

1952년 북경에서 개최, 8종 선정.

백주(4종): 분주(汾酒, 청향, 66.5도, 산서성), 모태주(茅台酒, 장향, 52.8도, 귀주성), 노주노교특국(瀘州老窖特麴, 농향, 59.9도, 사천성), 서봉주(西鳳酒, 겸향, 63.3도, 섬서성).

황주(1종): 소흥 감호 가반주(鑒湖加飯酒, 절강성).

백란지(1종): 금장 백란지(金獎白蘭地, 산동성 연태). 백란지는 브랜디(brandy)의 음역(音譯).

모태주

포도주(2종): 민괴(玫瑰) 홍포도주(산동성 연태), 미미사(味美思, 산동성 연태). 미미사는 포도주에 20여 종의 약제를 혼합한 배제주로 15~20도.

여기서 선정된 백주 4종 중에서 분주·모태주·노주노교특국은 이후 평주회에서 한 번도 탈락한 적이 없는 부동의 중국 명주라 할 수 있다. 그리고 여기서 선정된 8종의 명주 중에서 포도를 원료로 한 술이 3종이나 되고 모두 산동성 연태(煙臺, 옌타이)에서 생산된 것이다. 그만큼 연태는 포도주로 유명하다. 연태의 장유포도양주공사가 제일 규모가 큰 공장이다.

분주

제2회 평주회

1963년 북경에서 개최, 18종 선정.

백주(8종): 분주, 모태주, 노주노교특국, 서봉주, 오량액(五

노주노교특국

서봉주

오량액

고정공주

糧液, 농향, 사천성), 고정공주(古井貢酒, 농향, 안휘성), 전흥대국(全興大麯, 농향, 사천성), 동주(董酒, 겸향, 귀주성).

황주(2종): 감호 장춘주(鑒湖長春酒, 절강성), 용암 침항주(龍岩沈缸酒, 복건성).

포도주·과주(6종): 홍포도주(산동성 연태), 금장 백란지, 미미사, 백포도주(산동성 청도), 중국홍포도주(북경), 특제 백란지(북경).

맥주(1종): 청도맥주(靑島啤酒).

배제주(1종): 죽엽청주(竹葉靑酒, 산서성).

여기서 죽엽청주가 중국 명주로 선정되었다. 죽엽청주는 산서성 행화촌(杏花村, 싱화촌)에서 생산되는 분주를 밑술로 죽엽과 기타 약제를 첨가한 리큐어이다. 알코올 도수는 40도 내외. 도자기로 된 술병에는 "삼춘죽엽주 일곡곤계현(三春竹葉酒 一曲鷗雞弦)"이라는 유신(庾信, 남북조시대의 문인)의 시구가 새겨져 있다. '봄날 죽엽주를 마시며 한 곡조 거문고를 타노라'는 뜻이다.

제3회 평주회

1979년 대련(大連, 다롄)에서 개최, 18종 선정.

백주(8종): 2회 때 선정된 8종 중에서 서봉주와 전흥대국이 탈락하고 검남춘(劍南春, 농향, 사천성), 양하대국(洋河大麯, 농향, 강소성)이 선정되었다.

황주·맥주(3종): 2회 때와 같다.

포도주·과주(5종): 연태홍포도주(산동성), 중국홍포도주(북경), 사성백포도주(하북성), 민권백포도주(하남성), 금장 벽란지.

배제주(2종): 죽엽청주, 미미사.

이 평주회는 주종별로 분리하여 심사했다.

전흥대국

제4회 평주회

주종별로 장소와 시기를 달리하여 심사했는데 아마 술의 종류가 너무 많았기 때문일 것이다.

백주(13종): 1984년 산서성 태원(太原, 타이위안)에서 개최되었다. 분주, 모태주, 노교특국, 서봉주, 오량액, 고정공주, 전흥대국, 동주, 검남춘, 양하대국, 쌍구대국특액(雙泃大麴特液, 농향, 강소성), 황학루주(黃鶴樓酒, 농향, 호북성), 낭주(郎酒, 장향, 사천성).

동주

황주·포도주(7종): 1983년 강소성 연운항(連云港, 렌윈강)에서 개최되었다. 황주는 2,3회 때와 같고 포도주는 몇 종이 추가되었다.

배제주·맥주(6종): 1985년 산동성 청도(青島, 칭다오)에서 개최되었다. 죽엽청주, 원림청주(園林青酒), 금장 백란지, 청도맥주, 북경특제맥주, 상해특제맥주.

검남춘

양하대국

제5회 평주회

1989년 안휘성 합비(合肥, 허페이)에서 개최되었다. 백주만 심사했는데 총 361종이 출품되어 17종이 선정되었다. 새롭게 선정된 것은 보풍주(寶豊酒, 청향, 하남성), 송하양액(宋河糧液, 농향, 하남성), 타패국주(沱牌麴酒, 농향, 사천성), 무릉춘(武陵春, 장향, 호남성)이다.

이후의 평주회 자료는 알 수 없지만 술의 종류가 너무 많아 국가적 차원에서는 실시하지 못하고 각 지역별로 개최된 듯하다. 어쨌든 평주회에서 명주로 선정된 술은 국가가 품질을 보증한 것이기 때문에 중국 최고의 술이라 할 수 있다.

이른바 중국의 '8대 명주'는 공식적으로 정해진 명칭이 아니다. 그래서 평자에 따라서 여러 가지 설이 있다. 제1회 평주회에서 선정된 8종을 가리킨다고도 하고, 제2회 평주회에서 선정된 백주 8종을 가리킨다고도 한다. 백주 8종도 평자에 따라서 전흥대국을 빼고 양하대국 또는 검남춘을 넣기도 한다. 대체로 '8대 명주'는 분주, 모태주, 노주노교특국, 서봉주, 오량액, 고정공주, 전흥대국, 동주, 양하대국, 검남춘의 10종 내에서 약간의 출입이 있다고 보면 된다. 그러나 이것도 절대적인 기준은 아니다. 이 10종 이외에도 이에 못지않게 좋은 술이 많다. 특히 현재는 수정방(水井坊), 주귀(酒鬼), 조어대(釣魚臺)를 비롯해서 매우 우수한 술이 속속 출시되고 있어서 '8대 명주'라는 명칭이 무색할 정도이다.

2부

안
휘
성安
徽
省一남
경南
京

술잔을 들어
달을 맞이하고

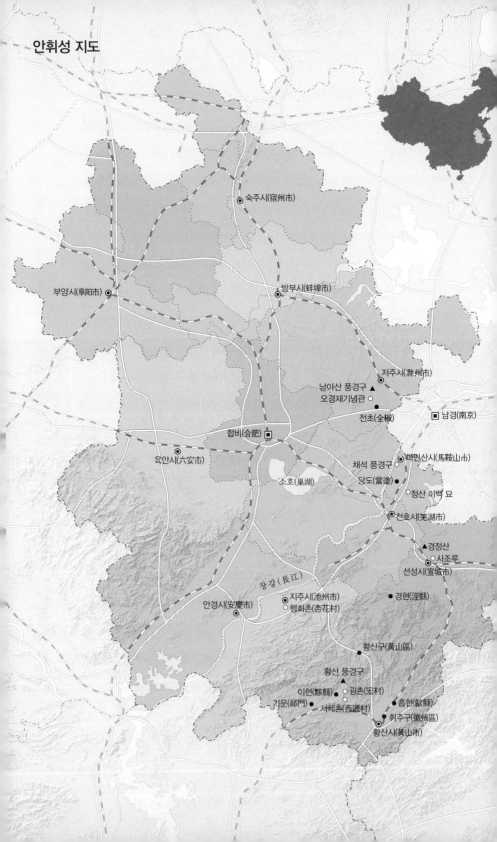

안휘성 지도

숙주시(宿州市)

부양시(阜阳市)

방부시(蚌埠市)

저주시(滁州市)

낭야산 풍경구
오경재기념관
전초(全椒)

남경(南京)

합비(合肥)

육안시(六安市)

소호(巢湖)

채석 풍경구
당도(當塗)

마안산시(馬鞍山市)

청산 이백 묘

천호시(芜湖市)

경정산
사조루
선성시(宣城市)

장강(長江)

경현(涇縣)

지주시(池州市)
행화촌(杏花村)

안경시(安慶市)

황산구(黃山區)

황산 풍경구

이현(黟縣) 굉촌(宏村)
기문(祁門)
서체촌(西遞村)

흡현(歙縣)
휘주구(徽州區)

황산시(黃山市)

항주에서
황산으로

교수 산악회와 함께하는 기행

황산(黃山, 황산)으로 향하는 이 기행은 성균관대학교 교수 산악회 '행산회(杏山會)'와 함께했다. 행산회는 매달 한 번 등산 모임을 갖는 성균관대 교수들의 친목단체이다. 나는 평소 운동에 관심이 없어 등산과는 담을 쌓고 지냈던 터라 성균관대에 재직하는 동안 한 번도 이 모임에 참석하지 못했다. 그런데 2010년 6월 어느 날 행산회 총무인 영문과 김동욱 교수로부터 겨울방학 기간에 중국의 산을 등반할 예정이니 주선해달라는 부탁을 받았다. 내가 중국을 워낙 자주 여행한다는 것을 알고서 나에게 부탁한 것이다. 그래서 이번 기행이 이루어졌다.

행산회의 부탁을 받고 여러 가지로 궁리한 끝에, 안휘성(安徽省, 안후이성)의 황산(黃山)을 거쳐 마안산(馬鞍山, 마안산), 저주(滁州, 추저우), 그리고 강소성(江蘇省, 장쑤성)의 남경(南京, 난징)을 보고 돌아오는 일정을 잡았다. 사실 이곳들은 내가 여러 번 가본 데다. 언제나 그렇듯 인솔자의 입장에서는 한 번도 가보지 않은 곳으로 일행을 데려갈 수는 없기에 비교적 익숙한 코스를 택한 것이다. 또 이미 가본 곳이라도 중국은 싫증나지 않는 묘한 매력을 지녔기 때문이기도 하다. 이런 연유로 해서 같은 장소를 네다섯 번씩 다녀온 경우가 많다. 2010년에만 해도 이번이 여섯 번째 중국 여행이다.

내가 아는 어느 중국인 교수로부터 "송 교수는 전생에 중국인이었을 것이다"라는 말을 들은 적이 있는데 아마도 나는 전생에 중국과 피치 못할 인연이 있었을 것이라는 생각이 들기도 한다.

2010년 12월 19일(일요일) 12시 55분에 인천공항을 이륙한 비행기가 오후 1시 45분(중국 현지 시간) 절강성(浙江省, 저장성) 항주(杭州, 항저우)에 있는 소산공항(蕭山空港, 샤오산공항)에 착륙했다. 입국수속을 마치고 나오니 가이드 김군일(金軍一)이 우리를 기다리고 있었다. 김군일은 요녕성(遼寧省, 랴오닝성) 심양(瀋陽, 선양) 출신으로 교포 3세라고 했다. 키가 크고 건장한 체격에 얼굴이 시꺼멓고 우락부락한 청년으로 우리를 친절하게 안내해주었다.

처음 계획에는 항주에서 점심식사를 할 예정이었지만 기내식으로 점심을 대신하고 곧바로 전용버스를 타고 황산으로 향했다. 일요일이라 그런지 시내 교통이 몹시 복잡했다.

대나무 마을 오잠을 지나며

오후 4시경, 차창 밖으로 대나무가 자주 눈에 띄더니 아니나 다를까 '오잠(於潛, 위첸) 35km'라 쓰인 표지판이 보였다. 오잠은 대나무로 유명한 곳이다. 임안(臨安, 린안) 휴게소에서 잠시 쉬었는데 화장실이 놀랄 만큼 깨끗했다. 2008년 북경올림픽을 계기로 급변한 중국의 모습을 실감할 수 있었다. 초창기에 중국을 여행해본 사람들은 알겠지만 중국의 화장실 문화는 가히 '야만적'인 수준이라 할 수 있다. 그런 중국이 이렇게 바뀐 것이다.

오잠을 지나면서 보니 차창 밖은 온통 대나무 천지다. 산에도 들에도 대나무 숲이 이어졌고, 마을에선 대나무를 잘게 쪼개어 평상에 말리고 있는 풍경도 눈에 띄었다.

내가 오잠에 관심을 갖는 것은 소동파(蘇東坡)의 시 때문이다. 소동파는 조정에서 왕안석(王安石)과 대립하다가 1071년(36세)에 항주통판(杭州通判)으로 밀려났는데 오잠은 당시 항주부의 관할 하에 있었다. 소동파는 메뚜기 잡는 것을 독려하는 등의 일로 오잠에 자주 가서 여러 편의 시를 남겼다. 그중 유명한 시가 「오잠 승려의 녹균헌(於潛僧綠筠軒)」이다.

식사에 고기가 없을 수는 있어도
사는 곳에 대나무는 없을 수 없네

고기 없으면 사람을 야위게 하지만

대나무 없으면 사람을 속되게 한다오

사람이 야위면 살찌울 수 있으나
선비가 속되면 고칠 수 없는 법

옆 사람 이 말을 비웃으면서
고상한 것 같으나 어리석다 말하지만

대나무 앞에 두고 고기 실컷 먹는다면
세상에 어찌 양주학(揚州鶴)이란 말 있었겠는가

可使食無肉 不可居無竹

無肉令人瘦 無竹令人俗

人瘦尙可肥 士俗不可醫

傍人笑此言 似高還似癡

若對此君仍大嚼 世間那有揚州鶴

'오잠 승려'는 오잠 남쪽에 있는 적조사(寂照寺)의 혜각(慧覺) 스님을
말하는데 절 안에 녹균헌(綠筠軒)이라는 정자가 있어 온통 대나무로 둘
러싸였다고 한다. '균(筠)'은 대나무라는 뜻이다. 이 시에 나오는 '양주
학(揚州鶴)'이라는 말의 유래는 이렇다. 옛날에 손님들이 같이 노닐면서
각자 자신의 소원을 말했는데, 어떤 자는 양주자사(揚州刺史)가 되기를

원하고 어떤 자는 재물이 많기를 원하고 또 어떤 자는 학을 타고 하늘에 오르기를 원하였다. 그러자 그중 어떤 자가 "나는 허리에 십만 관(貫)의 돈을 차고 학을 타고서 양주의 하늘을 오르고 싶다"라고 했다는 것이다. 양주는 자고로 살기 좋은 곳으로 이름난 도시이다. 그러니 이 말은 양주 자사라는 관직, 십만 관의 돈, 학을 타고 하늘에 오르는 신선이 되겠다는 욕망을 모두 가지려는 것으로, 실현 불가능한 욕심을 나타내는 용어로 쓰인다. 그러므로 이 시는 대나무를 사랑하는 혜각 스님의 고결한 인품을 노래한 것이다.

이외에도 소동파는 「오잠 현령 조동년 야옹정(於潛令刁同年野翁亭)」이라는 시를 써서 야옹정 주인 조동년이 현령으로서 훌륭한 치적을 이루었음을 찬양했다. 또한 「오잠의 여인(於潛女)」이라는 시에서는 오잠 땅 여인들의 아름다운 모습을 그리기도 했다. 오잠에 옛날부터 대나무가 많았는지 아니면 소동파의 「오잠 승려의 녹균헌」 이후로 대나무를 많이 심었는지 알 수 없으나, 이곳에 내려서 녹균헌과 야옹정을 찾아보고 싶은 마음이 간절했다. 그러나 예정에 없던 일이고 일정이 빡빡하여 그냥 지나칠 수밖에 없었다.

휘주의 문방사우: 흡연·휘묵·선지·휘필

오후 6시 20분경 황산시 입구에 도착했다. 시간이 좀 늦었지만 가이드의 양해를 얻어 식사를 하기 전에 명청시대의 거리인 둔계노가(屯溪老

둔계 옛 거리 벼루·먹·붓·종이의 문방사우와 골동품을 파는 상점이 밀집해 있어 우리나라의 인사동과 비슷하다.

街, 툰시 옛 거리)를 둘러보기로 했다. 안휘성 남부에 위치한 이 지방은 원래 휘주(徽州, 후이저우)로 불렸다. 진(晉)나라 때는 신안군(新安郡)으로, 당나라 때는 흡주(歙州)로 불리다가 송나라 때 휘주로 개명하고 둔계(屯溪, 툰시)·흡현(歙縣, 서현)·이현(黟縣, 이현)·휴녕(休寧, 슈닝)·적 셰(績溪, 지시)·기문(祁門, 치먼)·무원(婺源, 우위안)을 관할하도록 했다. 이 중 무원은 지금 강서성으로 편입되어 있다. 이후 800여 년 이상 휘주로 불리다가 1987년 황산시(黃山市, 황산시)로 명칭이 변경되어 오늘에 이르는데 지금도 이 지방 사람들은 '휘주'라 부르며 휘주인으로서의 자긍심을 가지고 있다.

황산시의 중심은 둔계로 여기에 둔계노가가 있다. 둔계노가는 명청시대의 고풍스러운 건물들이 늘어서 있는 길이 1,273미터의 상가(商街)이다. 명나라 때부터 조성되기 시작했는데 화재로 여러 차례 소실되고 중건되다가 청나라 말에 '둔록(屯綠)'이라 불리는 둔계녹차가 성행하여 이

벼루가게 이 지방에서 생산되는 유명한 벼루인 흡연을 진열·판매하고 있다.

곳에서 거래되자 상가를 확장하기 시작하여 오늘에 이르렀다. 지금 여기서 주로 판매하는 물품은 골동품과 문방사우(文房四友)로 북경의 유리창이나 우리나라의 인사동과 같은 곳이다. 이 지방은 예부터 벼루, 먹, 종이, 붓 등 이른바 문방사우로 이름이 나 있다.

흡현에서 생산되는 흡연(歙硯), 즉 흡주벼루는 단계벼루라 일컫는 단연(端硯)과 쌍벽을 이루는 이름난 벼루이다. 당나라 때 처음 생산되어 송나라 때 전성기를 맞이했고 지금도 그 명성을 유지하고 있다. 흡주벼루는 먹을 거부하지 않고 붓을 손상시키지 않으며 먹물을 오래 두어도 마르지 않는 특징이 있다고 한다. 그중에서 금성연(金星硯)·은성연(銀星硯)은 아름다운 무늬로 유명하다. 벼루를 물속에 담그면 금색·은색의 별들이 반짝반짝 빛나는 것을 볼 수 있다.

흡연 못지않게 유명한 것이 휘묵(徽墨)이다. "황금은 쉽게 얻을 수 있지만 휘묵은 구하기 어렵다(黃金易得 徽墨難求)"라는 말이 있을 정도로 서예가들이 보물처럼 여겼던 먹이다. 원래는 송연(松煙)으로 만들었으나 지금은 유연(油煙)으로 만든 것이 대부분이다. 먹은 원래 그을음과 아교와 향료를 섞어 만드는데, 소나무의 송진을 태워서 나는 그을음을 모아 아교와 향료로 반죽해서 만든 먹을 송연이라 하고, 식물성 기름을 태워서 나는 그을음으로 만든 먹을 유연이라 한다. 유연묵은 반짝반짝 광채가 나는 반면, 송연묵은 묵색(墨色)이 깊고 그윽한 것이 특색이다. 지금은 휴녕의 호개문묵창(胡開文墨廠)에서 생산하는 철재옹서화보묵(鐵齋翁書畫寶墨)이 대중화되어 있다. 작고하신 서예가 일탄(一灘) 하한식(河漢植) 선생이 이 철재옹 먹을 애용했던 기억이 난다. 일탄 선생은 철재옹 먹물과 다른 먹물을 반씩 섞어서 쓰면 좋다고 하셨다.

문방사우에서 빠질 수 없는 것이 종이다. 이 지방에서 생산되는 화선지를 징심당지(澄心堂紙)라 하는데 줄여서 '징지'라 부르기도 한다. 시와 풍류를 즐겼던 중국 남당(南唐, 960~975)의 마지막 왕 이욱(李煜)이 이 종이를 매우 좋아해서 특별히 '징심당'이라는 집을 짓고 그곳에 보관한 데에서 유래된 명칭이다. 또 전하는 말에 의하면 동진(東晉, 317~420) 때 공공단(工孔丹)이라는 사람이 박달나무로 처음 이 종이를 만들었는데 그곳이 안휘성의 선성(宣城, 쉬안청)이었기 때문에 이 종이를 '선지(宣紙)'라 부르기도 한다. 선지는 명나라의 이름난 서화가 동기창(董其昌)이 "이 종이에는 감히 글을 쓸 수 없다"라고 말할 만큼 품질이 우수한 화선지다.

문방사우 중에서 벼루·먹·종이의 명성에는 미치지 못하지만 이곳의 붓 또한 유명하다. 여기서 생산되는 붓을 '휘필(徽筆)'이라 부르는데 휘주의 왕백립(王伯立)이라는 사람이 처음 만들기 시작했다고 해서 '왕백립 모필(毛筆)'로도 불린다. 그는 짐승의 털 1근(斤) 중에서 100분의 1을 선별해서 붓을 만들었다고 한다.

이러한 둔계노가를 그냥 지나칠 수 없어 잠시나마 둘러보고 각자 기호에 따라 가게에 들렀다. 특히 상상도 할 수 없을 정도로 값비싼 각종 흡주벼루를 구경하는 것만으로도 눈이 즐거웠다. 더구나 이번 성균관대 '행산회(杏山會)' 회원 중에는 서예를 공부하는 '행연회(杏硯會)' 회원도 여러 명 있어서 문방사우에 관심이 많았다.

성균관대 교수들의 동호회에 '행(杏)'자가 들어간 것은 은행나무를 뜻하는 이 글자가 이 대학교의 상징이기 때문이다. 성균관대는 옛 성균관의 학통을 이어받은 학교이다. 성균관에는 공자의 위패를 모신 대성전(大成殿)이 있는데, 공자가 당시 '행수(杏樹)', 즉 은행나무 아래에서 제자들을 가르쳤다는 기록이 있다. 이곳이 이른바 '행단(杏壇)'이다. 이런 연유로 해서 성균관대의 로고도 은행나무 잎으로 정했던 것이다. 지금도 서울의 성균관을 비롯해서 지방의 향교에는 어김없이 은행나무가 심어져 있다. 물론 이 은행나무는 열매가 열리지 않는 수나무다. 성균관이나 향교에는 옛날에 여자들이 출입할 수 없었기 때문이다. 그런데 공자가 제자들을 가르쳤던 곳이라는 '행수(杏樹) 아래'의 '행(杏)'은 은행나무가 아니라 살구나무라는 학설이 최근 제기되었다. '행(杏)'자는 은행나무와 살구나무의 두 가지 뜻을 가진 글자이다. 나의 생각으로도 살구나무가 옳은 듯하다.

고정공주 매진 소동

둔계노가에서의 아쉬움을 뒤로 한 채 일행은 휘상고리(徽商故里)라는 식당에서 저녁식사를 했다. 음식 맛이 좋았다. 그러나 무엇보다 중국 명주인 고정공주(古井貢酒, '중국술 8' 참조)를 만날 수 있었던 것이 행운이었다.

중국을 여행할 때에는 호텔이나 식당에서 마음에 드는 술을 조달하는 일이 쉽지 않다. 대부분의 호텔이나 식당에서는 밖에서 술을 가져오는 것을 금하고 있기 때문에 그 호텔이나 식당에 진열된 술 중에서 골라야 한다. 문제는 진열된 술의 종류가 많지 않다는 데에 있다. 하기는 천여 종이 넘을 것으로 생각되는 중국술을 모두 진열할 수는 없을 것이다. 대부분의 경우 그 지방에서 생산되는 술이나 지나치게 비싼 술 몇 가지를 진열해놓고 있어서 그중에서 하나를 선택할 수밖에 없다. 중국 여행에서 술 고르는 일은 나에게 맡겨져 있어 이번 저녁식사 때에도 카운터 뒤의 술 진열장을 살펴보니 뜻밖에도 고정공주가 있었다. 나는 주저 없이 두 병을 주문했다. 내가 평소에 좋아하던 술이었기 때문이다.

우리는 4시간 동안 버스를 타느라 지친 몸과 마음을 고정공주로 달래며 흥거운 저녁을 보냈다. 저녁식사 후 김동욱 교수가 한 병을 더 사가지고 호텔 방에 와서 또 마셨다. 홍종선, 김동욱, 박승희, 변형우 교수와 함께 마셨는데 모두들 모자란 듯 아쉬운 표정이었다. 호텔은 4성급의 천도국제반점(天都國際飯店)으로 꽤 만족스러웠다. 아마 황산의 아름다운 봉우리 천도봉(天都峰)의 이름을 따서 붙인 것 같다.

고정공주에 관한 기억이 하나 떠올랐다. 2000년 여름 한국한문학회의 첫 번째 중국 기행에서 나는 회장 자격으로 70여 명의 회원을 인솔하고 중국 연변대학(延邊大學)에서 학술회의를 마치고 백두산 등지를 둘러보았다. 돌아오는 길에 심양(瀋陽) 시내에서 중국술을 사기 위해 어느 백화점에 들렀다. 언제나 그렇듯 술 고르는 일은 내가 했기 때문에 모두들 나보고 술을 골라달라고 했다. 술 코너를 살펴보니 고정공주가 있어서 그걸 첫 번째로 지목하고 그외 몇 가지를 지정했더니 너도 나도 고정공주를 한두 병씩 사는 바람에 그 백화점의 재고가 바닥나버렸다. 이게 웬 횡재냐 싶었던 백화점 측에서 급히 외부에서 고정공주를 수송해 오는 소동이 벌어진 일이 있다.

고정공주

고정공주(古井貢酒, 구징궁주)는 안휘성 서북쪽에 있는 도시 박주(亳州, 보저우) 근처의 감점진(减店鎮, 젠뎬진)에서 생산되는 중국 명주이다. 박주 는 조조(曹操)와 화타(華陀, 한나라 말기의 명의)의 고향이다. 그리고 감점진 은 지금 고정진(古井鎮, 구징진)으로 명칭이 바뀌었다. 여기에는 예부터 물 맛이 좋은 우물이 있었는데 이 우물물로 빚은 술을 감주(减酒)라 불렀다 고 한다.

기록에 의하면 196년에 조조가 그의 고향 박주에서 만드는 구온춘주 (九醞春酒)와 그 제조법을 한(漢)나라 헌제(獻帝)에게 바쳤는데 헌제가 매 우 좋아해서 그후 궁중에서 즐겨 마셨다고 한다. 이로부터 박주 일대에 는 양조장이 번성하여 송나라 희녕(熙寧) 연간(1068~1077)에는 전국 주세 (酒稅)의 3분의 1을 이 지역에서 거두었다고 한다. 그만큼 양주 역사가 오 래된 곳이다. 이 구온춘주가 오늘날 고정공주의 전신인 셈이다.

명나라 만력(萬歷) 연간(1573~1619)에는 이곳 출신의 관리 심리(沈鯉)가 황제에게 이 술을 진상하여 황제로부터 칭찬을 받은 후 300여 년 동안 황 실에 바치는 공품(貢品)이 되었다. 그러나 청나라 말년 이후 생산이 중단 되었다가 1959년, 조조시대에 술을 빚던 옛 우물(이를 천년 위정魏井이라 한 다)과 명나라 때의 발효 교지(窖池)가 발견된 것을 계기로 다시 술을 생산하기 시작하여 이름을 '고정공주'라 했다. '옛 우물물로 빚어 황실에 바치는 술'이라는 뜻이다.

고정공주는 농향형(濃香型) 백주로 평주회(評酒會)에서 제2회(1963년), 3회(1979년), 4회(1984년), 5회(1989년) 연속으로 중국 명주에 선정되었다. 당시만 해도 수백 종의 중국술 중에서 10종 내외의 중국 명주에 선정된다는 것은 여간한 영광이 아니다. 그래서 지금도 이 술의 포장지에는 '중국 명주'라는 문구가 표기되어 있다. 1952년에 있은 제1회 평주회 때에는 고정공주가 아직 생산되기 전이었고, 5회를 끝으로 정부가 주관하는 전국 규모의 평주회는 없어졌다. 아마 평주회가 계속되었더라면 이후에도 중국 명주의 반열에 올랐을 것이다. 그만큼 좋은 술이다. 이곳이 안휘성이기 때문에 이 술을 만날 수 있었던 것 같다.

중국의 유명한 술이 대부분 그렇듯이 고정공주도 연분원장계열(年分原漿系列), 담아계열(淡雅系列)을 비롯해서 수많은 품종을 생산하고 있는데 그중 연분원장계열이 가장 비싼 제품으로 26년산 원장주는 2,000위안(약 40만 원)을 호가한다. '연분주'란 위스키에 붙이는 12년산, 18년산 등과 같이 저장 연수를 표시하는 술로서 최근에 시행되고 있는 제도이다.

고정공주가 명주인 것은 물과 원료, 박주 지역의 지리적 환경, 기후 등이 복합적으로 어우러졌기 때문이다. "누룩은 술의 뼈요, 물은 술의 피다(麴是酒之骨 水是酒之血)"라는 말이 있다. 고정공주 중 최상품인 연분원장주의 경우, 사용하는 누룩을 도화국(桃花麴)이라 하는데 봄날 복사꽃이 만발했을 때 만들기 시작하여 복사꽃이 질 때 완성한다고 한다. 이때가 그 지방 미생물의 활동이 가장 활발한 시기이기 때문이다. 사용하는 물은 앞서 언급한 천년위정(千年魏井)의 물로 이를 무극수(無極水)라 부른다. 여기에다 1959년에 발견되었다는 명나라 때의 교지(窖池)에서 발효·숙성시킨다. 이 교지를 그곳 사람들은 공훈지(功勳池)라 부르는데 여기에는 600여 종의 각종 미생물이 기생한다고 한다. 박주 지역의 이러한 특수 조건이 고정공주라는 명품 술을 만들어낸 것이다. 그래서 고정공주는 2003년에 '원산지역산품'으로 지정되었다. 원산지역산품은 그 지역에서만 생산되는 산품임을 증명하는 것으로 법적인 보호를 받는다.

고정공주를 생산하는 고정공주고분유한공사(古井貢酒股分有限公司)는 현재 주류 생산 이외에도 호텔, 부동산, 농산품가공업 등으로 사업 범위를 넓히고 있다. 그래서 고정공주 병뚜껑 위에는 '고정집단(古井集團, 고정그룹)'이라고 새겨져 있다. '집단'이란 우리나라에서의 '그룹'에 해당하는 말이다.

황산 시내에서 저녁에 우리가 마신 것은 40도 고정공주였는데 모두들 좋다고 했다. 가격도 한 병에 88위안(약 15,000원)으로 비교적 저렴했다. 원래 중국 백주는 50도에서 70도가 주류였으나 외국 관광객의 기호에 맞추어 도수를 낮추라는 정부의 시책에 따라 현재는 40도 이하의 술이 많이 출시된다. 중국에서는 40도 이하의 백주를 '저도주(低度酒)'라 부른다. 도수를 낮추면서도 원래의 맛을 유지하기가 쉽지 않은데 고정공주 저도주는 성공적으로 도수를 낮춘 경우이다. 고정공주는 1987년 항주에서 개최된 '전국여유 저도백주 평비회(全國旅遊低度白酒評批會)'에서 외국 전문가들의 품평 결과 '관광객이 좋아하는 저도백주 금상'을 받았을 만큼 품질이 인정된 백주이다.

우리가 마신 88위안 고정공주는 사실상 '중국 명주'는 아니었다. '중국 명주'라는 표기는 중국 평주회에 출품되어 명주로 선정된 해당 제품에만 붙일 수 있다. 따라서 같은 양조장에서 중국 명주로 선정된 술보다 더 좋은 술을 생산하더라도 '중국 명주' 마크를 붙일 수 없다. 88위안 고정공주에는 '중국 명주' 표시가 없었다. 그러나 평주회에 출품된 그 술은 아니지만 같은 회사에서 만든 술이기 때문에 약간의 차이는 있어도 여전히 좋은 술이다. 88위안 고정공주는 100점 만점에 80점. 그러나 귀국 후에 마신 '중국 명주' 표기가 있는 50도 고정공주는 맛이 시원찮았다. 70점 정도.

중국의 백주는 아직 품질이 표준화되어 있지 않은 것 같다. 같은 상표의 술이라도 맛이 다른 경우가 있다. 그 이유를 정확히 알 수는 없지만 아마도 블렌딩 기술의 차이 때문이 아닌가 싶다. 아니면 가짜일 가능성이 있다. 유명한 스카치위스키 로열살루트(Royal Salute)의 겉포장에는 마스터 블렌더의 사인을 인쇄해놓았는데 이는 마스터 블렌더가 명예를 걸고 블렌딩했다는 표시이다. 중국 백주는 아직 이런 수준에는 도달하지 못한 듯하다. 그래서 품질이 균일하지 못하다.

중국 민간 건축 박물관
서체촌

세계문화유산 호씨 집성촌

둘째 날 아침 호텔을 출발해서 서체촌(西遞村, 시디춘)으로 향했다. 앞이 잘 보이지 않을 정도로 안개가 짙었다. 게다가 때마침 장례행렬 사동차에서 터뜨리는 폭죽의 연기가 안개와 뒤섞여 그야말로 지척을 분간할 수 없었다. 수십 대의 장례 차량 중에서 맨 뒤차에서 폭죽을 터뜨리는데 우리가 탄 버스는 바로 그 뒤를 따라가고 있었다. 중국에서는 기쁜 일뿐만 아니라 슬픈 일이 있을 때에도 이렇게 폭죽을 터뜨리는 관습이 있다. 언젠가 대만에서 본 적이 있는데, 수십 대의 장례행렬 자동차에서 폭죽을 터뜨리는 것은 물론이고 한 자동차에서는 트럼펫, 색소폰, 기타 등 악기를 든 사람들이 '신나게' 음악을 연주했다. 문화의 차이가 이렇게 크다는 것을 느꼈다.

서체촌 중국 고대 민간 건축 박물관이라 할 수 있는 서체촌의 전경. 유채꽃이 눈부시다.

가는 도중에 버스 기사가 시냇가의 한 곳을 가리키면서 "이백이 낚시하던 곳이다"라고 했다. 믿거나 말거나. 안개 속을 헤치고 서체촌에 도착했다. 서체촌은 안휘성 이현(黟縣, 이현) 동쪽 10여 리쯤에 있는 호씨(胡氏) 집성촌이다. 이곳은 교통의 요지였기 때문에 역참(驛站)이 있었는데 옛날엔 역참을 체포(遞鋪)라고도 불렀다. 여기에 옛날 역참인 서체포(西遞鋪)가 있었기 때문에 서체촌이라는 이름이 붙여진 것이다. '중국 고대 궁전 건축을 이해하려면 고궁(古宮)으로 가고, 중국 고대 민간 건축을 이해하려면 서체로 가라'는 말이 있을 정도로 이곳은 명청시대의 민가가 잘 보존되어 있다. 그래서 '중국 민거(民居) 박물관'으로도 불린다. 이런 가치를 인정받아 서체촌은 이웃의 굉촌(宏村, 홍촌)과 함께 2000년에 유네스코 세계문화유산에 등재되었다. 그래서 그런지 서체촌 입장료가 80위안(약 15,000원)이나 되었다.

서체촌은 전형적인 종족 혈연 촌락으로 호씨들의 집단 취거지이다. 호씨들의 원래 성은 '호(胡, 후)'가 아니고 '이(李, 리)'였다고 한다. 이씨가 호씨로 바뀐 연유는 이렇다. 당나라 19대 황제인 소종(昭宗) 이엽(李曄)의 아들이 이들의 시조이다. 소종이 주온(朱溫), 즉 주전충(朱全忠)의 협박에 못이겨 904년 낙양(洛陽)으로 천도하던 도중에 황후 하씨(何氏)가 하남성(河南省, 허난성) 섬주(陝州, 산저우)에서 아들을 낳았다. 소종은 이를 불길

서체촌 민가 명청시대에 지은 민가로, 가구와 내부장식도 대부분 그대로 보존되어 있다.

한 일이라 여겨 아들에게 황제의 옷을 입혀 민가에 숨겨두었다. 마침 섬주에서 벼슬한 적이 있는 호삼(胡三)이라는 사람이 이 아이를 무원(婺源, 우위안)으로 데리고 가서 성을 호씨로 바꾸고 이름을 창익(昌翼)이라 지었는데 이가 바로 서체 호씨의 시조이다.

주전충은 904년 낙양에서 소종을 죽이고 907년에는 소종의 9번째 아들인 마지막 20대 황제 애제(哀帝)를 살해함으로써 당나라 왕조를 멸하고 후량(後梁)을 세운 후 소종 일가를 모두 죽였지만 창익만 생존할 수 있었다. 그후에 호씨의 5대조인 호사량(胡士良)이 공무로 남경(南京)에 가다가 서체를 지나면서 살기 좋은 곳이라 여겨 가족을 데리고 서체로 이거하여 이후 900여 년 동안 번성했다고 한다.

이 지방 사람들은 산이 많고 척박한 지리적 조건으로 인하여 가난하게 살았다. 그래서 호씨를 비롯한 휘주인들은 어려서부터 외지로 나가 상업에 종사하는 경우가 많았다고 한다. 다음과 같은 휘주 민요가 있을 정도이다.

전생에 몸을 닦지 못해
휘주에 태어나서
열서너 살이 되면
밖으로 나가 내던져지네

그러나 이들은 각고의 노력 끝에 상업의 주도권을 장악하여 명나라 말부터 근 300여 년 동안 북쪽 산서성(山西省, 산시성)의 진상(晉商)과 더불어 중국의 양대 상단(商團)으로 군림했다. 휘상(徽商)으로 불리는 이들 상단은 한때 엄청난 재력으로 국가 경제를 좌우할 만큼 규모가 컸다. 이들은 주로 전당포를 경영하고 소금 판매업에 종사했다. 소금은 당시 국가의 관리 하에 있었는데 휘상은 소금의 전매권을 획득하여 막대한 부를 축적했다. 그러므로 휘상은 일종의 관상(官商)의 성격을 띤다. 청나라 동치(同治) 연간(1862~1874)에 국가의 소금 정책이 조정되자 휘상이 퇴조한 것도 이 때문이다.

이들은 전형적인 상인이었지만 상인으로만 머물지 않았다. "장사꾼이면서도 선비를 좋아하니 선비이면서 또한 장사꾼이다(賈而好儒 亦儒亦賈)"라는 말이 이들의 성격을 잘 나타내준다. 그래서 이들을 '유상(儒商)'이라 부른다. 장사를 하면서도 학문을 중히 여긴 이들은 학문을 닦아 벼슬길에 나아가고 벼슬길에 올라서는 관직의 힘으로 그들의 상업을 보호했다. 실제로 명청(明淸) 이래 서체 호씨로 관직을 받은 자가 115명이나 되었다고 한다. 이 중에서 중요한 인물 4명을 소개한다.

형번수상 호문광

서체촌에 들어서자마자 웅장한 패방 하나가 제일 먼저 눈에 들어온다. 이것이 서체촌의 상징과도 같은 호문광패방(胡文光牌坊)이다. 패방(牌坊, 파이팡)은 패루(牌樓)라고도 하는데 여러 가지 목적에서 세워진다. 단순히 건물의 입구임을 알리는 대문 역할을 하기도 하지만 주로는 충신,

호문광패방 휘주 지방의 패방 중에서 규모가 가장 크고 정교한 것이다.

효자, 열녀 등 유교적 가치관이 인정하는 인물을 표창하기 위해 세운 일종의 기념물의 성격을 지닌다. 우리나라의 열녀문(烈女門) 등과 비슷한 성격의 조형물이다.

호문광은 1521년 서체에서 태어나 34세에 진사(進士)가 되고 후에 산동(山東)의 교주자사(膠州刺史)라는 조그마한 벼슬을 하고 있다가 뜻밖의 행운을 잡게 되었다. 당시 명나라 신종(神宗)황제가 그의 숙부를 장사왕(長沙王)으로 봉했는데 장사왕이 호문광을 발탁하여 왕부(王府)의 각종 사무를 총괄케 한 것이다. 장사왕은 신종과 군신 간이기도 하고 숙질 간이기도 하여 대궐에 나아가 조회하는 절차가 껄끄럽고 번잡했기 때문에 신종은 장사왕이 직접 조회하지 않아도 된다는 교지를 내렸고 이후에는 호문광이 대신 대궐에 나아가 황제를 알현했다. 이로부터 호문광은 4품 관의 신분으로 왕부를 대표하여 대궐에 출입하며 황제 주변의 인물이 되었고 황제는 그의 고향에 패방을 건립하도록 허락했다. 이것이 호문 광패방 또는 자사패루(刺史牌樓)이다.

1578년에 만든 이 패방은 높이 12미터, 폭 10미터에 달하는 거대한 5층 구조물로 4주 3간(四柱三間)으로 되어 있다. 4개의 기둥 밑에는 각각 돌사자상을 조각해놓았고, 패방 전체의 재료는 흑색 대리석이다. 3층에 해당하는 곳에는 서쪽으로 '교주자사(膠州刺史)', 동쪽으로 '형번수상(荊藩首相)'이라는 글씨가 크게 새겨져 있어서 패방의 주인을 나타낸다. 장 사왕의 관할지역인 호남·호북이 옛 형(荊) 땅이고, 그가 왕부(王府)의 대 표자였기 때문에 형번수상이라고 명명한 것이다. 호문광패방은 이 지방 에 남아 있는 수많은 패방 중에서도 규모가 가장 크고 정교한 것으로 평 가받는다.

강남 6대 부호 호관삼

서체의 호씨들은 청나라 때 전성기를 누렸는데 그중에서 유명한 인물 이 24세조 호관삼(胡貫三)이다. 그는 뛰어난 상술로 재산을 모아 36개의 전당포와 20개의 전장(錢庄, 중국 고대에 개인이 운영하던 일종의 금융기관)을 소유했고 재산이 백은(白銀) 500만 냥이나 되었다고 한다. 그는 당시 강남의 6대 부호에 들 만큼 막대한 재산을 모았고 또한 그 재력을 바탕으로 권력도 움켜쥐었다. 당시 재상인 조진용(曹振鏞)의 딸을 며느리로 맞아 금력과 권력을 동시에 가지게 된 것이다. 그의 아들은 후에 항주지부(杭州知府)라는 벼슬을 얻게 된다. 이런 인연으로 조진용은「호씨족보서(胡氏族譜序)」를 쓰기도 했다.

지금 서체촌의 주마루(走馬樓)는 사돈인 조진용이 딸을 만나러 서체촌에 행차할 때 그를 영접하기 위하여 지은 건물이다. 또한 수행하는 관원들을 접대하기 위한 적길당(迪吉堂)을 짓고 주마루에서 적길당에 이르는 길에는 붉은 양탄자를 깔아놓았다고 한다. 마을의 골목길 전체를 청석(靑石)으로 포장하기도 했는데 지금도 깔려 있다. 청석은 흡현에서 나는 유명한 벼룻돌의 일종으로, 이렇게 값비싼 석재로 골목길을 포장한 것을 보면 그의 재력이 상당했음을 알 수 있다.

호관삼이 지었다는 추모당(追慕堂)에 가면 서체 호씨의 연원을 잘 볼 수 있다. 추모당의 뒤편에 제사를 지내는 향당(享堂)이 있는데 여기에는 중앙에 당태종 이세민(李世民)의 상과 그 좌우에 태종의 신하인 위징(魏徵)·이정(李靖)의 상이 서 있다. 그리고 사면 벽에는 능연각(凌煙閣, 당나라 때 개국 공신 24명의 초상을 그려 걸었던 누각) 24공신도(功臣圖)가 진열되었다. 당나라 황실의 후예로서 이들의 조상이 이세민에게까지 거슬러 올라간다는 것을 보여주는 것이다.

수루의 주인 호문조

또 한 명의 인물은 호문조(胡文照)이다. 그의 부친 호상도(胡尙燾)는 일찍이 글을 읽어서 벼슬길에 나아갈 생각이 있었으나 집이 가난하여 뜻을 이루지 못하고 여느 서체 사람들과 마찬가지로 외지로 나가 상업으로 큰돈을 벌었다. 호상도는 자신이 이루지 못한 꿈을 아들이 이루어주기를 바라면서 재산을 아낌없이 투자했다. 관직에 있는 사람들과 친교를 유지하는 한편으로 고향 마을에 동원(東園)을 지어 고관대작들의 자제를 불러 모아 아들과 함께 기거하면서 공부하도록 했다.

호문조는 이러한 부친의 기대에 부응하여 후에 개봉지부(開封知府)가 되었다. 너무나 원칙적이고 강직한 정사를 펼쳤기 때문에 반대파에 의하여 궁지에 몰리기도 했으나 결국은 이겨내고 고향에 돌아와 부친이 물려준 재산으로 서원(西園), 대부제(大夫第), 수루(繡樓) 등의 건물을 짓고 평온하게 살았다.

호문조가 지은 서원은 그의 부친이 건립한 동원의 서쪽에 위치하고 있는데 아담하고 아기자기한 저택이다. 여기에는 진귀한 석조창(石雕窓, 돌로 조각한 창문)이 2개 있다. 하나에는 송석도(松石圖)가, 또 하나에는 매죽도(梅竹圖)가 정교하게 조각되어 있는 걸작이다. 전하는 말로는 일본인 관광객이 10만 달러에 구입하려 했으나 팔지 않았다고 한다. 이 지방 사람들은 특히 조각에 재주가 있어서 집집마다 대문, 주춧돌, 대들보, 창틀, 난간 등에 아름다운 조각이 많이 보인다. 꽃이나 나비, 아이 들을 새기기도 하고, 백록도(百鹿圖, 100마리의 사슴 그림)와 같은 대형 조각품이 있

서원 석조창(위) 돌로 조각한 창문으로, 좌측은 '매죽도', 우측은 '송석도'인데 조각이 매우 정교하다.

목조(아래) 이 지방의 이름난 3조(목조·석조·전조) 중 정교하게 만들어진 목조각이다.

는가 하면, 삼고초려(三顧草廬)와 같은 고사를 조각해놓은 것도 있다. 이들 목조(木雕), 전조(磚雕, 벽돌에 조각한 것), 석조(石雕)는 '휘주삼조(徽州三雕)'라 하여 전국적으로 이름이 알려졌다고 한다. 곡부(曲阜)에 있는 공묘(孔廟) 대성전(大成殿) 돌기둥의 용 조각도 명나라 홍치(弘治) 13년(1500)에 칙명으로 휘주의 석조장(石雕匠)을 불러 조각한 것이라고 한다. 이곳에 조각이 발달한 것은, 상업으로 축적한 재산을 바탕으로 마음껏 호화로운 삶을 누리려는 호사취향에 기인한 것으로 보인다. 또한 서원에는 '서체(西遞)' 두 글자가 석각된 옛 비석이 아직도 보존되어 있다.

호문조가 거처하던 대부제(大夫第)에는 이른바 양주팔괴(揚州八怪, 청나라 건륭 연간에 강소성 양주에서 활동한 여덟 명의 화가)의 한 사람인 정판교(鄭板橋)가 쓴 주련이 눈에 띈다.

以八千歲爲春 (이팔천세위춘)

之九萬里而南 (지구만리이남)

팔천 년을 봄으로 삼고

구만 리를 날아 남으로 간다

이 말은 『장자』 「소요유(逍遙遊)」 편에 나오는 것으로, 8천 년을 봄으로 삼고 8천 년을 가을로 삼는다는 대춘(大椿) 나무처럼 장수하라는 뜻이며, 북쪽 바다에서 9만 리를 솟아올라 남쪽 바다로 날아간다는 붕새처럼 높은 이상을 지니라는 뜻이다.

그리고 대부제 옆에 지은 수루(綉樓)에 예서로 '도화원 속의 인가(桃華源裏人家)'라고 쓰인 현판이 특이했다. 이곳 사람들은 한때 도연명이 「도화원기(桃花源記)」에서 이상향으로 그린 도화원을 이곳이라 믿었다. 그만큼 이곳이 산으로 둘러싸여 외부와 차단된 채 독특한 아름다움을 간직하고 있다는 데에서 나온 발상이다. 그런데 예서로 쓴 현판 글씨 중에서 '源'자의 '厂' 위에 점을 하나 찍은 것이 재미있는데 왜 그렇게 했는지는 알 수 없다. 또 '人'자의 모양도 일반적인 예서체로서는 파격적이다. 이 건물은 이층에 높다랗게 걸려 있는 현판과 건축물의 전체 구도가 조화를 잘 이루어 매우 아름답다.

단아한 선비 호적당

서체가 낳은 또 한 명의 인물은 저명한 수장가(收藏家)인 호적당(胡積堂)이다. 그는 평생 과거에 응시하지 않았고 따라서 벼슬도 하지 않았다. 부친이 물려준 재산으로 고향에서 독서하고 그림을 그리면서 단아하게 살았던 선비이다.

그가 청나라 강희(康熙) 연간(1662~1722)에 건립한 이복당(履福堂)은 크고 화려한 집인데, 대청의 편액 밑에 송학도(松鶴圖)가 중앙에 걸려 있고, 좌우에는 다음과 같은 주련이 눈에 띈다.

孝弟傳家根本 (효제전가근본)
讀書經世文章 (독서경세문장)

부모와 형을 잘 섬기는 것이 전가의 근본이요
독서는 세상을 경륜하는 문장이다

이복당 서체촌의 민가 내부로, 동쪽에 병, 서쪽에 거울이 놓여 있는 '동병서경'식 배치를 볼 수 있다.

　　이복당 주인의 품성이 잘 나타난 글이다. 아래 탁자 위에는 중앙에 시계, 동쪽에 병, 서쪽에 거울이 놓여 있다. 이른바 '동병서경(東瓶西鏡)' 형의 배치인데 이것은 '평정(平靜)'을 나타낸다고 한다. '瓶(핑)'과 '平(핑)', '鏡(징)'과 '靜(징)'의 중국어 음이 같기 때문이다. 이러한 구도는 서체의 어느 집에서나 마찬가지여서 여기에서 평온함과 고요함을 추구하는 서체 호씨들의 염원을 읽을 수 있다. 서체의 다른 건물에서와 마찬가지로 이복당 내에는 이밖에도 무수한 주련과 족자가 걸려 있다. 그중에서 눈에 띄는 것은 이것이다.

　　幾百年人家無非積善 (기백년인가무비적선)

第一等好事只是讀書 (제일등호사지시독서)

수백 년 사람 사는 집에 적선하지 않은 집이 없고
일등 가는 좋은 일은 오직 독서뿐이다

이 주련은 주인 호적당의 인생철학을 반영한 것이지만, 이곳 여러 건물에 걸린 글귀를 읽다보면 여기가 과연 상인집단의 거주지인가 하는 의아심이 생긴다. 마치 우리나라 안동이나 하회와 같은 선비촌에 들어온 느낌이 들 정도이다. 원래 상업으로 발신(發身)한 호씨들이 어느 정도 의식주가 해결된 후에 신분상승의 욕구로 인하여 학문 쪽으로 관심을 돌린 것으로 보인다.

또 이곳 서체를 포함한 휘주 지방은 예부터 명사들을 많이 배출했기 때문에 전통적으로 학문에 대한 자부심이 강하기도 했다. 당나라의 시인 두순학(杜荀鶴)이 휘주 출신이고 청나라 때의 반주자학자 대진(戴震)과 양주팔괴의 한 사람인 나빙(羅聘)도 휘주 출신이다. 무엇보다 주자(朱子)의 고향이 휘주의 무원(婺源)이다. 그러므로 이곳은 신안 주씨(新安朱氏)의 본거지인 셈이다. 신안은 휘주의 옛 이름이다. 그런 연유로 해서 휘주는 '동남추로(東南鄒魯)'로 불리기도 했다. '추(鄒)'는 맹자의 고향이고 '노(魯)'는 공자의 나라이다. 조선시대에 선비가 많이 배출된 영남지방을 '추로지향(鄒魯之鄕)'이라 불렀던 것과 같은 맥락이다. 송나라 말에 휘주의 서원(書院)이 12개였고 청나라 강희 연간에는 이곳의 서원 수가 54개나 되었다는 사실만 보아도 휘주의 학문적 분위기를 짐작할 수 있다.

호적당의 별실인 독경당(篤敬堂)에는 한 폭의 초상화가 눈에 띈다. 중앙에 한 남자, 아래에 세 여자가 그려져 있다. 남자는 호적당이고 좌우의 두 여인은 큰부인과 작은부인이고 가운데 아래쪽은 소첩(小妾)이다. 독경당에는 또 다음과 같은 특이한 내용의 글귀가 있다.

> 讀書好營商好效好便好 (독서호영상호효호편호)
>
> 創業難守成難知難不難 (창업난수성난지난불난)

> 독서도 좋고 상업도 좋은데 효과가 좋으면 이게 좋은 것이고
>
> 창업도 어렵고 수성도 어려운데 어려운 줄 알면 어렵지 않네

전하는 말에 의하면 이 주련은 호적당의 후손이 쓴 것이라 한다. "일등 가는 좋은 일은 오직 독서뿐이다"라는 인생철학을 견지한 호적당과는 어울리지 않는 글귀이다. 독서가 가장 중요하다고 여긴 호적낭과는 달리, 독서와 상업 둘 다 좋다고 했다. 관건은 최종 효과가 좋아야 한다는 것이다. 독서와 상업을 양립시킨 데에서 호적당 후손들의 달라진 인생관을 엿볼 수 있다.

이 주련에서 또 한 가지 특이한 점은 글자의 모양이다. 두 번째 구에는 '난(難)'자가 4번 쓰였는데 세 번째 '지난(知難)'의 난(難)이 나머지 3개의 난(難)과 다르다. 즉 나머지 3개의 난(難)자에는 글자 왼쪽 아랫부분을 '大'로 써서 정상적인 반면에, '지난(知難)'의 난(難)자에는 '大'를 '小'로 바꾸어놓았다. 이것은 '어려움을 알아서 정진하면 능히 큰〔大〕 어려움을

작은[小] 어려움으로 만들 수 있다'는 뜻으로 이렇게 쓴 것이라 한다. 이런 예는 또 있다. 서옥정(瑞玉庭)에도 무수한 주련들이 걸려 있는데 그중에서 다음의 대련은 서체촌에서 흔히 볼 수 있는 내용의 교훈적인 글귀이다.

快樂每從辛苦得 (쾌락매종신고득)
便宜多自喫虧來 (편의다자끽휴래)

쾌락은 매양 고생으로부터 얻어지고
편안함은 많은 경우 손해를 보는 것으로부터
온다

그런데 첫 구에서 괴롭다는 뜻의 '신(辛)'자에 가로 획을 하나 더 그어놓았다. 그만큼 신고(辛苦)를 더 많이 하라는 뜻이다. 이렇게 '난(難)'자나 '신(辛)'자와 같이 글자 모양을 약간 변형시켜도 모필로 쓴 글씨에서는 아무런 흠이 되지 않는다. 오히려 글씨 쓴 사람의 개성이 돋보인다. 참으로 재미있는 발상인데 이것은 한자이기 때문에 가능한 현상이다. 2006년 두 번째 서체에 갔을 때 어느 상점에서 이 대련을 돌에 새긴 문진(文鎭)을 팔고 있어서 2개 샀던 기억이 난다. 문진을 사니 뒷면에 '宋

서옥정 대련 오른쪽 글귀 위에서 다섯 번째 글자 '辛(신)'자에 가로 획이 하나 더 그어져 있다.

載邵西遞留念(송재소서체유념)'이라는 문구를 즉석에서 새겨주었다. 그 문진을 지금도 요긴하게 사용하고 있다.

경애당의 '효(孝)'자 편액

서체에서 가장 큰 건물이 경애당(敬愛堂)이다. 이 건물은 명나라 때 지어진 개인 주택이었는데 불타버리고 청나라 건륭 53년(1788)에 중건하여 호씨종사(胡氏宗祠), 즉 종중 제사를 지내는 곳으로 삼았다. 중문을 들어서면 커다랗게 '백대증상(百代蒸嘗)'이라 쓰인 편액이 높게 걸려 있다. '증(蒸)'은 겨울 제사이고 '상(嘗)'은 가을 제사를 뜻한다. 그러므로 이 편액은 '백대 동안 조상의 제사를 지내는 곳'이라는 뜻을 나타낸다.

여기서 또 하나 볼만한 것은 '효(孝)'자 편액이다. 전하는 말로는 주자가 썼다고 하지만 알 수 없다. 이 글자를 오른쪽에서 보면 윗부분이 머리를 위로 들고 어른에게 공경을 표하는 모양이고, 왼쪽에서 보면 원숭이 모습이다. 이것이 암시하는 바는 '효도하면 사람이 되고 불효하면 짐승이 된다'는 의미라고 한다. 글씨를 쓰고 보니 우연히 그런 모양이 되었는지, 처음부터 의도적으로 그렇게 썼는지 알 수 없지만 사람과 원숭이 모습은 매우 그럴듯했다. 이 역시 한자의 조형미가 만들어낸 재미있는 현상이다.

'효'자 편액 오른쪽 윗부분은 머리를 들고 어른에게 공경을 표
하는 모습이고, 왼쪽 윗부분은 원숭이 모습이다.

서체 건물의 특징

휘주 지방 건물의 일반적인 특징이기도 하지만 서체의 건물도 이른바
'사수귀당(四水歸堂, 사방의 물이 당으로 모여든다)'으로 특징지어진다. 대부
분의 건물들은 사방이 막혀 있고 오직 위쪽만 터져 있는데 이를 천정(天
井)이라고 한다. 이름 그대로 하늘에 난 우물이다. 이 천정은 사방이 막혀
있는 집의 통풍과 채광을 가능케 해준다. 이런 집 구조를 가지게 된 데에
는 이곳 사람들의 전통적인 상인 관념이 작용했다. 비가 오면 빗물이 지

마두장 담장이 하늘로 높이 솟아 말이 머리를 들고 있는 것처럼 보인다고 해서 마두장(馬頭墻)이라 불린다.

붕의 기와를 타고 이 천정으로 흘려내려 밑의 당(堂)에 모인다. 여기에
는, 하늘에서 내리는 빗물이 당으로 모이듯이 사방의 재물이 다른 곳으
로 가지 않고 자기 집으로 유입되기를 바란다는 뜻이 담겨 있다.

서체 건물의 또 하나의 특징은 높은 담장이다. 다닥다닥 붙어 있는 집
들의 담장이 하늘 높이 솟아 있는 것이다. 이것을 '산장(山墻)'이라 부르
는데 '산처럼 높은 담장'이라는 뜻이다. 또 이를 '마두장(馬頭墻)'이라고
도 한다. 멀리서 보면 하늘로 고개를 들고 있는 말 머리처럼 보이기 때문
이다. 이 높은 담장은 화재가 났을 때 불이 옆집으로 번지는 것을 막는
역할을 하기도 하는데 무엇보다 도둑을 방지하는 목적이 크다고 했다.

서체의 남자들은 대부분 열서너 살이 되면 일찍 결혼을 하고 돈을 벌

서체촌 골목 서체촌 민가는 일반적으로 담장이 높고 골목이 좁다.

기 위하여 또는 공부를 하기 위하여 외지로 나가는데 짧게는 몇 년, 길게는 수십 년 만에 집에 돌아오기 때문에 여자나 노인, 아이들이 집을 지키게 된다. 그래서 외부의 침입으로부터 자신들을 보호하기 위하여 담장을 높이 올린 것이다. 이 지방의 죽지사(竹枝詞)에 이런 노래가 있다. 죽지사는 한 지방의 풍속을 노래하는 시가이다.

> 부인이 집 지키고 이 몸은 나그네 되어
> 검은 머리 백발 되어 돌아와 보니
>
> 아이들 크게 자라 알아보지 못하고
> 도리어 물어보네 "영감님 어디서 오셨나요?"
>
> 健婦持家身作客 黑頭直到白頭回
> 兒孫長大不相識 反問老翁何處來

이런 형편이니 담장을 높이 올리지 않을 수 없었을 것이다. 남편이 돌아오지 못하고 외지에서 죽는 경우도 있고, 남편이 돌아왔을 때에는 부인이 이미 죽고 없는 경우도 허다했다고 한다. 이렇게 혼자 살면서 정절을 지키거나 남편을 따라 목숨을 끊는 부인이 많았기 때문에 이 지방에 세워진 수많은 패방 중에 특히 정절방(貞節坊)이 많다. 정절방은 우리나라의 열녀문과 같은 것이다. 이렇게 휘주의 여인들은 정조관념이 강했다고 한다.

연인들의 계곡
비취곡

개척자 황검걸

서체를 출발해 비취곡(翡翠谷, 페이추이구)으로 향했다. 버스는 서체에서 북쪽으로 가서 황산의 서쪽으로부터 동쪽으로 돌아가고 있었다. 굽이굽이 돌아가는 버스 안에서 바라다본 황산의 경치는 그야말로 절경이었다. 울창한 수목과 계곡이 조화를 이루어 환상적인 장면을 연출하고 있었다. 차창 밖 황산 기슭에는 푸른 차밭이 끝없이 이어졌다. 여기서 나는 차가 유명한 황산모봉(黃山毛峰, '중국차 4' 참조)이다.

비취곡은 비교적 최근에 개발된 관광지로, 처음으로 개발한 사람은 황검걸(黃劍杰, 황젠제)이다. 그는 휘주사범학교 교사였는데 1973년에 문화대혁명의 난동을 피해 이곳 황산 자락으로 피난 와서 은거하고 있었다. 무료함을 달랠 겸 주위의 계곡을 자주 탐사하다가 1979년에는 더 깊은 곳으로 들어가 아름다운 연못들을 발견했다. 당시만 해도 이곳은 사람의 발길이 닫지 않던 곳이었기 때문에 접근하기가 쉽지 않은 오지였다. 독사와 맹수가 출몰할 뿐만 아니라 거기서 석이(石耳)를 따던 지방민이 산귀신에 홀려 벼랑에서 떨어져 죽었다는 등의 이야기가 나돌던 때인데 황검걸이 과감하게 이곳을 개척한 것이다. 그는 발견한 4개의 연못을 각각 화경지(花鏡池)·벽잠지(碧簪池)·녹주지(綠珠池)·옥환지(玉環池)라 명명하고 1984년에는 잡지 『황산여유(黃山旅遊)』에 「사취지기(四翠池記)」라는 글을 발표하여 세상에 알렸다. '사취지(四翠池)'는 4개의 푸른 연못이라는 뜻이다. 그리고 그는 이 계곡에 '비취곡'이란 이름을 붙여주었다. 비취곡에는 이 연못들 외에도 많은 아름다운 연못이 있고 시냇물과 바위와 수목이 어우러져 미려한 풍경을 자랑한다.

시랑의 계곡

비취곡은 정인곡(情人谷)으로도 불리는데 그 연유는 이렇다. 이 계곡이 아직 개발되기 전 상해(上海, 상하이)에 사는 젊은 남녀 36명이 황산에 놀러 왔다가 이 계곡에서 길을 잃고 헤매다 천신만고 끝에 귀환한 일이 있는데, 후에 그들 중 10쌍이 결혼에 성공했다. 이 사실 역시 황검걸이 세상에 알리면서 이 계곡을 정인곡으로 선전하여 더욱 유명해졌다. 지금은 비취곡보다 정인곡으로 더 알려져서 일대가 온통 '애(愛)'와 '정(情)'으로 가득 차 있다. 입구의 다리 이름은 정인교(情人橋)이고 군데군

정인교 '사랑의 계곡'임을 나타내기 위하여 다리 이름을 정인교라 지었다.

데 세워진 정자에는 애정(愛亭), 정연정(情緣亭), 상사정(相思亭) 등의 이름
이 붙어 있다. 그리고 입구에는 각종 서체로 쓴 100개의 '애(愛)'자를 새
긴 비석이 서 있다. 이름하여 '백애도(百愛圖)'라 한다. 이런 연유로 이곳
은 청춘남녀들이 많이 찾아오는 사랑의 계곡이 되어버렸다. 정인교 다
리 난간에 매달린 무수한 자물쇠가 이를 상징적으로 말해준다. 비단 이
곳뿐만 아니고 중국의 경치 좋은 곳에 가면 으레 이런 자물쇠를 볼 수 있
는데, 사랑하는 남녀가 자물쇠를 사서 밧줄이나 쇠사슬에 잠가놓고 열
쇠는 절벽 아래로 던져버린다. 영원히 열 수 없는 이 자물쇠처럼 하나가
된 두 사람의 사랑도 영원하리라는 염원이 담긴 것이다. 이 자물쇠를 '연

백애도 '愛(애)'자를 100가지 모양으로 새겨
놓았다.

심쇄(連心鎖)'라 한다. 마음과 마음을
이어주는 자물쇠란 의미이다.

비취곡은 또 영화 「와호장룡(臥虎
藏龍)」(2000)의 촬영지로도 유명하다.
대만 출신의 세계적인 감독 이안(李
安, 리안)이 주윤발(周潤發, 저우룬파)과
장자이(章子怡, 장쯔이)를 주연으로 내
세워 만든 이 영화는 2001년 제73회
아카데미 시상식에서 4개 부문의 상
을 받았다. 나는 이 영화에 대해 잘은
모르지만 비취곡의 화경지(花鏡池)가
주요 촬영 장소였다고 한다. 영화의
압권인 대나무 숲에서의 격투 장면의 배경이 되는 곳은 비취곡이라고도
하고 절강성의 길안(吉安, 지안)이라고도 한다. 이쨌든 그곳에서는 비취
곡이 「와호장룡」의 촬영지임을 크게 광고하고 있었다.

유우석과 왕유의 시

비취곡이 남녀 10쌍의 결혼 사건과 「와호장룡」의 촬영지로 크게 알려
져서 '황산5절(黃山五絶, '황산4절'에 대해서는 276면 참조)'로까지 일컬어지
지만 객관적으로 볼 때 우리나라의 설악산 계곡보다 크게 나을 것은 없

다. 다만 여기에 중국 특유의 인문적 요소가 곁들여졌다는 점 때문에 정취가 더해진다. 계곡을 따라 오르다보면 커다란 바위에 노란 글씨로 쓴 문구가 눈에 들어온다.

山不在高 有仙則名 (산부재고 유선즉명)

水不在深 有龍則靈 (수부재심 유룡즉영)

대강의 뜻은 '산은 높기만 해서 유명한 것이 아니고 신선이 살면 명산이요, 물은 깊기만 해서 신령스러운 것이 아니고 용이 살면 신령하다'로 풀이할 수 있다. 이 글귀는 중당(中唐)의 시인 유우석(劉禹錫, 772~842)이 쓴 「누실명(陋室銘)」의 첫 대목으로 지금까지도 회자되는 유명한 구절이다. '누실'이란 자신이 살고 있는 초라한 집을 말한다. 유우석은 당시 정치적 투쟁에서 패배한 후 권력의 무상함을 느끼고 부귀영화를 멀리한 채 탈속한 삶을 영위하려는 자신의 의지를 이 작품에 나타냈다. 산이 높고 물이 깊다는 것은 외형적인 권력이 크다는 것이고, 신선과 용은 인간 생활에서 추구할 만한 가치 있는 그 무엇을 상징한다. 비취계곡 옆의 산이 높지는 않고 연못이 그리 깊진 않지만 신선이 살 만하고 용이 깃들일 만한 훌륭한 경치라는 의미를 「누실명」의 구절을 통해서 나타낸 것이다.

그런데 왜 하필 이곳에 「누실명」의 구절을 새겼는지 궁금했는데 나중에 확인해보니 유우석이 비취계곡 북쪽에 있는 화주(和州)에서 자사(刺史)로 재직할 때 이 글을 지었다고 한다. 화주가 안휘성에 있고 또 「누실명」의 내용이 비취곡의 정황을 지시하기에 적합하다고 여겨서 이 글귀

「누실명」을 새긴 바위 비취
곡의 속성을 유우석이 지
은 「누실명」의 내용으로
설명하려는 지혜가 놀랍
다.

를 새겨놓았을 것이다. 「누실명」이 새겨진 바위를 보고 나는, 언제 어디
서나 인용할 수 있는 중국의 무궁무진한 문학적 유산이 새삼 부러웠다.
이런 글귀가 풍경의 운치를 한결 고양시키고 있다. 더구나 이 구절이 간
체(簡體)가 아닌 번체(繁體)로 쓰어 있어서 더욱 반가웠다.

  조금 더 올라가면 성당(盛唐)의 시인 왕유(王維, 701~761)의 유명한 시
가 새겨진 바위가 나타난다.

  明月松間照 清泉石上流 (명월송간조 청천석상류)

  바위에 새긴 글자는 열 글자이지만 중국시 중에서도 만고의 절창으로
일컬어지는 명구이다. '밝은 달은 소나무 사이로 비치고, 맑은 물은 바위
위로 흐른다'는 뜻으로 얼핏 보면 평범하기 짝이 없는 구절 같으나 대시

「산거추명」을 새긴 바위 달밤의 비취곡 풍경이 왕유의 이 시의 정경과 비슷할 것이라는 생각이 든다.

인 왕유의 시혼(詩魂)이 고스란히 녹아 있는 불후의 시구이다. 너무나 유명한 시이기 때문에 이 시 전문을 감상해보기로 한다. 시의 제목은 「산거추명(山居秋暝)」으로 '산중의 가을 저녁'이라는 뜻이다.

빈산에 내리던 비 이제 막 그친 후
저녁 되니 하늘 기운 가을이라네

밝은 달, 솔 사이로 비치어 들고
맑은 물, 바위 위로 흐르고 있네

대숲이 떠들썩하니 빨래하고 가는 여인
연잎이 흔들리니 내려가는 고깃배

어느새 봄꽃은 시들었지만
왕손(王孫)은 스스로 머물 만하네

空山新雨後　天氣晚來秋

明月松間照　清泉石上流

竹喧歸浣女　蓮動下漁舟

隨意春芳歇　王孫自可留

　왕유의 산수시를 대표하는 작품으로, 비온 후 산촌의 가을 저녁 풍경
을 그리고 있다. 1연에서는 산중의 경색(景色)을 전체적으로 조망하고 계
절과 시간을 밝혔다. 2연에서는 산중의 밤 풍경을 구체적으로 그려놓았
다. 소나무 사이로 달빛이 쏟아져 들어오고 바위 위로 맑은 물이 흐른다.
밤이라 물이 보이지 않았을 터이지만 맑은 물이 달빛을 받아 반짝이고
있었을 것이다. 그리고 비가 내린 후라 고요한 산중의 물소리가 더욱 크
게 들렸을 것이다. 2연이 산중의 경물을 묘사한 반면 3연은 산중의 인물
을 그리고 있다. 빨래하고 돌아가는 부녀자들과 어부들이다. 이 인물들
은 산촌에 사는 평범하고 소박한 사람들이고 이들의 행동도 매일 반복
되는 극히 일상적인 일들이다. 산촌에서 자족하며 살아가는 이들도 자
연의 일부이다. 이익을 위하여 서로 다투고 권력 때문에 시기하고 모함
하는 바깥세상의 사람들과는 달리 순박하게 사는 사람들이다.
　2연과 3연은 절묘한 대구(對句)로 유명하다. 3,4구는 '비친다(照)' '흐

른다〔流〕'라는 동사로 끝나는 반면에, 5,6구는 '빨래하는 여인〔浣女〕' '고 깃배〔漁舟〕'라는 명사로 끝난다. 자칫 밋밋해지기 쉬운 율시(律詩)의 대구에 변화를 준 것이다. 또한 3구는 보이는 것, 4구는 들리는 것, 5구는 들리는 것, 6구는 보이는 것을 묘사했다. 이렇게 시각과 청각을 교체함으로써 예술적 효과를 극대화하고 있다. 3연의 묘사 역시 탁월하다. 가을밤 시인의 눈에는 빨래하고 돌아가는 아낙네들과 고깃배가 보이지 않는다. 대숲에서 떠들썩하게 들리는 말소리·웃음소리로 아낙네들의 존재를 짐작하고, 연잎이 흔들리는 것을 보고 고깃배가 그 사이로 지나간다는 것을 짐작한다. 적막한 가을밤, 산촌의 경물과 인물이 한데 어우러져 그윽한 분위기를 자아낸다.

1연에서 3연까지는 서경(敍景)이다. 아무런 꾸밈없이 평담하게 산중의 경치를 묘사한 후 마지막 연에서 자신의 감회를 펼치고 있다. 즉 서정(抒情)이다. 지금은 가을이라 화려했던 봄꽃은 다 시들었지만 그래도 이곳에 '머물 만하다'고 말한다. 여기서 '왕손'은 왕유 자신을 가리킨다. 이 부분은 『초사(楚辭)』의 구절을 거꾸로 이용한 것이다. 『초사』에서는 돌아오지 않는 왕손을 향해 "산중은 너무나 적막해서 오래 머물 수 없으니 어서 돌아오시오"라 하여, 산중에서 은거하는 왕손을 부르는 내용으로 되어 있다. 그런데 이 시에서는 산중생활이 '머물 만하다'고 하여 번잡한 인사(人事)의 현장으로 돌아가지 않겠다는 심정을 함축적으로 밝히고 있다. 이러한 산중생활에 대한 애정이 3연까지의 산중 경치와 자연스럽게 조화를 이룬다.

왕유는 21세에 과거에 급제하여 관직에 나아갔으나 30대 중반, 그를 인정해주었던 장구령(張九齡)이 실각한 후 벼슬에 대한 열의를 상실하고 반관반은(半官半隱)의 생활을 이어갔다. 47세에는 장안(長安) 근교의 망천 (輞川, 왕촨)에 별장을 마련하여 본격적인 은거에 들어갔는데 이 시는 망천 생활 초기의 작품으로 추정된다. 이후에도 비록 관직의 직함은 가지고 있었지만 그는 주로 망천에 은거하며 유유자적한 생활을 영위했다.

아마 비취곡의 달밤 풍경이 왕유의 시경(詩境)을 연상시킨다고 여겨서 바위에 그의 시구를 새겨놓은 것 같다.

돼지 바비큐와 일품황산

우리 일행은 녹주지를 거쳐 화경지까지 갔다가 더이상 올라가지 않고 되돌아 나와 버스로 10여 분 거리에 있는 근처 식당에서 점심을 먹었다. 식당 간판도 없는 2층 건물로 올라가서야 이곳이 해금강 식당이라는 걸 알았다. '해금강'이라는 이름에서 북한 분위기가 느껴졌지만 아니나 다를까 식당 벽에는 '시원한 평양랭면' 등의 문구가 붙어 있었다. 그러나 중국의 대도시에 산재해 있는 북한 직영 식당은 아닌 듯했다. 주인도 친절했고 조선족으로 보이는 종업원들도 촌스러웠지만 매우 순박했다. 아마 조선족이 경영하는 식당인 듯한데 왜 간판이 없는지 모를 일이다.

메뉴는 돼지 바비큐인데 맛이 꽤 좋았다. 술은 으레 그랬듯이 내가 카운터 뒤에 진열된 술 중에서 눈에 띄는 일품황산(一品黃山, '중국술 9' 참조)을 골랐다. 이왕 황산에 왔으니 황산에서 만든 술을 한번 마셔보자고 해서 고른 술인데 의외로 좋았다. 44도의 농향형 백주다. 중국 백주는 웬만하면 기본적인 품질을 유지한다. 운이 좋으면 우리에게 잘 알려지지 않은 술 중에서도 일품황산과 같이 값싸고 맛있는 술을 만날 수 있다. 이 술 덕분에 일행은 기분 좋게 취할 수 있었다. 황산에 올라가서 먹으려고 남은 돼지고기를 싸달라고 하니 소금과 양파까지 곁들여 정성껏 포장해주는 친절까지 베풀었다.

아래층으로 내려오니 상점이 있는데 일품황산이 눈에 띄었다. 정현식 교수가 이를 보고 4병을 샀다. 황산 위에서 일박하기로 되어 있는데 산속에서는 물건 값이 두세 배나 비싸기 때문에 필요한 물품을 사서 가라는 가이드의 말이 있었던 터였다.

산속의 호텔에서 수요로 하는 식자재 등의 모든 물품은 인부들의 등짐에 의해 조달된다. 긴 막대기 양쪽 끝에 물건을 잔뜩 넣은 주머니를 매달고 이를 어깨에 멘 채 천 미터가 넘는 산길을 오르는 인부들을 보면 안쓰러운 마음을 금할 수 없다. 쉴 새 없이 오르내리는 리프트에 실어 올려 보내도 될 일인데 왜 이토록 힘들게 물건을 조달하는지 모르겠다. 중국에서는 이렇게 상식적으로 이해하기 어려운 일을 종종 목격하게 된다.

일품황산

일품황산(一品黃山, 이핀황산)은 안휘황산주업유한책임공사(安徽黃山酒
業有限責任公司)에서 제조하는 농향형 백주이다. 당나라 희종(僖宗) 연간
(873~888)에 황산 자락의 사계(沙溪)에서 동빈춘주(洞賓春酒)라는 좋은 술
이 생산되었는데 이것이 지금 황산주의 전신이라고 한다.

그러나 '황산주'라는 명칭의 유래는 이렇다. 명나라 만력(萬曆) 연간
(1573~1619)에 이 지방 흡현(歙縣) 출신의 허국(許國)이 황제에게 자기 고
장에서 만든 술을 바쳤다. 황제가 술을 맛보고 "이 술은 응당 천상의 술
이다. 인간세상에서 몇 번 맛보기 어렵다. 진실로 절세의 좋은 술이다. 이
술의 이름이 무엇인가?"라고 물었다. 허국이 "이름이 없습니다"라고 답
하자 황제는 "이렇게 좋은 술에 어찌 이름이 없을 수 있겠는가. 황산주라
하라"고 말했다. 이래서 '황산주'라는 명칭을 얻게 되어 지금까지 이어져
오고 있다.

이 전통을 이어 1951년 국영 안휘황산주창이 설립되었고 2009년에 민
영화되면서 비약적인 발전을 하게 된다. 사천성 양주협회(釀酒協會) 회원
이자 국가 일급 양주사(釀酒師)인 이부안(李富安, 리푸안)과 역시 사천성
품주협회(品酒協會) 회원이며 국가 일급 품주사(品酒師) 증문광(曾文廣, 청
원광)을 영입하여 품질 향상에 나섰다. 그 결과 현재 금황산계열, 일품황

산계열, 황산패계열 등 130여 품종을 생산하며 종업원
500여 명을 거느린 대기업으로 성장했다. 천하의 명산
황산 자락에 위치하여 좋은 천연수와 우월한 생태환경,
독특한 기후조건 등이 좋은 술을 만들어낸다고 회사는
선전하고 있다.

비취곡 근처의 식당에서 이 술을 처음 보았을 때는 별
볼일 없는 술인 줄 알았다. 그런데 마셔보니 좋았다. 중
국엔 워낙 술 종류가 많은지라 우리가 모르는 술 중에
도 좋은 것이 많다는 사실을 알았다. 다른 술과 마찬가지로 품종이 다양
하여 한 병에 35위안(약 7,000원) 하는 일품황산 순화주(醇和酒)에서부터
328위안(약 65,000원)을 호가하는 오성금황산주(五星金黃山酒)까지 출시되
고 있다.

그날 비취곡 근처에서 우리가 마신 술은 값이 쌌던 것으로 보아 황산
주 중에서 고급품은 아닌 듯한데 80점을 주고 싶다.

중국 산의 제왕
황산

북해경구의 광명정

황산(黃山, 황산)에 오르기 위해 버스를 타고 운곡삭도(雲谷索道)로 향했다. '삭도'는 공중에 강천선을 가설하고 여기에 차량을 매달아 사람이나 물건을 태우고 다니는 장치(리프트나 케이블카)를 말한다. 황산에는 3곳에서 케이블카가 운행되고 있다. 운곡삭도, 송곡(松谷)삭도, 옥병(玉屛)삭도가 그것이다.

옥병삭도는 황산 서쪽의 자광각(慈光閣)에서 옥병루(玉屛樓)까지 운행한다. 이 코스를 택하면 옥병봉·천도봉(天都峰)과 황산 최고봉인 연화봉(蓮花峰, 1,864미터)을 등정하게 된다. 이 지역을 옥병경구(玉屛景區)라 한다.

황산은 크게 앞산과 뒷산으로 나뉘는데 앞산은 높고 험하며 뒷산은 앞산에 비해서 낮고 평탄하다. 그래서 앞산을 '아버지 산', 뒷산을 '어머

광명정 황산 3대 주봉의 하나로 앞산과 뒷산의 분계점이 된다.

니 산'이라 부른다. 옥병경구는 앞산에 속한다.

송곡삭도는 북쪽의 송곡암에서 배운정(排雲亭)까지 운행하는 케이블 카로 태평삭도라고도 한다. 그리고 동쪽의 운곡사에서 백아령(白鵝嶺)까지 운행되는 케이블카를 운곡삭도라 한다. 이 지역을 북해경구(北海景區) 라 부른다. 일반 관광객은 길이 험하고 시간이 많이 걸리는 옥병경구보다 비교적 수월하고 볼 것이 많은 북해경구 쪽을 택해서 등산하는 경우가 많다. 이곳이 황산 관광의 중심지라 할 수 있다.

우리는 큰 가방을 전용버스에 두고 산에서 일박할 용품만 가지고 케이블카에 올랐다. 케이블카는 6~8인승인데 운곡사 검표구에서 백아령까지 약 10분 걸렸다. 내려서 도보로 숙소인 북해빈관(北海賓館)으로 가서 짐을 로비에 맡기고 홀가분한 차림으로 광명정(光明頂, 1,860미터)까지 걸어서 갔다. 광명정은 연화봉·천도봉과 함께 황산의 3대 주봉(主峰)의 하나로 황산의 중앙에 위치한 봉우리이다. 또한 광명정은 앞산과 뒷산의 분계점이기도 해서 이곳에 서면 천도봉·옥병봉·연화봉의 위용을 한눈에 볼 수 있다. 참으로 수려한 광경이 펼쳐진다. 그래서 모두들 '광명정'이라 쓰인 표석 앞에서 기념사진을 찍느라 여념이 없다. 이곳은 지리적인 위치로 인해서 대형 기상대가 들어서 있다.

황산4절: 기송·괴석·운해·온천

광명정을 둘러본 뒤 비래석으로 향했다. 가는 도중에 높고 낮은 산과 바위가 환상적으로 펼쳐졌다. 워낙 기기묘묘하게 생긴 바위들이라 그 이름도 다양하게 붙여졌다. 석고봉(石鼓峰, 돌로 만든 북), 천구배월(天狗拜月, 하늘의 개가 달에게 절하다), 선녀타금(仙女打琴, 선녀가 거문고를 타다) 등으로 불리는 수많은 봉우리들을 스쳐 지나갔다. 과연 이들은 인간의 상상력을 자극할 만큼 다채로운 모습을 지니고 있다.

자고로 기송(奇松)·괴석(怪石)·운해(雲海)·온천(溫泉)을 '황산4절(黃山四絶)'이라 일컫는다. 이 중 괴석으로 유명한 것이 '선인지로(仙人指路, 신선이 길을 가리키다)'와 '후자관해(猴子觀海, 원숭이가 바다를 구경하다)'라는

선인지로(희작등매) 보는 각도에 따라 신선이 길을 가리키는 모습, 혹은 까치 한 마리가 소나무에 올라가는 모습으로 보이기도 한다. '황산4절'의 하나인 괴석이다.

이름을 가진 바위이다. 선인지로석은 운곡사 등산로 서쪽에 있는데 마치 도포를 입은 신선이 손가락으로 길을 가리키는 형상을 하고 있다. 그런데 이 바위는 보는 지점과 각도에 따라 모습을 달리하여 '희작등매(喜鵲登梅, 까치가 매화나무에 오르다)'라 불리기도 한다. 즉 아래쪽에서 올려다보면 까치 한 마리가 소나무에 올라가는 모양으로 변한다. 묘한 바위와 기이한 소나무가 합작하여 연출한 장관이다. 분명히 소나무임에도 불구하고 '매화나무'라 한 것은, 소나무에는 학(鶴)이 어울리고 까치는 매화나무가 제격이기 때문일 것이다. 우리는 불행히도 이 바위를 보지 못했다. 1박 2일의 짧은 일정으로는 황산의 곳곳을 볼 수 없었다. 황산을 두루 구경하려면 적어도 1주일은 잡아야 한다.

황산 괴석으로 '후자관해'를 빼놓을 수 없다. 사자봉 위에 있는 이 바위는 문자 그대로 원숭이가 바다를 관람하는 모습을 하고 있다. 여기서 '바다'라는 표현이 재미있다. 황산은 구역을 나누어 동해, 서해, 북해 등으로 부르는데 거기에는 그럴 만한 이유가 있다. 황산은 겨울 한철을 제외하고는 온통 구름과 안개로 싸여 있다. 이것이 이른바 황산4절의 하나인 운해(雲海)이다. 그래서 높은 봉우리에서 내려다보면 높고 낮은 봉우리들이 마치 구름바다에 떠 있는 섬처럼 보인다. 이런 연유로 '후자관해'라는 이름이 붙여졌는데 구름과 안개가 걷혔을 때에는 이 바위가 '후자망태평(猴子望太平)'으로 불린다. 원숭이가 태평현(太平縣, 타이평현) 쪽을 바라본다는 뜻이다. 관람할 안개바다가 없기 때문이다. 내륙 오지에 위치해 있는 이곳 사람들이, 가보지 못한 바다에 대한 동경심에서 '바다'라 불렀는지도 모른다. 실제로 평생 바다 구경을 하기 어려웠던 운남

후자관해 바위 위의 원숭이가 구름바다를 구경하는 듯한 모습이어서 이런 이름이 붙여졌다.

성(雲南省, 윈난성) 사람들은 그 지역의 호수에도 '전해(滇海, 뎬하이)' '이해(洱海, 얼하이)'라는 이름을 붙였다. 이 말에는, 바다와 같이 큰 호수라는 뜻도 있겠지만 바다였으면 좋겠다는 그곳 사람들의 원망(願望)도 담겨 있는 것이 아닐까? 이외에도 황산에는 쌍묘포서(雙貓捕鼠, 두 마리 고양이가 쥐를 잡다), 무송타호(武松打虎, 무송이 호랑이를 때려잡다), 저팔계흘서과(豬八戒吃西瓜, 저팔계가 수박을 먹다) 등의 기묘한 바위들이 산재해 있다.

날아온 바위 비래석

12월 하순인데도 날씨가 춥지 않아 우리는 황산의 아름다운 비경을 마음껏 즐기면서 어느덧 비래석(飛來石)에 닿았다. 비래석은 해발 1,730미터의 바위 위에 아슬아슬하게 솟아 있는 높이 15미터의 돌기둥이다. 돌기둥을 한 바퀴 돌면서 구경하게 되어 있는데 발판이 좁아서 오금이 저려왔다.

어느 산에나 기이한 바위에는 전설이 있게 마련이어서 비래석에도 이름 그대로 '날아온 돌'에 얽힌 이야기가 전한다. 중국 신화에는 최초로 인류를 창조한 어머니 신 여와(女媧)가 등장한다. 여와는 황토를 반죽하

비래석 하늘에서 날아온 돌이 이곳에 떨어졌다고 한다.

여 인간을 만들었을 뿐만 아니라 남녀 간의 결합을 주관하여 인간을 번성하게 한 어머니 신이다. 그런데 어느 날 갑자기 하늘이 뚫리고 땅이 갈라지는 천재지변이 일어났다. 인간의 생존이 위기에 처하자 여와는 오색(五色)의 바위를 다듬어 구멍 난 하늘을 하나하나 기웠다. 그래서 지상에 다시 평화가 찾아왔다는 것인데, 여와가 하늘을 깁는 데 사용하고 남은 2개의 바위 중 하나가 날아와 이곳에 떨어져 비래석이 되었다고 한다. 명나라 시인 정옥형(程玉衡)은 비래석을 보고 이런 시를 남겼다.

작지 짚고 이 봉우리 유람하다가
아마도 최고봉에 올랐나보네

알괘라, 네가 본시 날아서 왔으니
다시 또 날아가진 않으려는지

策杖游玆峰　怕上最高處
知爾是飛來　恐爾復飛去

황산의 절경 서해대협곡

다음 행선지는 서해대협곡(西海大峽谷)이다. 가이드 말로는 눈이 많이 와서 서해대협곡은 출입이 통제된다고 했다. 그래도 일단 가보기로 했다. 여기가 황산 구경의 하이라이트이고 또 혹시나 가볼 수도 있지 않을까 하는 생각이 들었기 때문이다. 가는 도중에 수많은 돌계단을 오르내려야 했다. 중국은 어느 산이나 마찬가지로 등산로가 돌계단으로 되어 있다. 이렇게 높은 곳에 이렇게 많은 돌계단을 만들 수 있을 만큼 중국은 무진장한 인력을 보유하고 있다. 계단의 눈은 쓸렸으나 옆에는 아직도 눈이 쌓여 있다. 돌계단을 오르내리며 걷고 또 걸어서 서해대협곡으로 향하는 갈림길에 다다라 나는 더이상 가지 않기로 했다. 나이 탓인지 몹시 지쳐서 그만 포기하고 말았다.

돌이켜보니 내가 황산을 찾은 것은 이번이 네 번째이다. 첫 번째는 1993년 6월 11일, 내가 북경사범대학에서 연구교수로 있을 때였다. 그땐 황산에 대해서 아무런 사전 정보도 없이 달랑 조선족 학생 김철송 군과 단둘이 나섰다. 오후 6시경 황산 비행장에 도착해서 호객꾼에 이끌려 마이크로버스를 타고 어디로 가는지도 모른 채 밤길을 달려 숙소 탕구빈관(湯口賓館)에 도착한 시간은 밤 8시였다. 다음날 새벽에 역시 버스로 케이블카 타는 곳으로 갔는데 지금 생각해보니 옥병삭도였던 것 같다. 탑승장에는 이미 사람들이 인산인해를 이루고 있었다. 입산료를 내고 케이블카 표를 사서 30여 분을 기다렸는데도 도무지 줄이 줄어들지 않았다. 나중에야 그 이유를 알았다. '돈을 더 내면 빨리 타게 해주겠다'는 사람들이 호객행위를 하고 있었던 것이다. 무작정 기다릴 수도 없어서 '급행료'를 내고 '새치기'를 해볼 생각도 했으나, 중국을 여행하면서 이런 무질서와 편법에 넌더리가 나 있던 터라 나는 그만 오기가 발동하여 케이블카를 포기하고 걸어서 오르기로 했다. 아마 계속 기다렸으면 3시간

이후에나 탈 수 있었을 것이다.

온몸이 땀에 절었고 내리는 비까지 맞으며 돌계단을 오르고 또 올라 4시간 만에 북해에 도착했다. 호텔은 만원이라 판잣집 같은 간이숙소에 겨우 여장을 풀고 주위를 둘러보러 나섰으나 구름과 안개 때문에 아무것도 보이지 않았다. '여름에 황산에 가면 안개와 앞 사람 발뒤꿈치밖에 보이지 않는다'는 말이 실감이 났다. 별 소득 없이 일박하고 다음날도 역시 걸어서 하산했다. 여전히 안개가 온 산을 뒤덮고 있었다. 내려오는 길에 언뜻언뜻 안개가 걷히면 잠깐씩 보여주는 천도봉·연화봉의 아름다운 모습은 이루 형언할 수 없을 만큼 아름다웠다. 이걸로 만족해야 하나…… 얼마나 그리던 황산인데…… 완전히 실패한 여행이었다. 나는 마안산(馬鞍山), 저주(滁州), 남경(南京), 제남(濟南)을 거쳐 북경 숙소로 돌아왔다.

두 번째 황산 기행은 2004년 10월 단국대학교 사회교육원 도예학과 회원들과 함께했다. 그리고 세 번째 기행에서야 나는 서해대협곡의 장관을 만날 수 있었다. 세 번째는 2006년 2월 진주 경상대학교 한문학과 교수들과 함께 간 여행이다. 경상대 한문학과의 허권수, 황의렬, 최석기, 이상필 교수와 나를 포함해서 부부동반으로 해마다 중국 여행을 해왔다. 이들은 내가 재직했던 성균관대학교 한문학과에서 박사학위를 받았거나 나와 고향이 같다는 인연이 있다. 이 중 최석기 교수는 내가 결혼식 주례를 서기도 했다. 모두들 일당백의 실력을 갖춘 한문학자들이다.

그때는 옥병삭도로 올라가서 태평삭도로 내려왔다. 황산 위의 사림대주점(獅林大酒店)에서 2박을 했기 때문에 비교적 여유 있게 구경을 할 수

서해대협곡 절벽에 만들어놓은 좁은 길을 따라가며 800미터의 대협곡을 구경할 수 있다. 서해대협곡을 보지 않고 황산을 보았다고 말할 수 없다.
© Yuan Chen

있었다. 눈이 많이 쌓여서 아이젠이 달린 신발을 신고 다녀야 했고, 날씨가 몹시 춥긴 했지만 그래도 안개밖에 안 보이는 여름철보다 훨씬 나았다. 쾌청한 날씨 덕분에 황산의 진면목을 마음껏 즐길 수 있었기 때문이다. 그때 가장 인상 깊었던 곳이 서해대협곡이었다. 세 번째 와서야 서해대협곡을 제대로 볼 수 있었던 것이다.

이곳은 사람이 겨우 통행할 수 있도록 절벽에 만들어놓은 좁은 길을 따라 걸어가면서 왼쪽으로 내려다보이는 800미터의 협곡을 구경하는 코스이다. 이 협곡은 그동안 미개척지로 남아 있었는데 1980년대에 약초꾼에 의해 발견되어 지금과 같은 관광로가 개설되었다고 한다.

선인쇄화 신선이 신발을 햇볕에 말리고 있는 듯한 모습이어서 이런 이름이 붙여졌다.

겨울철이라 다른 곳엔 안개가 없는데 여기는 협곡이기 때문에 안개가 적당하게 끼어서 더욱 장관이었다. 안개가 낄 때는 수많은 봉우리들이 마치 바다에 떠 있는 섬처럼 보이다가 순식간에 안개가 걷히면 칼날 같은 봉우리들이 하늘로 솟아 있는 광경이 연출된다. 순간순간 안개가 끼었다 걷혔다 하기 때문에 그야말로 변화무쌍한 모습이 파노라마처럼 펼쳐진다. 위에서 이런 광경을 내려다보고 있노라면 마치 꿈을 꾸는 듯한 착각에 빠질 지경이다. 이곳에 '몽환경구(夢幻景區, 꿈과 환상의 지역)'라는 글씨가 새겨져 있는데 결코 과장된 말이 아니라는 생각이 든다. 여기에도 예외 없이 괴석이 즐비하여 선녀수화(仙女綉花, 선녀가 꽃을 수놓다), 선인쇄화(仙人曬靴, 신선이 신발을 햇볕에 말리다), 노승타종(老僧打鐘, 늙은 중이 종을 치다) 등의 이름을 가진 괴석들이 저마다 자태를 뽐내고 있다. 그때

보선교 바위와 바위를 연결한 다리 아래는 천길 절벽이다.

우리는 보선교(步仙橋)까지 가지는 못했다. 보선교는 거대한 바위와 바위 사이를 인공으로 연결한 다리인데 다리 밑은 천길 절벽이다. 눈 때문에 길이 미끄러워 위험했기 때문에 가지는 않고 멀리서 바라보는 것으로 만족해야 했다.

서해대협곡을 보지 않고 결코 황산을 보았다고 말할 수 없을 것이다.

황산의 걸작 황산모봉

2006년의 추억을 떠올리며 나는 서해대협곡 입구에 있는 휴게소에서 일행이 돌아올 때까지 기다리기로 했다. 마침 최관 교수 부부도 지쳤는지 나와 함께 주저앉았다. 휴게소 안의 상점에 들어가니 녹차 황산모봉(黃山毛峰, '중국차 4' 참조)이 있어서 한 잔씩 시켜 마셨다. 맥주잔만 한 유리컵에 찻잎을 넣고 뜨거운 물을 부어주는데 한 잔에 20위안(약 4,000원)이다. 매우 비싸지만 맛은 그런대로 괜찮았다.

서해대협곡으로 갔던 일행이 되돌아왔다. 눈이 많이 와서 위험하기 때문에 입구를 차단하여 들어갈 수가 없다고 했다. 이번에는 가이드의 말이 맞았다. 눈이 와서 미끄러운 벼랑길을 간다는 것은 무리였다.

우리는 북해빈관으로 돌아와 여장을 풀었다. 정현식 교수가 비취곡에서 사온 일품황산 술을 곁들여 저녁식사를 하고 호텔 방에 들어가니 퀴퀴한 냄새가 몰려왔다. 일 년 내내 안개가 끼는 산속이라 평지의 호텔과 다를 것은 당연했다. 방에 라디에이터가 있어서 그다지 춥지는 않은 게 다행이었다. 2006년에 왔을 때는 방안에 난방시설이 제대로 가동되지 않아서 몹시 추웠는데 가이드가 '유단포'를 준비해서 하나씩 나누어주어 그나마 추위를 견딜 수 있었다. 해외여행에서 가이드를 잘 만나는 것은 큰 행운이다. 시종일관 우리를 성심껏 안내했던 그녀에게 진심으로 고맙게 생각한다.

황산 일출 광경

　다음날 아침 일출을 보기 위해서 6시 30분에 호텔을 출발하여 사자봉으로 향했다. 일출 예정 시간은 6시 55분이었다. 호텔이 사자봉 앞에 위치해 있기 때문에 걸어서 약 15분 만에 사자봉 일출 관람 장소에 도착했다. 관람객이 많을 터이니 일찍 가서 좋은 자리를 잡아야 한다는 가이드의 말에 따라 그가 지정해준 장소에서 일출을 기다렸다. 겨울철이라 사람은 많지 않았다. 전문 사진작가들이 중장비를 갖추고 대기하는 모습이 보였다. 그런데 7시 10분이 되어도 일출을 볼 수 없었다. 예정 시간이 잘못된 것일까? 맞은편의 시신봉(始信峰) 위로 뜨는 해를 구경할 예정이었는데 알고 보니 시신봉에 가려 해를 볼 수 없었던 것이다. 보는 각도에 약간의 착오가 있었던 것이다. 그래서 우리는 부랴부랴 조금 내려와서 청량대(清凉臺)에 와서야 일출을 볼 수 있었다. 그러나 해는 이미 상당히 떠오른 뒤여서 그리 감동적이지는 못했다.

　일출은 역시 바다에서 보아야 그 장엄한 맛을 느낄 수 있는 것 같다. 문득 1995년 대만의 아리산(阿里山, 아리산)에서 본 일출 광경이 떠올랐다. 너무나 유명한 아리산 일출을 보기 위해서 새우잠을 자는 둥 마는 둥 하고 새벽 3시에 일어나 버스로 달려 지정된 장소에 도착하니 어둠 속에서 수백 명이 일출을 기다리고 있었다. 그러나 셀로판 안경을 사서 끼고 기다리다가 이윽고 구경한 일출은 완전히 기대 이하였다. 황산 일출도 별다를 바 없었다. 저 유명한 연암(燕巖) 박지원(朴趾源)의 장편시 「총석정관일출(叢石亭觀日出)」은 금강산 총석정에서 동해 바다의 일출 장면을 묘사한 작품으로, 읽는 사람으로 하여금 벅찬 감동을 안겨주는데 연암과 같이 뛰어난 솜씨로도 산속의 일출을 보고는 총석정에서 본 일출과 같은 묘사를 할 수 없겠다는 생각이 들었다.

꽃을 뿌려놓은 마을, 산화오

호텔로 다시 돌아와서 아침식사를 하고 하산 길에 올랐다. 케이블카를 타기 위해서 백아령으로 가는 도중에 산화오(散花塢, 꽃을 뿌려놓은 마을)를 구경했다. 산화오는 북해빈관 동쪽에 있는 구역으로 기이한 소나무와 교묘한 바위가 어울려 있고 봄여름에는 각종 꽃이 피어 있다고 하나 지금은 겨울이라 꽃을 볼 수는 없었다. 청나라의 어느 시인은 여기서 이런 시를 남겼다.

어디서 온 선녀가 하늘 꽃을 뿌려놨나
원래 이곳 하늘 도시 신선의 집이렸다

한 마을 꽃향기가 두 갈래로 나뉘어
가을 열매 봄꽃을 다투어 전하네

何來仙女散天花 原是天都仙子家
一塢花香分兩度 爭傳秋實與春華

몽필색화와 필가봉 오른쪽 붓처럼 우뚝 솟은 바위 끝에 소나무가 꽃처럼 피어난 모습을 하고 있어 몽필생화라 부르며, 왼쪽의 붓꽃이 모양을 한 바위가 필가봉이다.

산화오에서 가장 유명한 것이 몽필생화(夢筆生花, 꿈속의 붓에 꽃이 피다)이다. 밑은 둥글고 위는 뾰족한 10미터가량의 바위가 마치 붓처럼 생겼는데 붓 끝에 서 있는 기이한 소나무가 활짝 핀 꽃과 같다고 해서 붙여진 이름이다. 어느 기록에 의하면, 이백이 젊은 시절에 평소 사용하던 붓 끝에 꽃이 피는 꿈을 꾸었는데 이로부터 시상(詩想)이 용솟음쳤다고 한다. 여기에서 몽필생화라는 성어가 생겼다. 이 소나무는 황산4절인 기송(奇

松)에 속하는 9대 명송(名松) 중의 으뜸으로 칭송되며, 일명 '제송(帝松, 제왕의 소나무)' 또는 '필화송(筆花松)'으로 불린다. 전하는 바에 의하면 이 소나무는 1982년에 600여 년의 수령을 다하고 죽었는데, 유람객들의 기대를 저버릴 수 없어서 플라스틱으로 본래의 모습대로 만들어 세웠다가 2004년 그 자리에 진짜 소나무를 재배하는 데 성공하여 지금에 이르렀다고 한다. 또 몽필생화 왼쪽에 마치 붓꽂이 모양을 한 바위가 있어 이를 필가봉(筆架峰)이라 한다. 그러니 붓이 있고 붓꽂이가 있을 뿐만 아니라 이백의 전설이 서려 있는 이곳에 시인 묵객들이 모여들지 않을 수 없었을 것이다. 그래서 시인들이 시상이 고갈되었을 때 이곳을 한번 유람하면 막혔던 생각이 탁 트였다는 이야기가 전한다.

산화오에서 또 하나의 볼거리는 시신봉(始信峰)이다. 해발 1,683미터의 시신봉은 빼어난 경치로 인해서 황산 절경 중의 하나로 꼽힌다. 전하는 말에 의하면 명나라 때 황습원(黃習遠)이, 다른 사람들이 칭송하는 황산의 아름다움을 믿지 않다가 직접 이 봉우리에 오르고 나서 '비로소〔始〕' 황산이 아름답다는 것을 '믿었다〔信〕'고 해서 붙여진 이름이다. 시신봉에서 내려다보는 주위의 경치가 아름다울 뿐만 아니라, "시신봉에 가보지 않으면 황산의 소나무를 보지 못한다(不到始信峰 不見黃山松)"는 말이 있을 정도로 이곳은 기묘한 소나무가 많기로 유명하다. 황산의 소나무를 대표하는 인접송(引接松), 흑호송(黑虎松), 연리송(連理松), 용조송(龍爪松), 와룡송(臥龍松) 등이 저마다 기이한 자태를 뽐내고 있다. 이 소나무들을 구경하며 내려오는 길에 한 표지판이 눈에 띄었다.

와룡송 용이 누워 있는 모양의 소나무로, 이런 기송(奇松)은 '황산4절'의 하나이다.

杜鵑居山久　春萌夏盛開 (두견거산구 춘맹하·성개)

勸君莫采擷　美從自然來 (권군막채힐 미종자연래)

두견화 오랫동안 산에 살면서

봄에 싹 터 여름엔 활짝 핀다네

권하노니 그대는 꺾지 마시오

아름다움은 자연에서 오는 것이니

길가에 피어 있는 두견화, 즉 진달래꽃을 꺾지 말라는 안내문인데, '개(開)' '내(來)'로 운자까지 맞추어 제법 시적으로 만들어놓았다. 이렇게 평범한 안내문을 예술의 경지에까지 올려놓을 수 있는 힘은 한문의 특성에서 나올 것이다.

황산을 오르고 나면 산이 없다

운곡사 검표구로 내려와서 기다리고 있던 전용버스를 타고 마안산시(馬鞍山市)로 향했다. 황산을 떠나려니 아쉬운 마음을 금할 수 없었다. 황산의 비경을 좀더 많이 볼 수 없었기 때문이다. 황산은 명산의 장점을 두루 갖춘 산으로 평가된다. 태산(泰山, 타이산)의 웅장함, 화산(華山, 화산)의 험준함, 형산(衡山, 형산)의 구름과 안개, 여산(廬山, 루산)의 폭포, 안탕산(雁蕩山, 옌당산)의 기묘한 바위, 아미산(峨眉山, 어메이산)의 수려함 등을 모두 구비한 산이 황산이다. 명나라 때의 유명한 여행가이자 지리학자인 서하객(徐霞客)은 말했다. "황산에 오르고 나면 천하에 산이 없다. 여기서 관람이 끝난다." "오악(五嶽)을 보고 돌아오면 산을 보지 않고, 황산을 보고 돌아오면 오악을 보지 않는다." '오악'은 중국의 이름난 다섯 산(태산·화산·형산·항산·숭산)을 말한다. 그러니 황산은 산중의 산이요 산의 제왕이다.

황산의 원래 명칭은 '이산(黟山, 검은 산)'이었다고 한다. 그런데 '검은 산'이 왜 '누런 산'으로 이름이 바뀌었을까? 여기에는 다음과 같은 이야기가 전한다.

옛날부터 강남의 이산(黟山)에는 신선이 살고 있어서 도를 닦아 신선이 되기에 적합한 장소로 소문이 자자했다. 그래서 중국 민족의 시조라고 하는 황제(黃帝) 헌원씨(軒轅氏)가 신하인 용성자(容成子)와 부구공(浮丘公)을 데리고 이 산에 와서 약초를 캐어 단약(丹藥)을 만들고 있었다. 단약은 각종 약초와 특수한 광물을 약탕관에 넣고 끓여서 만드는데, 도가(道家)에서는 단약을 만드는 데 성공하여 이를 복용하면 장생불사(長生不死)하는 신선이 된다고 한다. 황제가 3년 동안 아궁이에 불을 지펴 단약을 끓이느라 땔감으로 해다 놓은 소나무가 모두 소진되었다. 그러자 자기의 넓적다리를 잘라서 아궁이에 넣었더니 갑자기 큰 소리가 나며 금빛이 비치고 단약이 완성되었다. 황제는 이를 마시고 산 아래 온천탕에서 목욕을 한 후 용을 타고 하늘로 올라갔다고 한다.

이런 전설을 바탕으로 당나라 현종(玄宗)이 영을 내려 747년에 '이산(黟山)'을 '황산(黃山)'으로 개명했다고 한다. 즉 황제(黃帝)의 '황'자를 따서 황산으로 고친 것이다. 지금도 황산에는 용성봉(容成峰)·부구봉(浮丘峰)·헌원봉(軒轅峰)이라는 이름을 가진 봉우리들이 있다.

황산은 1990년에 유네스코 세계문화유산 및 자연유산으로 지정되고 2004년에는 유네스코 세계지질공원으로 지정되었다.

황산모봉

녹차 황산모봉(黃山毛峰, 황산마오펑)은 '중국 10대 명차'('중국차 5' 참조)의 하나인데, 황산 일대의 독특한 기후 조건과 토양이 만들어낸 걸작이다. '모봉(毛峰)'이라는 명칭은 황산의 미모봉(眉毛峰) 일대에서 최초로 채취되었기 때문에 붙여진 이름이다. 황산모봉은 특급과 1, 2, 3급으로 분류되는데 현재 특급 모봉은 황산의 도화봉(桃花峰), 운곡사(雲谷寺), 송곡암(松谷庵), 자광각(慈光閣) 등지에서 재배된다고 한다.

황산 차밭

특급 모봉은 제조 공정에서도 다른 차와 구별된다. 일반적으로 녹차는 열을 가하여 찌거나 볶고, 비비고, 건조하는 세 가지 과정을 거쳐 완성된다. 그런데 특급 모봉은 이 중 비비는 과정을 생략한다고 한다. 전문가가 아닌 나로서는 그 이유를 잘 알 수 없지만, 사람들이 황산모봉을 형용하여 "가볍기는 매미 날개와 같고, 여리기는 연꽃 수염과 같다"라고 말한 것으로 보아 아마 비비는 과정에서 여린 찻잎이 부스러지는 것을 방지하기 위함이 아닌가 생각된다. 비비는 과정을 생략했음에도 불구하고 뛰어난 맛을 간직하고 있으니 과연 좋은 차라고 할 만하다.

청나라 때 황산에 살았던 해악(海岳) 스님은 이 차를 예찬하여 "정신과 속을 조화롭게 하고 몸을 가볍게 하며 오래 마시면 눈을 밝게 하고 생각하는 데에 도움이 되니 왕후장상의 팔진미(八珍味)가 부럽지 않다"라고 했다.

고급 황산모봉을 '다보(茶寶)' 또는 '다녀홍(茶女紅)'이라 부르는데 여기에는 슬프고도 아름다운 이야기가 전해진다. 옛날 황산에 나향(蘿香)이라는 아름다운 아가씨가 있었다. 그녀가 억울하게 죽은 애인 석용(石勇)의 시신을 개울가 차나무 옆에 두고 눈물과 피를 섞은 개울물로 정성껏 차나무를 길렀더니 새잎이 돋아났다. 이 찻잎으로 차를 만들어 죽은 애인의 입에 흘려 넣었더니 다시 살아났다는 이야기이다. 그래서 지금도 이른 새벽에 개울물을 끓여 찻잎에 부으면 찻잔 위로 김이 가득 피어오르며 아름다운 아가씨가 차나무 옆에 꿇어앉아 찻잎을 따는 형상이 나타난다고 한다.

이백의 묘소에
술잔을 올리고

당도에서 생을 마친 이백

황산에서 북쪽으로 향하던 중 '중국선지문화원(中國宣紙文化園)'이라는 거대한 간판이 눈에 띄었다. 여기가 안휘성 경현(涇縣, 징현)으로 중국 문방사보(文房四寶)의 하나인 선지(宣紙)를 생산하는 곳이다. 경현에서 생산하는 종이에 '선지'라는 이름이 붙은 것은, 옛날엔 경현이 선성(宣城, 쉬안청)에 예속된 현이었기 때문이다. 수백 미터나 되는 산을 깎아 펄프를 햇볕에 말리는 광경을 보고 이곳이 선지의 본고장임을 실감했다. 실로 엄청난 규모였다.

점심은 경현 현정부(縣政府) 청사 근처의 식당에서 먹었다. 그다지 크지 않은 식당이었지만 음식 맛이 괜찮았고 또 고정공주(古井貢酒)를 마실 수 있어서 좋았다. 값도 싸서 한 병에 65위안(약 12,000원)이었다. 이곳이 안휘성이라 역시 여기에서 생산되는 고정공주를 쉽게 구할 수 있었던 것이다. 고정공주와 같은 명주를 이렇게 싼값으로 손쉽게 구한다는 것은 행운이었다.

점심식사 후 마안산시(馬鞍山市, 마안산시) 당도현(當涂縣, 당투현) 이백 묘원으로 향했다. 이곳에 이백(李白, 701~762)의 묘가 있는데 통상 '청산 이백 묘(靑山李白墓)'라 부른다. 묘가 청산 남쪽 기슭에 있기 때문이다.

청산은 남제(南齊, 479~502) 때의 뛰어난 시인 사조(謝朓, 464~499)와 인연이 깊다. 사조는 명문 귀족 출신이지만 정치적으로 모함을 받아 이곳 선성(宣城)의 태수로 좌천되었는데 선성 북쪽에 있는 당도의 청산에 올랐다가 그 아름다운 경관에 매료되어 산 남쪽에 별장을 짓고 그곳을 유식처(遊息處)로 삼았다고 한다. 그래서 청산을 일명 '사공산(謝公山)'이라고도 한다. 사조는 결국 36세의 젊은 나이에 옥사하고 말았다. 청산은 372미터밖에 안 되는 낮은 산이지만 사조로 인하여 유명해졌고 또 이백 때문에 더 많이 알려졌다.

이백은 평소 사조를 매우 존경했다. 그래서 그는 일곱 차례나 당도의 청산에 올랐으며 근처의 풍경을 읊고 사조를 그리워하는 시를 50여 편이나 남겼다. 그가 숨을 거두기 1년 전 마지막으로 찾은 곳도 당도였다. 이백이 만년에 당도로 온 것은, 당시 당도의 현령으로 재직하던 종숙(從叔) 이양빙(李陽冰)에게 고단한 몸을 의탁하려는 의도도 있었지만, 일생 동안 존경해 마지않았던 사조의 숨결이 서린 이곳에서 생을 마감하고 싶어서였을 것이다. 실제로 그는 "내가 죽으면 청산에 매장하라. 평생 숭배했던 시인과 딴 세상에서나마 이웃해서 살고 싶다"라는 유언을 남겼다고 한다.

이백의 사인(死因)은 '부협질(腐脇疾)'로 알려져 있다. 부협질이란 폐와 옆구리 사이에 고름이 쌓이고 바깥쪽으로 썩어가서 구멍이 생기는 병이다. 그는 이미 자신의 병이 돌이킬 수 없음을 알고 이양빙에게 평생 써온 시문의 편찬을 부탁했는데 그는 후일 이백의 시문을 모아 『초당집(草堂集)』을 편찬하고 그 서문을 썼다. 이백은 62세를 일기로 당도현 남쪽 10여 리에 있는 용산(龍山)에서 마지막 시 「임종가(臨終歌)」를 남기고 파란만장한 생을 마감했다.

큰 붕새가 날아서 온 천지에 떨쳤건만
중천(中天)에서 날개 꺾여 힘 쓸 수 없었도다

그러나 끼친 바람 만세를 격동하고
부상(扶桑)에 노닐며 소매를 걸어놨네

후세 사람 이 사실을 전하겠지만
공자가 안 계시니 누가 눈물 흘리리

大鵬飛兮振八裔　中天摧兮力不濟

餘風激兮萬世　　游扶桑兮挂左袂

後人得之傳此　　仲尼亡兮誰爲出涕

'붕(鵬)'이란『장자』에 나오는 가상의 새로, 등 넓이가 수천 리나 되어 회오리바람을 타고 구만리를 날아올라 북쪽 바다에서 남쪽 바다로 이동한다고 한다. 이백은 자신을 이 붕새에 비유했다. 그리고 비록 날개가 꺾여 중도에서 좌절했지만 자신이 남긴 유풍(遺風)은 만세를 격동시킬 것이라 자신한다. 다만 자신을 알아줄 사람이 없는 것을 한탄할 뿐이다. 이 짧은 시구에서 그는 자신의 일생을 집약적으로 노래했다. 이 시는 「대붕가(大鵬歌)」로도 불린다.

이백이 잠든 성스러운 경내

이백 묘원에서 우리를 먼저 맞은 것은 높이 11미터의 거대한 패방이다. 일종의 대문인 셈인데 4주 3문(四柱三門)으로 된 전형적인 휘주식 패방이다. 패방 전면에는 저명한 현대 서예가 계공(啓功, 치궁)의 글씨로 '시선성경(詩仙聖境, 시선, 즉 이백이 잠든 성스러운 경내)'이라 쓰여 있다. 후면에는 '천고풍류(千古風流, 영원한 풍류)'라 쓰여 있는데 초서의 대가로 일컬어지는 임산지(林散之, 린싼스)의 글씨이다.

패방을 들어서면 용도(甬道)가 나온다. 용도란 대문에서 정원이나 묘역으로 통하는 길을 말한다. 길이 60미터, 넓이 15미터의 용도 양측에는 등불을 밝힐 수 있는 기둥 18개가 서 있고, 기둥과 기둥 사이에는 수학기부터 당도에서 숨을 거두기까지 이백 평생의 중요 사적들이 12폭의 흑색 화강암에 선각(線刻)되어 있다. 이 12폭 조각에는 선으로 그린 그림과

이백 묘원 입구 패방 중앙에 '시선성경(이백이 잠든 성스러운 경내)'이라 쓰여 있다.

함께 '절굿공이를 갈아서 바늘을 만들다(磨杵成針)' '어버이를 이별하고 멀리 유람하다(辭親遠游)' '칼을 짚고 기개를 뽐내다(仗劍任俠)' '산천에 회포를 붙이다(山川懷抱)' '안육에서 술 마시며 숨다(酒隱安陸)' '이름이 서울을 울리다(名動京師)' '고역사가 신발을 벗기다(力士脫靴)' '이백과 두보의 우정이 깊다(李杜情深)' '영왕의 막하에 들어가다(入幕永王)' '야랑으로 유배되다(流放夜郎)' '당도에서 병들어 눕다(病臥當涂)' '대붕의 꿈(大鵬之夢)'이라는 제목이 새겨져 있어서 이백의 일생을 한눈에 조감할 수 있다.

술잔을 들어 달을 맞이하다

용도를 지나서 오른쪽으로 돌면 태백비림(太白碑林)이 나타난다. 여기에는 당대 저명 서예가와 유명 인사 107명의 글씨가 각각 흑색 화강암에 석각되어 있다. 각종 서체로 쓴 모택동, 곽말약(郭沫若, 궈모뤄), 노신(魯迅, 루쉰), 우우임(于佑任, 위여우런), 임산지, 진입부(陳立夫, 천리푸), 계공 등의 글씨가 전시되어 있다. 내용은 대부분 이백의 시이고 더러는 자작시이다. 그중에서도 들어서자마자 정면 중앙에 전시된 모택동의 글씨가 눈에 띄었다. 모택동은 특유의 모택동식 초서로 이백의 유명한 시「야박우저회고(夜泊牛渚懷古)」를 써놓았다.(이 시에 대해서는 324~325면 참조) 그런데 이 태백비림에는 107개의 비석 외에 글씨가 새겨져 있지 않은 비석이 1개 있다. 가이드의 말로는 후세의 사람을 위해서 남겨두었다고 한다. 누가 이 비석에 마지막 글씨를 새길까?

이백 묘원 안에는 커다란 연못이 있는데 이름이 청련지(靑蓮池)이다. 이백의 호 청련거사(靑蓮居士)에서 이름을 딴 연못으로 수많은 연꽃을 심어놓았다. 또 청련지에는 착월교(捉月橋)라는 다리도 만들어놓았다. 착월(捉月)이란 '달을 잡는다'는 뜻인데, 이백이 강물 속에 비친 달을 잡으려 물로 뛰어들어가 죽었다는 전설을 바탕으로 만든 다리이다.

태백비림에서 청련지를 왼쪽으로 돌면 연못가에 이백의 소상이 서 있다. 이름하여 '거배요월(擧杯邀月, 술잔을 들어 달을 맞이하다)'. 이백은 실로 술과 달의 시인이었다. 뛰어난 재주를 지니고서도 자신의 이상을 실현하지 못한 울분을 술로 달래었고, 자신을 알아주지 않는 인간 세상에 환

이백상 술잔을 들고 달을 올려다보는 이백의 '거배요월상'이다.

멀을 느낀 그는 천상에 있는 달을 친구로 삼았다. 그러므로 술과 달을 빼고는 이백의 시를 이해할 수 없다. 술잔을 높이 들고 하늘의 달을 바라보는 이 소상은 그러한 이백의 정신을 잘 표현하고 있다. 이 '거배요월'은 그의 대표작이라 할 수 있는 「월하독작(月下獨酌)」 제1수에서 따온 말이다. 이 시를 감상해보기로 한다.

꽃 사이에 한 병 술
친구 없이 홀로 마신다

잔 들어 밝은 달 맞이해 오니
그림자 짝하여 세 사람이 되었네

달은 이미 술 마실 줄 모르거니와
그림자도 내 몸을 따라다닐 뿐이나

잠시나마 달과 그림자 짝이 되어
모름지기 봄날을 즐겨야 하리

내가 노래하면 달도 서성거리고
내가 춤추면 그림자도 어지러이 헝클어지네

깨었을 땐 함께 서로 즐거움 나누지만
취한 후엔 각각 나뉘 흩어지기에

정 없는 교유를 길이길이 맺고자
아득한 은하수에 기약해보네

花間一壺酒　獨酌無相親
擧杯邀明月　對影成三人
月旣不解飮　影徒隨我身
暫伴月將影　行樂須及春

我歌月徘徊 我舞影零亂

醒時同交歡 醉後各分散

永結無情遊 相期邈雲漢

　이백은 25세에 웅지를 품고 고향인 촉(蜀) 땅을 떠나 천하를 유람하다
가 42세가 되어서야 도사 오균(吳筠)의 추천으로 한림대조(翰林待詔)라는
조그마한 벼슬을 얻어 장안(長安)에 머물게 된다. 비록 조그마한 벼슬이
긴 하지만 그의 이상과 포부를 실현할 수 있는 계기를 마련한 것이다. 그
러나 그의 장안 시절은 오래가지 못한다. 당시의 실력자인 환관 고역사
(高力士)와 양귀비의 모함을 받아 44세에 조정에서 쫓겨나 다시 정처 없
는 유랑의 길에 오른다. 「월하독작」은 이 시기의 작품으로 추정된다.

　시의 배경은 꽃이 피어 있는 뜰 또는 들판이다. 등장인물은 이백 한 사
람이고 무대의 소도구는 술 한 병이다. 극히 단조롭고 쓸쓸한 풍경이다.
술은 적어도 둘이서 마셔야 맛이 나는데 그는 혼자 술잔을 기울이고 있
다. 이것은 모함과 질시와 권모술수가 판치는 현실에서 환멸을 느낀 그
의 고독한 내면 풍경이다. 이러한 고독을 달래기 위하여 그는 술잔 속에
비친 달과 자신의 그림자를 억지로 친구로 삼는다. 이백 한 사람이 이제
세 사람이 된 것이다. 인간에게 환멸을 느낀 이백이 인간 아닌 달과 그림
자와 짝하여 술을 마시는 심경을 알 만하다. 그러나 달과 그림자는 본래
그의 술친구가 될 수 없다. 달은 원래 술을 마실 줄 모르고 그림자는 자
기 몸을 따라다니기만 할 뿐이다.

　억지로 만든 친구인 달과 그림자가 허환(虛幻)인 줄 알면서도 이들과

어울리지 않을 수 없을 만큼 그는 고독했다. 그래서 "잠시나마" 이들과 짝이 되어서 "모름지기 봄날을 즐기자"고 다짐한다. 그가 노래를 부르니 달도 그의 노래를 경청하듯 하늘에서 서성이고, 그가 춤을 추니 그림자도 따라서 춤을 추듯 헝클어진다. 이제 세 사람은 마음 통하는 친구처럼 어울린다.

그러나 어쩌랴, 술에 취해 자고 나면 달도 지고 그림자도 없어질 것을. 그나마 짝이 되어 어울렸던 달과 그림자도 영원할 수 없었다. 인간 세상에서는 달과 그림자와도 영원한 교유를 맺을 수 없었던 것이다. 마지막 연의 "정 없는 교유"는 달·그림자와의 교유이다. 달과 그림자는 정이 없는 사물이다. "정 없는 교유"는 달이나 그림자처럼 정이 없는 사물과의 교유라는 단순한 뜻 이외에도, 인간끼리 맺는 '정이 있는 교유'에서 느낀 환멸의 깊이를 역설적으로 표현한 것이다. 이백은 인간 세상의 이해 관계를 떠난 순수한 교유를 꿈꾸고 있다. 인간 세상에서는 "정 없는 교유"나마 영원히 유지할 수 없기에 "아득한 은하수"에서나 기약해보자는 것이다. "아득한 은하수"는 추악한 인간 세상이 아닌 천상의 선계(仙界)를 가리킨다. 이 시에서 '홀로' 달을 보고 '홀로' 술을 마시는 이백의 고독한 모습을 엿볼 수 있는데 이러한 고독은 그가 죽을 때까지 이어진다.

태백사 송비의 내력

앞쪽으로 더 걸어가면 이백의 사당인 태백사(太白祠)가 나온다. 태백

태백사 이백의 사당으로, 안에 칼을 찬 이백의 소상과 유명한 '송비'가 있다.

사는 817년에 건립되었으나 허물어진 것을 1242년에 중수했고 이마저
도 1938년 일본군에 의해서 파괴된 것을 1979년에 중수해서 오늘에 이
르고 있다. 태백사 편액은 평소 이백을 가장 존경했던 임산지의 글씨이
다. 안으로 들어가면 '시무적(詩無敵, 시에 있어서는 적수가 없다)'이라 쓰인
현판 아래 한백옥(漢白玉)으로 된 이백의 소상이 우리를 맞는다. 이 소상
은 왼손에 칼을 잡고 있는 측면상이다. 강서성의 여산폭포가 바라보이
는 곳에 세워진 이백의 소상(195면 참조) 역시 칼을 잡고 있는데, 이백은
15세 때 이미 검술로도 이름을 날렸다고 한다. 그러나 세상은 그에게 검
술을 발휘할 기회를 주지 않았다. 그래서 그런지 태백사 안의 이백 소상
은 불만 가득한 눈빛으로 인간들을 쏘아보는 것 같았다. 소상 뒷벽에는
'태백고종(太白高踪)'이라는 제목의 대형 판화가 걸렸는데 그가 다녔던

이 지방의 여러 풍경과 명승이 그려져 있다.

　태백사 안의 양쪽 벽에는 이백과 관련한 주요 기록들이 석각된 비석이 있다. 여기에는 「임종가」를 비롯해서 이백과 동시대의 시인 이화(李華)가 쓴 묘지명, 유전백(劉全白)·배경(裵敬)이 쓴 비문 등이 있는데 그중에서 중요한 것은 이른바 '송비(宋碑)'다. 송비의 내력은 이렇다. 당나라 범전정(范傳正)이 선성(宣城)과 흡주(歙州) 일대의 관찰사로 있을 때 이백의 묘가 당도 근처에 있다는 말을 듣고 찾아 나섰다. 그가 이백의 묘에 관심을 가진 것은, 그의 부친이 이백과 심양(潯陽, 지금의 강서성 구강)에서 만나 연회를 벌이고 시를 주고받은 적이 있다는 사실을 알았기 때문이다. 그래서 수소문한 결과 이백의 두 손녀를 만날 수 있었다. 이백은 결혼을 네 번 했는데 허씨(許氏), 유씨(劉氏), 성을 모르는 '노(魯) 땅의 부인', 그리고 종씨(宗氏)를 아내로 맞았다. 허씨 부인으로부터 1남 1녀를 얻었으나 1녀는 결혼 후 죽었고 1남은 아들 하나를 두었으나 행방이 묘연했다. '노 땅의 부인' 사이에서 얻은 아들이 두 딸을 낳았으니 범정선이 만난 손녀는 바로 이들이다. 당시 이백의 두 손녀는 이름 없는 평민에게 시집가서 어렵게 생활하고 있었다. 그는 손녀들로부터 이백의 묘가 당도 남쪽의 용산(龍山)에 있다는 사실과, 이백이 평소 존경해 마지않았던 사조의 혼이 서린 청산(靑山)에 묻히고 싶다는 유언을 함께 전해 들었다. 이에 범정전은 817년에 이백의 묘를 청산 기슭으로 옮기고 묘 앞에 자신이 쓴 비문을 새긴 비석을 세웠다. 이백 사후 55년 만이었다. 이 비문에는 그러한 사실과 함께 이백 만년의 정황이 소상하게 기록되어 있어서 이백 연구의 귀중한 자료가 되고 있다.

그런데 그후 세월이 흘러 비석은 부서지고 비문도 글씨를 알아볼 수 없을 정도로 마모된 채 방치되었는데, 송나라 때 태평주사(太平州事, 태평은 당도의 옛 이름)로 있던 맹점(孟点)이 이를 애석히 여겨 범정전의 문집에서 이백의 비문을 찾아내어 1242년에 비석을 새로 만들어 세웠다. 이것을 '송비'라 한다. 아울러 이백의 사당도 중수했다. 지금 태백사 안에 있는 '대당한림이공신묘비(大唐翰林李公新墓碑)'가 그것인데 여기에는 범정전의 비문과 맹점의 발문이 함께 새겨져 있다. 애초에 이 비석은 이백 묘 앞에 세워졌을 터인데 후에 마멸될 것을 우려해서 지금의 태백사 안으로 옮긴 것으로 보인다.

이백 묘에 참배하다

태백사 뒤편에 이백의 묘가 있다. 이백 묘는 그동안 13차례의 중수를 거쳤고 지금의 묘는 1979년 마지막으로 중수한 것이다. 둘레 25미터, 높이 2.5미터의 묘 앞에는 '당명현이태백지묘(唐名賢李太白之墓)'라 쓰인 비석이 서 있다. 전하는 말로는 두보의 글씨라고 하나 당시 두보의 행석으로 미루어보면 믿기 어렵다. 재미있는 것은, 비석 위에 지붕 모양의 덮개가 있고 그 위에 만들어놓은 둥근 엽전 모양의 조형물이다. 이것은 1979년 마지막으로 중수할 때 만든 것으로 보이는데 이곳 사람들은 이를 '고전(古錢, 옛날 돈인 엽전)'이라 부른다. 이는 만년에 의탁할 곳 없는 곤궁한 몸을 이끌고 이곳에 온 이백의 처지를 동정한 당도 인민들의 배

이백 묘 비석 덮개 위의 동그란 조형물은 돈을 상징하는 엽전이다. 이 돈으로 좋아하는 술을
사서 실컷 마시라는 뜻으로 만들었다고 한다.

려로 만들어진 것이다. 저 세상에서는 이 돈으로 좋아하는 술을 마음껏
사먹고 더욱 좋은 시를 쓰라는 이곳 사람들의 염원이 담긴 조형물인 것
이다. 이백 묘원 한쪽의 청련서원(青蓮書院)에는 이백의 일생을 그린 수
십 개의 화폭이 걸려 있다. 물론 현대 화가가 그린 것이다.

내가 이곳을 방문한 것이 처음은 아니지만 이백의 묘 앞에 서니 감개
가 무량했다. 한문학을 공부하면서 이백과 두보의 시를 읽을 때와는 또
다른 감흥을 나에게 불러일으켰다. 젊은 시절, 특히 군사정권의 폭압에
시달리던 때에는 강렬한 비판의식을 담은 두보의 애민시·사회시를 무
척 좋아했지만, 나이가 든 지금은 이백의 호방한 낭만적 기질이 더 가슴
에 와 닿는다.

'술의 시인' 이백의 묘를 참배하면서 술을 빠뜨릴 수 없는 일이 아닌

가. 우리는 준비해온 술잔을 올리고 서서 읍(揖)으로 간단한 예를 표했다. 그런데 갑자기 정현식, 박승희, 김동욱 교수가 땅에 엎드려 큰절을 하고 있었다. 정 교수는 경제학과, 박 교수는 사회복지학과, 김 교수는 영문학과여서 한문학·중국문학과는 관련이 없는데도 큰절을 하는 것을 보고 나는 잔잔한 감동을 받았다. 전공은 달라도 세계적인 시인 이백의 위대성을 알 만한 지성을 갖추었고 또 성균관대 교수라는 환경이 이들로 하여금 이백에 대한 존경심을 불러일으켰을 것이라 생각된다.

특히 김동욱 교수는 자신이 점필재(佔畢齋) 김종직(金宗直)의 18대 손임을 자랑스럽게 여기고 있던 터였다. 이러한 연유로 김 교수는 셰익스피어를 전공한 영문학도이지만 한문학과 동양학에 관심이 많아 행연회에서 서예를 익히고 있을 뿐만 아니라 박승희 교수와 함께 한시(漢詩) 모임에 참여하여 한시를 짓기도 한다. 최근에는 사군자 그림도 배우고 있다. 이쯤 되면 전공을 잘못 선택했다는 말을 들을 법도 하다.

사후 1248년 만에 한국에서 온 교수들로부터 큰절을 받은 이백도 응당 지하에서 흐뭇한 표정을 지었을 것이다. 그러나 옛 선인들에 대한 중국인의 관심은 좀 다른 듯 보였다. 현지 가이드의 말에 의하면 봄가을 제사 때만 사람들이 방문하고 그외에는 방문객이 거의 없다고 한다. 우리가 갔을 때에도 관람객은 우리 일행뿐이었다. 그래서 그런지 가이드는 우리를 무척 반기고 친절하게 안내해주었다.

화학교를 건너 십영정으로

이백 묘에 참배한 후 우리는 화학교(化鶴橋)를 건너 십영정(十咏亭)으로 향했다. 화학교의 유래는 이렇다. 옛날 요동(遼東) 사람 정령위(丁令威)가 당도의 현령으로 재직할 때 근처의 영허산(靈墟山)에 유람하러 갔다가 풍경이 수려한 것을 보고는 벼슬을 버리고 이곳에서 연단(煉丹)한 뒤 학(鶴)으로 화하여 신선이 되었다고 한다. 정령위가 이후 3천 년 만에 요동의 고향마을을 찾아 화표주(華表柱, 건물이나 동네 입구에 세우는 기둥) 위에 학으로 앉아 있었는데 사람들이 몰라보았다는 이야기가 전한다. 이 전설은 너무나 유명하여 '요동학(遼東鶴)' '화표학(華表鶴)' 등의 성어로 고향을 그리워하는 마음을 나타내거나, 오랫동안 이별한 사람을 나타내는 시에 많이 사용되고 있다. 심지어 연암 박지원은 『열하일기(熱河日記)』에서 요동벌판을 지나가며 그곳을 '학야(鶴野)'라 표현하기도 했다. 정령위가 학으로 화하여 날아온 벌판이라는 뜻이다. 이백 묘원 안에 있는 다리에 '화학교'라는 이름을 붙인 것은, 정령위가 연단한 영허산이 근처에 있고 또 이백이 「영허산」이라는 시에서 정령위를 언급하고 있기 때문일 것이다. 이백 묘원에 화학교를 만든 것은 만년에 도교적 연단술(煉丹術)을 통해 신선이 되고자 했던 이백도 정령위처럼 신선이 되었기를 바라는 당도 사람들의 염원을 나타낸 것이라는 생각이 든다.

십영정은 이백의 시 「고숙십영(姑熟十咏)」을 기념하기 위하여 당도현 동쪽에 세웠던 건물인데 세월이 흘러 훼손된 것을 1986년 이곳에 다시 건립한 것이다. 안에는 「십영정 중건기」와 「고숙십영」 10수가 석각되어

십영정 이백의 시 「고숙십영」을 기념하기 위하여 세운 건물이다.

있다. '고숙(姑熟)'은 당도의 옛 명칭이다. 이백은 제2의 고향이라고 할 만한 이곳을 마지막으로 방문하고 주위의 풍광을 10수의 시로 노래했는데 이것이 「고숙십영」이다. 그중 사조의 고택을 방문하고 쓴 「사공택(謝公宅)」에는 사조에 대한 그리움이 짙게 표현되어 있다.

청산에 해는 장차 저물어가는데
사 공(謝公)의 옛집은 적막하기만

대숲엔 사람 소리 들리지 않고
연못엔 텅 빈 달만 밝아 있구나

황폐한 정원엔 잡초만 널려 있고
버려진 우물엔 푸른 이끼 쌓여 있어

때때로 한가히 맑은 바람만
연못과 바위에 불어온다네

青山日將暝　寂寞謝公宅
竹裏無人聲　池中虛月白
荒庭衰草遍　廢井蒼苔積
唯有淸風閑　時時起泉石

주선(酒仙) 이백을 그리며

우리는 십영정 앞 난간에서 휴식을 취하며 술잔을 나누었다. 그토록
술을 좋아했던 이백의 묘원에 와서 술 한잔 마시지 않으면 이백에 대한
예의가 아니라는 생각이 들었기 때문이다. 술잔이 몇 순배 놀고 얼큰히
취하여 흥이 일자 통계학과의 홍종선 교수가 나에게 술을 읊은 이백의
시 한 수를 들려달라고 요청했다. 마침 준비해 간 시가 있어서 나는 유명
한 「월하독작(月下獨酌)」 중 제2수를 읽고 해설해주었다.

하늘이 술을 사랑하지 않았다면야
하늘엔 주성(酒星)이 없었을 것이고

대지(大地)가 술을 사랑하지 않았다면야

이백 친필 「월하독작(月下獨酌)」 제2수를 쓴 것으로 이백의 친필이라 전한다.

땅엔 응당 주천(酒泉)이 없었을 것이라

하늘과 땅이 이미 술을 사랑했으니
술 사랑, 하늘에 부끄럽지 않도다

들으니 청주(淸酒)는 성인(聖人)에 비유되고
탁주는 현인(賢人)에 비유된다 말했겠다

성인과 현인을 나 이미 마셨으니
구태여 신선을 구할 필요 있으리오

술 석 잔 마시니 대도(大道)에 통하고
한 말 술 마시니 자연과 합하도다

취중(醉中)의 흥취를 얻으면 그만이지
술 마시지 않는 자에겐 말하지 말라

天若不愛酒　酒星不在天

地若不愛酒　地應無酒泉

天地旣愛酒　愛酒不愧天

已聞淸比聖　復道濁如賢

賢聖旣已飮　何必求神仙

三杯通大道　一斗合自然

但得醉中趣　勿爲醒者傳

　술을 좋아하는 홍종선 교수는 마음에 꼭 드는 시라고 감탄해 마지않
았다. 나중에 보니 홍 교수는 이동하는 버스 안에서 중문과의 변형우 교
수로부터 이 시의 뜻을 한 구절 한 구절 다시 물어서 복습하고 있었다.
비전공자인 그가 나의 해설을 한 번 듣고 뜻을 정확히 파악하기 어려웠
던 모양이다. 그는 특히 "술 석 잔 마시니 대도에 통하고/한 말 술 마시니
자연과 합하도다"라는 구절이 좋다고 했다. 그러고는 이 시를 외워서 자
신의 좌우명으로 삼겠다고 했다. 지금까지도 이 시를 외우고 있는지는
모를 일이다.
　저녁엔 마안산시에 있는 남호빈관(南湖賓館)에서 식사도 하고 차도 마
시며 유쾌한 밤을 보냈다. 호텔이 깨끗하고 시설도 좋았다.

중국 10대 명차

① 용정차(龍井茶, 룽징차)

중국 녹차 중 가장 유명하다. 절강성(浙江省, 저
장성) 항주시(杭州市, 항저우시) 서호(西湖) 서남쪽에
있는 용정촌에서 생산되기 때문에 붙여진 이름이
다. 건륭황제가 강남지방을 여섯 차례 순방했는데
다섯 번이나 용정차에 대한 시를 지었다고 해서
'어차(御茶)'로 불렸다. 용정촌 중에서도 지역에 따
라 사(獅)·용(龍)·운(雲)·호(虎) 4개 품종이 있었는
데 지금은 사(獅)·용(龍)·매(梅) 3개 품종으로 조정
되었다. 그중 사봉용정(獅峰龍井)이 가장 우수하다.

② 벽라춘(碧螺春, 비뤄춘)

강소성(江蘇省, 장쑤성) 오현(吳縣, 우현) 태호(太
湖) 연안의 동정산(洞庭山, 둥팅산)에서 생산되는 녹
차이다. 완성된 찻잎의 모양이 가늘게 나사(螺) 모
양을 하고 있어서 붙여진 이름이다. 동정산에서는
과일나무 사이에 차나무를 재배하기 때문에 벽라

춘에서는 과일 향이 난다고 한다. "동정산 벽라춘은/다향(茶香)이 백리를 취하게 하네"라는 말이 있을 정도로 녹차의 진품으로 평가된다.

③ 황산모봉(黃山毛峰, 황산마오펑)

안휘성(安徽省, 안후이성) 황산에서 나는 고산(高山) 녹차이다. "고산에서 명차가 난다"라는 말이 있듯이 황산 특유의 지리적·기후적 조건이 만들어낸 명차이다. 특급과 일급 황산모봉은 일반 녹차에서 반드시 거쳐야 하는 '비비는 과정(揉捻)'이 없는 것이 특징이다.

④ 군산은침(君山銀針, 쥔산인전)

호남성(湖南省, 후난성) 동정호(洞庭湖, 둥팅호) 안에 있는 군산도(君山島, 쥔산도)에서만 나는 황차이다. 일반 찻잎과는 달리 끝이 뾰족하고 온통 은백색으로 덮여 있어서 붙여진 이름이다. 청나라 건륭황제가 특히 좋아해서 매년 18근을 바치라 했다고 한다. 유리컵에 넣고 뜨거운 물을 부으면 찻잎이 수직으로 곧추서는 모양을 보는 것이 또 하나의 재미이다.

⑤ 여산운무(廬山雲霧, 루산윈우)

강서성(江西省, 장시성) 여산에서 나는 고산 녹차
이다. 안개가 많아 습도가 높고 일조량이 많지 않
은 등의 여러 조건이 복합적으로 작용하여 생산되
는 고급 녹차이다. "색과 향이 그윽하고 섬세하여
난향(蘭香)에 비길 만하다"라는 평을 듣는다.

⑥ 기문홍차(祁門紅茶, 치먼홍차)

안휘성 황산 자락의 기문현(祁門縣, 치먼현)에서
나는 세계적인 홍차이다. 기문현에서는 종래 녹
차만 생산해왔는데 1875년 안휘성 이현(黟縣, 이
현) 출신의 여간신(余幹臣)이라는 사람이 이곳에
서 홍차 제조에 성공하여 지금은 인도의 다르질
링(Darjeeling), 스리랑카의 우바(Uva)와 함께 세계
3대 홍차의 반열에 올라 있다.

⑦ 육안과편(六安瓜片, 류안과펜)

안휘성 대별산(大別山, 다볘산) 지역의 육안(六安,
류안)에서 생산되는 녹차로, 찻잎이 해바라기 씨앗
〔瓜〕을 닮았다고 해서 붙여진 명칭이다. 1982년과
1986년에 전국 명차로 선정되었고, 1988년 제1회
중국 식품박람회에서 금상을 받았다. 약리작용이

뛰어나 소화·해독에 효과가 있다고 알려져 있다.

⑧ 신양모첨(信陽毛尖, 신양마오젠)

하남성(河南省, 허난성) 대별산 지역의 신양현(信
陽縣, 신양현)에서 생산되는 녹차이다. 대별산은 하
남성 남부에서 안휘성으로 뻗어 있다. 차나무의 생
장에 적합한 지리적·기후적 조건으로 인해서 일
찍이 당나라 때부터 차를 생산하여 조정에 공물로
바쳤다고 한다. 1915년 파나마 만국박람회에서 금
상을 받았고, 1958년에 전국 10대 명차에 선정되
었다. 1988년에는 제1회 중국 식품박람회에서 금
상을 받았고, 1990년에는 용담패(龍潭牌) 신양모첨
이 전국 명차 평비회에서 금상을 획득했다.

⑨ 무이암차(武夷巖茶, 우이옌차)

복건성(福建省, 푸젠성) 북쪽의 무이산 지역에서
생산되는 오룡차로 반발효차에 속한다. 당나라 때
부터 차를 재배하여 송나라 때 황실의 공품(貢品)
이 되었고 원나라 때는 구곡계(九曲溪)의 제4곡 옆
에 어다원(御茶園)을 설치하여 황실 공납을 전담
토록 했다. 무이암차 중 가장 유명한 것은 대홍포
(大紅袍)이고 이외에도 철나한(鐵羅漢), 수금구(水金

龜), 육계(肉桂), 부지춘(不知春), 수선(水仙) 등 많은
품종이 있다.

⑩ 안계철관음(安溪鐵觀音, 안시테관인)
　복건성 남쪽의 안계현(安溪縣, 안시현)에서 나는
오룡차로 역시 반발효차에 속한다. 철관음은 오룡
차 중 최상품으로 평가되며 특히 체중 감량과 혈
압 강하 등의 약리작용이 탁월한 것으로 알려져
있다.

　중국의 '10대 명차'도 '8대 명주'처럼 국가에서 공인한 명칭이 아니다.
중국에서 생산되는 수많은 차 중에서 오랜 기간 동안 많은 애호가들의
검증을 거쳐 대부분의 사람들이 인정하는 10종의 차를 지칭한다. 그러므
로 평자에 따라서 한두 종의 출입이 있기도 하다. 그리고 운남성(雲南省,
윈난성)의 보이차(普洱茶, 푸얼차)는 그 품질의 우수성에도 불구하고 일반
적으로 10대 명차에 포함시키지 않는 것이 관행으로 되어 있다.

채석기에서 찾아보는
이백의 자취

이백으로 유명해진 채석기

아침식사를 마치고 마안산시(馬鞍山市)의 '채석 풍경구'로 향했다. 이곳에 채석기(采石磯, 차이스지)가 있다. '기(磯)'란 강변에서 강 쪽으로 돌출한 바위로 이루어진 지역을 말한다. 말하자면 강 속의 반도인 셈이다. 장강(長江)에는 유명한 기(磯)가 3개 있는데, 채석기는 악양(岳陽, 웨양)의 성릉기(城陵磯), 남경(南京)의 연자기(燕子磯)와 더불어 '장강3기(長江三磯)'로 불린다. 그만큼 경치가 좋다는 것이다.

채석기의 원래 명칭은 우저기(牛渚磯)였는데 이곳에서 금송아지가 나왔다는 전설에 의거해서 붙여진 명칭이다. '저(渚)'는 '물가' 또는 '강'이라는 뜻이다. 그후 삼국시대 동오(東吳)의 적오(赤烏) 연간(238~251)에 이곳에서 오색 돌[五彩石]이 나왔다고 해서 채석기로 개명했다. 그리고 채

채석 풍경구 입구 멀리 취라산과 삼태각이 보인다.

석기 뒷산 이름도 우저산에서 채석산으로 바뀌었다. 또 후에는 이 산에
산림이 무성하기 때문에 멀리서 보면 마치 소라가 물위에 떠 있는 것처
럼 보인다고 해서 취라산(翠螺山, 추이뤄산, 푸른 소라 같은 산)으로 개칭해서
오늘에 이르고 있다. 채석기를 비롯해서 이백기념관과 취라산의 여러
유적들이 '채석 풍경구'를 이루고 있다.

　이곳은 역대 왕조에서 군사상 요충지로 매우 중요시했던 지역이다.
채석기와 취라산의 빼어난 경관으로 인해서 기왕에도 유명했지만 이백
(李白)의 자취가 없었던들 그냥 그만그만한 관광지로 남아 있었을 것이
다. 실로 채석기 일대는 이백으로 인해서 전국적인 관광 명소가 되었다.
이백은 일찍이 여기에서 '밤에 우저에 정박하여 옛날을 그리워하다'라
는 시「야박우저회고(夜泊牛渚懷古)」를 지은 적이 있다.

우저산 밑 서강(西江)의 밤
푸른 하늘엔 구름 한 점 없는데

배에 올라 가을 달을 바라보면서
부질없이 사 장군(謝將軍)을 그리워하네

나 역시 높은 시 읊을 수 있지만
그 사람은 이 소리 들을 수 없어라

내일 아침 돛을 달고 떠나는 길엔
단풍잎 어지러이 떨어지겠지

牛渚西江夜 靑天無片雲

登舟望秋月 空憶謝將軍

余亦能高咏 斯人不可聞

明朝挂帆席 楓葉落紛紛

　이 시에는 "이곳은 사상(謝尙)이 원굉(袁宏)의 영사시(詠史詩) 읊는 것을 들은 장소이다"라는 주(註)가 붙어 있다. 사상과 원굉에 대해서는 이런 이야기가 전한다. 동진(東晉, 317~420) 때 원굉은 집이 가난하여 국가에 조세로 바치는 곡식을 배로 운반하는 뱃사공 노릇을 하며 생계를 유지하고 있었다. 어느 날 밤 우저(채석기)를 지키고 있던 진서장군(鎭西將軍) 사상이 달밤에 여기서 뱃놀이를 하다가 원굉이 영사시 읊는 소리를 듣고 그를 불러 배 안에서 밤이 새도록 환담하며 즐겼다. 그후 사상은 원굉을 추천하여 벼슬을 얻게 하고 그로 인해 원굉은 명성을 크게 떨쳤다고 한다.

「야박우저회고」는 이백이 39세 때 두 번째 우저를 방문하고 쓴 시인데, 당시 그는 25세에 고향을 떠나 자신의 이상을 실현하기 위하여 벼슬을 구했으나 뜻을 이루지 못하고 14년째 불우한 나날을 보내고 있었다. 그가 우저를 방문했을 때 마침 이곳이 사상과 원굉이 처음 만났던 곳임을 떠올리고, 이름 없는 평민 원굉의 재능을 알아보고 그를 천거한 사상과 같은 사람이 없음을 한탄하며 쓴 시이다. 이 시는 너무나 유명하여 어제 본 태백비림에서도 이 시를 석각한 모택동의 글씨를 볼 수 있었다.

태백루의 어제와 오늘

채석 풍경구에 있는 이백기념관의 중심 건물은 단연 태백루(太白樓)다. 태백루는 이백 사후 50여 년 만인 당나라 원화(元和) 연간(806~820)에 처음 건립되었으며 원래 이름은 적선루(謫仙樓)였다. '적선(謫仙)'이란 '귀양 온 신선'이라는 뜻이다. 전하는 말에 의하면 이백이 30세 때 처음 장안에 와서 원로대신 하지장(賀知章)에게 자신이 쓴 시 「촉도난(蜀道難)」을 보여주자 감탄한 나머지 "이 사람은 이 세상에 귀양 온 신선이다"

이백기념관 전체 모습 이곳의 건물 전체가 이백기념관이고, 왼쪽의 금색 지붕의 건물이 태백루이다.

라고 말한 데에서 붙여진 이백의 별칭이다.

적선루는 이후 수차례 중건을 거듭하다가 1662년 청나라 호계영(胡季瀛)이 새롭게 중건하고 이름을 태백루로 개칭했다. 이와 동시에 뒤편에 사당을 짓고 이백사(李白祠)라 했다. 이 건물도 1854년 태평천국 군대와 정부군의 전투 과정에서 소실된 것을 1877년 청나라 병부상서 팽옥린(彭玉麟)이 자금을 내어 다시 중건하고 이홍장(李鴻章)이 봉급을 희사하여 사당을 건립한 후 오늘에 이르고 있다.

태백루 건물에는 중앙에 '적선루', 그 위에 '태백루', 아래에 '시관성당(詩冠盛唐, 시는 성당의 으뜸이다)'이라 쓴 편액이 상하로 나란히 걸려 있다. '이백사(李白祠)' 편액은 팽옥린의 글씨이고 그 밑에 청나라 장강수

태백루 3개의 편액이 걸려 있는데 위쪽이 태백루, 중앙이 적선루, 아래쪽이 시관성당이다.

사제독(長江水師提督) 이성모(李成謀)가 쓴 '기개천하(氣蓋天下, 기개는 천하를 뒤덮다)'라는 편액이 보인다.

　태백루를 중건한 팽옥린은 특이한 사람이다. 그는 태평천국 군대를 진압한 이름난 장군이었지만 원래는 어려서부터 학문을 좋아하고 글씨와 그림에도 일가견이 있는 선비였다. 그는 일찍이 강서성의 석종산에 소동파를 기념하는 파선루(坡仙樓)를 건립했고 보자선림(報慈禪林)이라는 사원을 세웠으며 또 석종산 꼭대기에 매화청(梅花廳)을 건립한 바 있다. 태백루에도 그가 그린 매화와 시를 석각한 매화비가 있다. 지금은 태백루와 이백사를 합해서 '당이공청련사(唐李公靑蓮祠)'라 부른다. 태백루는 악양(岳陽)의 악양루, 무창(武昌)의 황학루(黃鶴樓), 남창(南昌)의 등왕각(藤王閣)과 더불어 강남의 '3루 1각'으로 일컬어진다.

안으로 들어가면 남목(柟木)으로 만든 이백 입상(立像)이 우리를 맞는다. 뒷짐을 지고 왼발을 앞으로 내민 채 고개를 들어 하늘을 올려다보는 모습이다. 그 뒤에는 「당대장안대명궁도(唐代長安大明宮圖)」가 걸려 있다. 오른쪽 벽에는 이백의 생애에 대해 간략히 적어놓았고 왼쪽 벽에는 그의 시 「횡강사(橫江詞)」가 쓰여 있다. 전면 벽에는 이백이 고래를 타고 하늘로 올라가는 광경이 부조(浮彫)되어 있는데 생동적이고 힘찬 모습이다. 부조 왼쪽 위편에 '이백기경승천도(李白騎鯨升天圖, 이백이 고래를 타고 하늘에 오르는 그림)'라는 제목이 붙어 있다. 2층에는 이백의 좌상이 있다.

폐하, 신발을 벗겨주소서

이곳의 전시물 중에서 재미있는 것은 이백, 고역사(高力士), 양국충(楊國忠) 등의 밀랍 인형이다. 이백이 붓을 들고 다리를 뻗은 채 앉아 있고 그 앞에서 고역사가 이백의 신발을 벗기고 있다. 또 옆에는 양국충이 못마땅한 표정을 지으며 서 있고 궁녀들이 시중을 들고 있다. 이 밀랍은 다음과 같은 이야기를 근거로 만든 것이다.

743년 이백이 43세 되던 어느 날 서역의 토번국(吐蕃國, 지금의 티베트)으로부터 사신이 왔다. 당시 토번국은 주변의 여러 나라 중에서 가장 강성한 국가로 끊임없이 당나라를 괴롭히고 있었다. 그러니 당나라에서 긴장하지 않을 수 없었다. 이 사신이 가지고 온 외교문서를 읽고 회답을 해야 하는데 조정에서는 토번의 문자로 된 문서를 읽을 줄 아는 사람이 없었다. 그때 예부시랑 하지장(賀知章)이 이백을 추천했다. 상황이 급박한지라 현종황제는 환관 고역사로 하여금 급히 이백을 불러오게 했다. 이백이 읽어보니, '당나라는 토번에 대하여 신하로서의 예를 갖추어 당나라의 변방을 토번에게 할양하고 매년 미녀와 금은보화를 공물로 바치라'는 내용이었다. 이를 아뢰자 현종은 아연 실색하고 낭패한 기색이 역연했다. 이를 보고 이백은 이렇게 말했다.

"폐하, 토번과 같은 나라는 콩알만큼 조그마한 나라입니다. 심려하실 필요가 없습니다. 제가 술을 마시고 취한 후에 몇 글자 적어서 사신에게 보여주면 별 탈이 없을 것입니다."

이에 황제는 환관들을 시켜 이백에게 좋은 술을 여러 단지 주어 마시게 했다. 당시 이백은 천하를 경륜할 원대한 뜻을 품고 있던 때라, 이 기회에 황제의 판단을 흐리게 하는 간신들에게 일침을 가하겠다는 생각에서 먼저 고역사를 지목했다. 고역사는 환관으로서 당시 최고의 권력을 행사하던 인물이었다.

"폐하, 저는 폐하께서 내리신 술을 마시고 몸에 열이 나시 견디기 힘듭니다. 특히 두 발이 신발 안에서 고생을 하고 있으니 청컨대 사람을 시켜 이 신발을 벗겨주시기 바랍니다."

현종은 이백의 요청이 무례한 줄 알았지만 사태가 급한지라 고역사로 하여금 이백의 신발을 벗기게 했다. 허리를 굽혀 신발을 벗기려 했지만 잘 벗겨지지 않았다. 이백이 일부러 발을 오므리고 있었기 때문이었다.

고역사가 이백의 신발을 벗기는 모습 후대에 널리 알려진 이야기를 근거로 재현해놓았다.

하는 수 없이 땅에 무릎을 꿇고 약 30분 만에 간신히 신발을 벗길 수 있었다. 그러는 동안 고역사의 몸은 땀에 흠뻑 젖었고 이를 보고 있던 신하들과 궁녀들은 웃음을 참을 수 없었다. 무소불위의 권력을 휘두르던 고역사가 말할 수 없이 창피한 꼴을 당한 것이다. 이윽고 이백이 말했다.

"고 장군(高將軍), 나는 하늘에서 귀양 온 신선이요. 당신이 내 신발을 벗겼으니 당신의 두 손에 신선의 기운이 가득 묻어 있을 터, 장차 부귀영화를 누릴 것이오."

고역사는 분기탱천했지만 황제 앞이라 어쩔 수 없었다. 그 장면을 즐기면서 이백은 궁녀가 갈아놓은 먹물에 붓을 적시다가 다시 황제를 향하여 이렇게 말했다.

"폐하, 먹물이 너무 묽습니다. 청컨대 양국충으로 하여금 먹을 좀더 진하게 갈도록 해주십시오."

그러자 역시 양국충에게 먹을 갈게 했다. 그도 고역사와 마찬가지로 땀을 흘리며 먹을 갈지 않을 수 없었다.

이백은 한참 있다가

"국구(國舅, 임금의 장인), 수고했소이다. 이제야 먹물이 쓸 만하군."

하고 말하며 붓을 들어 토번국에 답서를 쓰기 시작했다. 그 첫머리는 "대당개원천보성문신무황제(大唐開元天寶聖文神武皇帝)께서 콩알만 한 토번 소국에 답하노라……"로 시작했는데 이를 보고 황제는 무척 흡족해했다.

이백이 양국충을 향해 '국구'라 호칭한 것은 그가 현종의 총애를 받고 있던 양귀비의 사촌 오빠였기 때문이다. 엄밀히 말하면 '국구'가 아니지만 양귀비로 인해 권력을 휘두르던 그가 마치 임금의 장인이 된 듯 방자하게 구는 것을 비꼬며 말한 것이다.

이백은 이 일로 고역사와 양국충을 마음껏 조롱했지만 또한 이 일로 인하여 그는 벼슬에서 쫓겨나 장안을 떠나게 되었다. 앙심을 품은 고역사와 양국충이 이백을 모함했던 것이다. 이 이야기는 상당 부분 후인들이 지어내었을 터이지만 이백의 기상을 잘 보여주는 사건임에 틀림없다. 그래서 후대에 널리 전해진 유명한 이야기가 되었고 이곳 태백루에도 밀랍으로 그때의 현장을 재현해놓은 것이다.

모택동이 써놓은「장진주」

이곳의 건물군 전체가 이백기념관으로, 중심 건물은 태백루와 이백사이지만 이외에도 수많은 부속건물들이 후대에 건립되었다. 청풍정(淸風亭)은 당나라 때 당도의 화성사(化城寺)에 있던 정자로, 이백이 술을 마시고 시를 읊었던 곳인데 명나라 때 태백루 뒤편에 중건한 것이다. 정자에는 다음과 같은 주련이 걸려 있다.

白雲一去無狂客 (백운일거무광객)
此地千秋有盛名 (차지천추유성명)

흰 구름 한번 가버리자 광객은 없고
이곳엔 천년토록 높은 이름 남아 있네

정자 옆에는 하늘에서 떨어진 이백의 화석(化石)이라고 하는 검은 돌멩이가 놓여 있다. 취월재(醉月齋), 침향원(沈香園) 등의 건물 이름들은 모두 이백의 평생 사적과 관련되어서 붙여진 것들이다. 첩취루(疊翠樓) 안에는 이백의 시와 관련된 그림을 그려 넣은 도자기들이 전시되어 있다.

청풍정 뒤편에는 모택동이 쓴 이백의 걸작「장진주(將進酒)」가 대형 비석에 석각되어 있다. 1949년 이전에는 사회주의혁명 과업을 수행하느라 여념이 없었을 터이고 1949년 이후에도 거대한 중국을 이끌고 가느라 바쁜 나날을 보냈을 터인데 어느 겨를에 168자에 달하는 이런 거대한 필적을 남겼을까? 더구나 「장진주」의 주제는 퇴폐적이고 허무주의적인 술타령이 아닌가. 「장진주」 석각 끝에 "모택동이 흥에 겨워 기억에 의존하여 썼다"라는 발문이 붙어 있다.

「장진주」 시벽(詩壁) 앞 야외에는 이백이 두 아들과 함께 서 있는 동상이 세워져 있다. 이백은 42세 때(742) 동로(東魯, 노나라 산동지방)에 머물다가 도사 오균(吳筠)의 추천을 받아 ─ 일설에는 옥진공주(玉眞公主)의 추천이라고도 한다 ─ 현종으로부터 대조한림(待詔翰林)에 임명되어 장안으로 가게 되었다. 26세에 고향을 떠나 16년 만에 꿈에도 그리던 벼슬길에 오르게 된 것이다. 이에 그는 기쁜 마음에 가족이 있는 안휘성의 남능(南陵, 난링)으로 가서 자녀들과 이별하며 「남능별아동입경(南陵別兒童入京)」이라는 시 한 수를 지어 자신의 심경을 토로했다. 제목의 뜻은 '남능에서 자식들과 이별하고 장안으로 들어가다'이다. 동상은 이 시를 주제로 만든 것이다.

막걸리 갓 익을 때 산중으로 돌아오니
모이 쪼는 누런 닭은 가을 되어 살쪄 있네

아이 불러 닭 삶고 막걸리 마시니
아이들 기뻐하며 내 옷깃을 잡아 끄네

취하여 노래하며 스스로 위안하려
일어나 춤을 추니 취한 얼굴 지는 해와 붉은 빛을 다투네

천자께 일찍 유세 못한 것이 한이 되어
말에 올라 채찍 잡고 먼 길을 떠나가네

회계(會稽) 땅의 못난 아낙 주매신(朱買臣)을 얕봤다지
나 또한 집 떠나 서쪽 장안으로 들어가네

하늘 우러러 크게 웃고 문을 나서 떠나노니
내 어찌 쑥대밭에 묻혀 사는 사람이랴

白酒初熟山中歸　黃鷄啄黍秋正肥
呼童烹鷄酌白酒　兒女嬉笑牽人衣
高歌取醉欲自慰　起舞落日爭光輝
遊說萬乘苦不早　著鞭跨馬涉遠道
會稽愚婦輕買臣　余亦辭家西入秦
仰天大笑出門去　我輩豈是蓬蒿人

　동상 앞에는 '남능별아동입경(南陵別兒童入京)'이라는 제목 밑에 간단
한 설명과 함께 이 시를 새긴 표석이 서 있다. 동상을 살펴보니 이백이
장안을 바라보듯 먼 하늘을 올려다보는데 큰아이가 아버지의 옷소매를
잡고 있다. 아마 오랜만에 만난 아버지를 다시 떠나보내기 아쉬워 소매
를 끄는 것 같다. 그 옆에는 작은아이가 역시 아버지를 바라보고 있고 강

「남능별아동입경」 시의상(詩意像) 이백이 첫 벼슬을 받아 장안으로 떠나며 자식들과 이별하는 장면을 표현한 것이다. 동상 옆의 표석에는 이 시가 새겨져 있다.

아지도 한 마리 만들어놓았다. 그리고 왼쪽에는 짐 꾸러미를 든 하인인 듯한 사람이 앉아 있다.

이백은 청운의 뜻을 품고 장안으로 가지만 그의 벼슬살이는 1년 반 만에 끝나고 만다. 취라산 쪽으로 '초당만추(草堂晚秋)'라는 편액이 달린 건물이 새로 세워졌는데 그 안에는 이백이 임종하면서 자신의 원고를 삼촌인 이양빙(李陽冰)에게 전해주며 출간해줄 것을 부탁하는 조각이 있다.

중국 여행을 할 때마다 부딪치는 일이지만 이번에도 현지 가이드의 불성실함이 나를 언짢게 했다. 키가 자그마한 여자 가이드가 우리를 대충 안내한 후 "끝났다"라고 말하는 게 아닌가. 예전에 왔을 때 본 「장진주」시비가 기억나서 가보자고 했더니 마지못한 표정으로 안내했다. 나는 내심 이 시비를 찾고 있었는데 그동안 태백루를 수리하는 과정에서 시비의 위치가 옮겨졌기 때문에 쉽게 발견할 수 없었던 것이다. '외국인들이 무얼 알겠느냐'는 심보로 그야말로 주마간산 식으로 안내하는 이런 일을 흔히 만날 수 있다.

청풍정을 보고 나오는 길에 조희선 교수와 홍종선 교수 사이에 조그마한 시비가 벌어져 나에게 판결을 부탁해왔다. 한 사람은 '적선(謫仙)'의 '적(謫)'자가 서자·적자라고 할 때의 '적'이라는 주장이고, 또 한 사람은 귀양 간다는 뜻이라는 주장이었다. 한문학하고는 인연이 먼 전공의 교수들이어서 이런 문화를 접할 기회가 적었기 때문에 일어난 작은 에피소드였다. '적(謫)'은 귀양 간다는 뜻이다. 자칫 지루할 수 있는 인문 기행인데도 이렇게 관심을 가져주는 교수들이 고맙다는 생각이 들었다.

고래 등을 타고 하늘에 오른 신선

태백루를 관람한 후 우리는 취라산을 올랐다. 제일 먼저 찾은 곳은 연벽대(聯璧臺)였다. 채석기에서도 강가 높은 곳에 위치한 널따란 바위인데, 전설에 의하면 이백이 이곳에서 술을 마시다가 강물에 비친 달을 잡으려 물속으로 뛰어들었다는 것이다. 그래서 이곳을 '착월대(捉月臺)'라고도 부른다. 원래의 이름은 사신애(舍身崖, 몸을 던진 벼랑)였는데, 명나라 정덕(正德) 연간(1506~1521)에 태평지부(太平知府)의 관원들이 함께 이곳

연벽대 이백이 물에 비친 달을 잡으려 강으로 투신했다는 전설적인 바위이다. 연벽대 너머 낭떠러지 밑에 채석강이 흐른다.

에 올랐다가 '사신애'라는 명칭이 우아하지 않다고 여겨 연벽대로 개명했다고 한다. '연벽(聯璧)'은 '재능과 학식이 뛰어난 여러 사람들'이라는 뜻이다. 그러므로 당시 이곳에 오른 관원들은 자신들을 '연벽'이라 자칭한 것이다.

어쨌든 이곳을 중심으로 달을 사랑한 이백에 어울리는 전설적인 이야기가 후인들에 의하여 만들어진 것이다. 이백의 전설은 달을 잡으려 물에 뛰어들었다는 것으로 끝나지 않는다. 송나라 시인 매요신(梅堯臣)의 시「채석월증곽공보(采石月贈郭功甫)」중에 이런 구절이 있다. 제목의 뜻은 '채석강 달밤에 곽공보에게 주다'이다.

채석강 달 아래 적선(謫仙)을 찾아가니
비단 도포 입고서 낚싯배에 앉았다가

취중에 강물 속 걸린 달을 사랑하여
손으로 달 잡으려 몸을 뒤집었다네

굶주린 교룡(蛟龍)의 밥이 될 리 없었을 터
고래 타고 푸른 하늘 올랐으리라

采石月下訪謫仙　夜披錦袍坐釣船
醉中愛月江底懸　以手弄月身翻然
不應暴落飢蛟涎　便當騎鯨上靑天

　물속에 빠진 이백을 고래가 등에 태우고 하늘로 올라갔다는 이야기
이다. 태백루에 있는 「이백기경승천도(李白騎鯨升天圖)」는 이 전설을 바
탕으로 만든 조각이다. 이백은 이 세상에 귀양 온 신선이었으니 다시 하
늘로 올라가 원래의 모습대로 신선이 되었을 법도 하다. 이백의 죽음에
대하여 이런저런 이야기가 전하는 것은, 천재적인 시인 이백의 허망한
죽음을 사실로 받아들이고 싶지 않은 후대인들이 만들어낸 신화일 것
이다.

이백의관총 강으로 뛰어든 이백의 옷을 수습하여 묻었다는 무덤이다.

의관총과 비천상

이 신화가 만들어낸 또 하나의 조형물이 취라산 중턱에 있는 이백의 관총(李白衣冠家)이다. 이백의 죽음에 대하여 수많은 전설이 만들어진 것과 마찬가지로 그의 옷을 묻었다는 의관총도 그렇게 만들어진 전설 중의 하나이다. 이백의 묘는 앞에서 언급한 대로 817년 범정전에 의하여 용산으로부터 청산으로 이장되었음이 분명한데, 이와는 별도로 채석강변에 또 다른 이백 묘가 있었던 듯하다. 백거이가 강주사마로 재직했을 때가 대략 817년 전후인데 이 시기에 그는 채석강의 이백 묘를 찾아가

「이백묘(李白墓)」라는 시를 썼다.

　　채석강 변 이백 묘
　　들판 가득 풀들이 구름까지 연해 있네

　　가련하네, 거친 두둑 황천의 유골이여
　　일찍이 문장은 경천동지(驚天動地)했거늘

　　시인으로 박명(薄命)한 자 많고 많지만
　　그중에서 곤궁하기 그대 따를 사람 없네

　　采石江邊李白墳　遶田無限草連雲
　　可憐荒隴窮泉骨　曾有驚天動地文
　　但是詩人多薄命　就中淪落不過君

　　불우한 일생을 마친 이백을 조상(弔喪)하는 시인데, "채석강 변 이백 묘"라 한 것으로 보아 백거이가 찾은 묘는 청산에 있는 묘가 아님이 분명하다. 기록에 의하면 이후 남송(南宋, 1127~1279) 때에는 이 채석강 변의 묘 앞에 착월대(捉月臺)와 착월정(捉月亭)이 있었다고 한다. 그리고 명청시기에는 이 묘를 '이백의관총'이라 불렀다고 한다. 그후 착월대와 착월정이 모두 허물어졌는데 1972년에 묘를 취라산 중턱으로 옮기고 '당시인이백의관총'이라는 비를 세웠다. 가이드의 말로는 연벽대에서 이백의

이백 비천상 신선이 되어 하늘로 오르는 모습을 조각한 것이다. 기단에 이백의 마지막 시「대붕가」가 새겨져 있다.

옷을 다시 만들어 묻었다고 한다.

의관총에서 좀 떨어진 아래쪽에는 1987년에 만들어진 높이 3.7미터의 이백 비천상(飛天像)이 있다. 도포자락을 휘날리며 두 팔을 위로 벌리고 비상하는 모습인데, 마치 하늘로 날아오르는 형상 같기도 하고 달을 잡으려 물속으로 뛰어드는 형상 같기도 하다. 현대적 감각을 살리면서도 이백의 특징을 잘 나타낸 작품이다. 이 비천상의 기단에는 이백의 시「대붕가(大鵬歌)」가 새겨져 있다.

취라산의 빼어난 경치

의관총 아래에는 회사정(懷謝亭)이 있다. 이 정자는 이백이 이곳 채석강에서 그 옛날 사상(謝尙)을 그리워하며(懷) 시를 썼던 일을 기념하기 위하여 후대인들이 세운 것으로, 처음 이름은 상영정(賞咏亭)이었는데 뒤에 회사정으로 고쳤다.

회사정 서쪽에 아미정(蛾眉亭)이 있다. 1070년에 건립되었다는 이 정자 이름의 유래는 이렇다. 이곳에서 멀리 바라보면 장강 연안에 강을 사이에 두고 마주보는 두 산이 눈에 들어오는데 강북 쪽의 산을 서양산(西梁山)이라 부르고 강남 쪽의 산을 동양산(東梁山) 또는 박망산(博望山)이라 부르며 이 두 산을 합해서 천문산(天門山, 톈먼산)이라 한다. 천문산이라고 부른 것은 두 산 사이의 공간이 '하늘의 문(天門)' 같기 때문이다. 그리고 강을 사이에 두고 우뚝 솟은 두 산의 모습이 '나비 눈썹(蛾眉)'을 닮았기 때문에 아미산이라고도 부른다. 이 정자에서 바라보면 아래로 연벽대가 보이고 멀리 천문산, 즉 아미산이 보인다고 해서 정자 이름을 아미정으로 명명한 것이다. 「망천문산(望天門山)」이라는 이백의 시도 아마 이곳에서 쓰였을 가능성이 있다. 정자 안에는 이백의 「망천문산」을 비롯해서 이동(李洞)·임화정(林和靖)·문천상(文天祥)의 시를 새긴 비석이 있는데 모두 복제품이고 원래의 비석은 훼손된 채 이백기념관에 보관되어 있다. 최근에 쓴 「중수아미정기(重修蛾眉亭記)」는 정자 안벽에 새겨져 있다.

취라산 꼭대기에는 삼태각(三台閣)이 우뚝 솟아 있다. '삼태(三台)'

는 여섯 개의 별로 구성된 성좌 이름이다. 이 삼태성(三台星)은 2개씩 짝 지어 있는데, 상태성(上台星)은 수명을 관장하고 중태성은 종실(宗室)을 관장하고 하태성은 병사를 관장한다고 믿었다. 이 건물은 1642년에 처음 건립된 이후 여러 차례 훼손과 중건을 거듭하다가 현재의 건물은 1999년에 새로 지은 것이다. 높이 30여 미터의 5층 누각으로 위에 올라 가면 주위 경관이 한눈에 들어온다.

아미정 아래에는 연서정(燃犀亭)이 있다. 329년 동진(東晉)의 장군 온 교(溫嶠)가 반란군을 진압하고 채석강을 지나다가, 강 속에서 괴물이 나 타나 선박을 해친다는 말을 듣고 병사를 시켜 물소(犀)의 뿔을 태워(燃) 불을 밝히고 사방을 순찰하게 했다. 이날 밤 꿈에 붉은 옷을 입은 노인이 나타나 말하기를 "너와 나는 이승과 저승에 살아서 서로 소통하지 못하 는데 무엇 때문에 물소 뿔로 불을 밝혀 나를 핍박하느냐?" 하고는 사라 졌다. 이후에는 다시 괴물이 출현하지 않았다고 한다. 그래서 후인들이 이를 기념하기 위하여 정자를 짓고 연서정이라 이름했다. 지금의 건물 은 1887년 청나라 장강수사제독 이성모가 세운 것인데, 정자 안에 이성 모의 글씨가 새겨진 '연서정' 비석이 서 있다.

아미정 서쪽 절벽 아래 강가에는 삼원동(三元洞)이 있다. 삼원동은 절 벽의 바위를 파서 만든 동굴인데 여기에는 여러 가지 전설이 내려온다. 그 하나는, 옛날 선비 세 사람이 과거를 보기 위하여 배를 타고 채석강을 지나다가 풍랑을 만나 배가 뒤집혔지만 요행히 이곳에 피신하여 목숨 을 건졌다. 이들은 후에 과거에 급제했고 자신들을 구해준 강의 신을 모 시기 위하여 여기에 전각을 지었는데 후인들이 이를 삼원동이라 명명했다고 한다. 또 다른 이야기는 천(天)·지(地)·수(水)의 삼원(三元)을 받들기 위해서 지었다고도 한다. 동굴 안까지 강물이 드나들어 색다른 느낌을 주는 곳이다.

취라산의 여러 건물들을 보고 내려오는 길에 광제사(廣濟寺)에 들렀다. 이 절은 동오(東吳) 적오(赤鳥) 2년(239)에 건립된 것으로 "불경은 백마사에 전해졌고 사찰은 적오년에 창건되었다(經傳白馬 寺創赤鳥)"라는 말이 있을 만큼 오래되고 유서 깊은 절이다. 오래된 만큼 여러 차례의 훼손과 중건을 거듭하다가 청나라 때 중수한 건물이 지금까지 남아 있다. 사찰 경내에 있는 적오정(赤鳥井)은 채석 풍경구에서 가장 오래된 역사 고적이다. 적오정은 광제사가 창건되던 적오 2년에 만든 우물로 지금까지 남아 있는데 여기에도 진우량(陳友諒, 원나라 말기의 군웅), 손권(孫權, 삼국시대 오나라의 황제), 주유(周瑜, 삼국시대 오나라의 명장) 등에 얽힌 전설이 많다. 그외에도 여기서 물을 긷다가 우물에 빠뜨린 두레박이 며칠 후 강에서 발견되었다는 이야기가 전한다. 그래서 이 우물이 장강과 통한다고 믿고 있다는 것이다. 가이드에 따르면 적오 연간에 이 우물에서 채색 돌[彩石]이 발견되어 이 일대에 채석기(采石磯)라 이름이 붙여졌다.

이외에도 볼만한 곳이 많았지만 불우한 천재 시인 이백의 유적지를 대충이나마 둘러보고 감흥을 이길 수 없어 나는 또 주제넘게 시 한 수를 지었다.

傲遊天下醉流霞 到處靑山卽是家
未展胸中經世志 騎鯨作伴碧桃花

유하주(流霞酒)에 취하여 맘껏 천하 유람타가
이르는 곳 푸른 산, 이곳이 집이라네

가슴 속 경세(經世)의 뜻 펼쳐보지 못하고
고래 타고 올라가 벽도화(碧桃花)와 짝하네

유하주는 신선들이 마신다는 술이고 벽도화는 신선들이 사는 곳에 피어 있다는 복사꽃이다.

식당에 있던 재떨이

우리는 태백루 앞의 채석제일루(采石第一樓)에서 점심식사를 했다. 고풍스러운 건물에 내부 장식도 품격이 있는 식당이었다. 반주까지 곁들여 기분 좋게 취한 일행은 쉽게 접해보지 못한 이 '인문 기행'에 만족한 듯 보였다. 그래서인지 건배사를 하던 성낙원 교수가 '송 교수님을 행산회의 종신 명예회장으로 추대하자'고 제안해서 만장일치로 가결되었다.

식사를 끝내고 나오는 길에 홍종선 교수가 식탁에 있던 재떨이 하나를 '슬쩍하여' 김동욱 교수에게 주는 것을 보았다. 이 재떨이는 바닥에 '채석제일루(采石第一樓)'라는 모필 글씨가 새겨진 청화백자로 도자기의 고장인 경덕진(景德鎭)에서 제작된 예쁜 작품이었다. 은근히 탐이 난 내가 평소 아끼던 휴대용 재떨이와 바꾸자고 제안해서 성사가 되었다. 당시 일행 18명 중에서 담배를 피우는 사람은 김동욱 교수와 나 두 사람뿐이었다. 여행 중 김 교수는 나의 휴대용 재떨이를 못내 부러워했던 터라 둘 사이의 교환은 '윈윈'한 셈이었다. 지금도 나는 연구실에서 그 재떨이를 애용한다. 여담이지만 담배를 마음대로 피울 수 있다는 점이 내가 중국을 좋아하는 이유의 하나라고 감히 말 할 수 있다.

그러나 2013년 1월 1일부터는 중국에서도 담배 규제가 시작된 듯하다. 그러나 2013년 1월에 찾은 소흥(紹興, 사오싱)의 은태(銀泰) 호텔 1층 식당 앞에는 '성급반점 금지흡연(星級飯店 禁止吸煙)'이라는 문구가 크게 걸려 있음에도 식탁 위에는 재떨이가 놓여 있고 호텔 객실에도 재떨이와 성냥이 준비되어 있었다. 시행 초기이기 때문에 아직은 엄격히 지켜지지 않는 것 같았다. 하지만 다른 곳에서는 사정이 달라, 소흥 시내의 마가리트 호텔 식당에서는 흡연을 엄격히 규제했고 의흥(宜興, 이싱)의 의흥대반점 식당엔 재떨이가 없고 객실에만 있었다. 어찌되었건 앞으로는 중국에서도 자유롭게 담배를 피울 수 없을 것이라는 생각이 든다.

이백 홀로
경정산에
올라

선성의 사조루

안휘성에서 이백의 자취가 남아 있는 곳으로 선성(宣城, 쉬안청)과 경정산(敬亭山, 징팅산)을 빼놓을 수 없다. 2010년 행산회 회원들과 함께한 안휘성 기행 때 선성과 경정산에는 가보지 못해 아쉬웠다. 그래서 2013년 여행에서 이 두 곳을 둘러보았다.

그때 우리는 초행이고 현지 가이드를 쓰지 않은 전체 가이드 넉분에 (?) 어렵사리 선성 시내에 도착해서 사조루(謝朓樓, 셰탸오러우)를 관람했다. 사조(謝朓, 464~499)는 남제(南齊, 479~502) 때 시인으로 자(字)는 현휘(玄暉)다. 그가 남긴 산수시는 후대에 지대한 영향을 미쳤고 특히 이백이 평생 그를 흠모했음은 앞에서 언급한 바 있다.

사조가 선성의 태수로 재직할 때 집무실 뒤편 능양산(陵陽山, 링양산)

사조루 이백이 존경했던 사조의 저택이자 집무실이었다.

정상에 조그마한 집을 짓고 고재(高齋)라 이름했다. 그는 여기서 기거하며 일을 처리하고 시를 짓고 친구들과 어울렸다고 한다. 그후 허물어졌지만 당나라 초기에 다시 건물을 지어 북루(北樓)로 불렸는데 북쪽으로 경정산이 바라보인다고 해서 북망루(北望樓)라고도 했고 후에는 사공루(謝公樓)·사조루(謝脁樓)로 불렸다. 후대에 사조루 주위에 수많은 누각과 정자가 세워지고 시인 묵객들의 발길이 끊이지 않아 이곳을 읊은 시문이 150여 편이나 된다고 한다. 사조를 존경했던 이백도 자주 이곳에 와서 수많은 시를 남겼다. 대표적인 작품으로「선주사조루전별교서숙운

(宣州謝脁樓餞別校書叔雲, 선주 사조루에서 교서 숙운을 전별하다)」「추등선성사 조북루(秋登宣城謝脁北樓, 가을날 선성 사조북루에 올라)」등이 있다.

사조루는 여러 차례의 중수(重修)를 거치다가 1937년 일본군 비행기의 폭격을 받아 파괴되었다. 지금의 사조루는 선성 시내의 부산광장(府山廣場, 푸산광장) 안에 있는데 원래의 위치는 아닌 듯했다. 부산광장에는 선성 출신의 청나라 때 저명한 수학자인 매문정(梅文鼎)의 동상과 매문정기념관, 그리고 선성시 박물관이 있었다. 사조루도 수리 중이라는 이유로 안으로 들어갈 수 없어 밖에서 바라보기만 했는데 열린 문틈으로 몇 사람이 카드놀이를 하는 모습이 보였다.

명시「독좌경정산」

다음에는 경정산으로 향했다. 경정산은 원래 이름이 소정산(昭亭山)이었는데 남조 진나라 황제 사마소(司馬昭)의 이름 '소(昭)'를 피해서 경정산으로 개칭했다. 선성 시내의 도로명에도 '소정로(昭亭路)'가 있고 또 '사공로(謝公路)'라는 이름도 눈에 띈다. 산은 해발 317미터로 높지는 않지만 경관이 수려하여 사조도 여러 차례 이 산을 올랐다고 한다. 그러나 무엇보다 경정산을 유명하게 만든 것은 이백이다. 이백은 전후 일곱 차례나 경정산을 올라 많은 시를 남겼다. 그중 가장 유명한 작품이「독좌경정산(獨坐敬亭山)」이다. 제목의 뜻은 '홀로 경정산에 앉아'이다.

뭇 새들 높이 날아 다 없어지고
외로운 구름 홀로 한가롭게 가버렸네

서로 봐도 양쪽 모두 싫지 않은 건
오직 저 경정산이 있을 뿐이네

衆鳥高飛盡 孤雲獨去閒

相看兩不厭 只有敬亭山

이백의 나이 53세 때의 작품이다. 이때는 장안에서의 짧은 벼슬생활을 청산하고 정처 없는 유랑길에 오른 지 10년째 되는 해였다. 그는 장안에서 벼슬할 때 냉혹한 정치현실을 실감했고 뼈저린 좌절을 겪었다. 또한 장안을 떠나 10여 년 동안 유랑생활을 하면서 인정세태의 차가움에 직면해야만 했다. 그러는 동안 현실에 대한 환멸과 인간에 대한 실망으로 짙은 고독에 휩싸여 있었다. 이 시는 장안을 떠난 지 10여 년이 되던 어느 날 경정산에 홀로 올라 이러한 자신의 심회를 노래한 것이다. 아마도 그리운 사조의 숨결을 느껴보기 위해서 이 산을 찾았을 것이다.

시인은 울적한 심정을 달래기 위하여 산에 올랐다. 산에는 새들이 지저귀고 머리 위에는 구름이 떠 있다. 인간에 실망한 그에게 새와 구름은 그나마 위안이 된다. 새와 구름은 그를 헐뜯지도 그를 배반하지도 않는다. 새 소리는 귀를 즐겁게 해주고 구름은 눈을 즐겁게 해주었다. 그러나 저녁 무렵이 되자 새들도 둥지로 날아가버리고 구름도 유유히 흩어져 보이지 않는다. 하루 종일 정을 붙이고 지냈던 새와 구름이 사라진 산속은 적막하기 짝이 없다. 다시 고독이 엄습해왔다. '새들과 구름, 너마저 나를 버리고 떠나는구나.'

　그러나 그림자처럼 그를 따라다니는 고독과 외로움 속에서도 그는 주저앉지 않는다. 새도 떠나고 구름도 떠났지만 산은 떠나지 않고 의연히 남아 있기 때문이다. 새나 구름과 달리 산은 그의 고독과 번뇌를 이해하고 위로해주는 듯했다. 그래서 떠나지 않고 남아 있는 것이다. 그는 산을 바라보고 산도 그를 바라본다. 아무리 보아도 싫지 않다. 그도 싫지 않고 산도 싫어하지 않는다. 유정(有情)한 인간이 사는 세상은 무정(無情)한데, 원래 무정한 산은 도리어 유정하다. 그래서 다정한 벗처럼 "서로 바라보면서" 산과 그는 일체가 된다. 산이 곧 그이고 그가 곧 산이다. 마지막 구의 "오직 저 경정산이 있을 뿐이네"라고 했을 때의 경정산은 이백 자신이다. 여기에는 자기를 알아주지 않는 불합리한 현실에 대한 그의 도전적 오기와 비타협적 기상이 서려 있다. 의연하게 변치 않고 버티고 있는 저 산처럼 누가 뭐라 해도 뜻을 굽히지 않고 자신의 이상을 추구하겠다는 의지의 표현이다. 실제로 이백은 장안을 떠나 유랑생활을 하면서도 자신의 정치적 이상을 실현해보겠다는 꿈을 버리지 않고 있었다.

　너무나 유명한 이 시로 인해서 경정산은 천하의 명산이 되었다. 그후 시인 묵객들이 이곳에 와서 경정산을 읊은 시가 1,000여 편에 달한다고 한다. 그래서 이 산은 '강남시산(江南詩山)'이라는 명칭을 얻게 되었다. 경정산 입구 광장에는 이곳을 유람한 백거이(白居易), 두목(杜牧), 한유(韓愈), 유우석(劉禹錫), 매요신(梅堯臣), 탕현조(湯顯祖) 등의 부조상이 조각

시산승경 경정산은 이백으로 인하여 그리고 수많은 후대 시인들이 방문했다고 해서 '시산'이라는 명칭을 얻었다.

되어 있다.

경정산으로 오르는 길옆에는 이백의 시 「독좌경정산」뿐만 아니라 '시산승경(詩山勝景)' 같은 문구 등을 새긴 수십 개의 바위가 서 있고, '고소정(古昭亭)'이라 쓰인 패방도 보인다. 이 산의 옛 이름이 '소정산(昭亭山)' 임을 알리는 표지이다. 산 중턱쯤에 이르니 태백독좌루(太白獨坐樓)가 나타난다. 그 유명한 시를 지었다는 곳이 바로 여기이다. 이백 사후 이백과

태백독좌루 이백이 「독좌경정산」을 썼다는 곳이다.

그의 시 「독좌경정산」을 기념하기 위해 후인들이 누각을 지어 옹취루(擁翠樓) · 태백정(太白亭)으로 불렀다는 기록이 있다. 지금 건물의 외벽 아래쪽에 있는 표석에 따르면, 현 위치에 청나라 말에 초루(草樓)를 지어 태백루라 했는데 1931년 산사태로 무너진 것을 이듬해 보수했으나 1937년 일본군의 포화로 파괴되었고 1987년 그 자리에 다시 건물을 지어 '태백독좌루'로 개칭했다. 이름은 물론 이백 시의 제목에서 따왔겠지만 어쩐지 좀 어색하다는 느낌이 들었다.

이백과 옥진공주

경정산에는 옥진공주(玉眞公主)의 묘가 있고 그 앞에 공주의 소상이 서 있다. 또 그 옆에는 상사천(相思泉)이라는 샘을 만들어놓고 샘 뒤편에 옥진공주의 입상과 이백의 와상(臥像)을 새긴 부조가 놓여 있다. 옥진공주(690~762)는 당나라 예종(睿宗)의 열 번째 딸이며 현종(玄宗)의 누이동생으로 이백보다 9세 연상이다.

경정산이 옥진공주와 무슨 관련이 있으며 이백과는 또 어떤 관계가 있는 것일까? 묘 앞에 세워진 '옥진공주 묘지(墓誌)'의 내용은 이렇다. 공주는 젊어서 여도사(女道士)가 된 후 천하의 명산을 유람하다가 이백을 알게 되었고 그를 현종에게 적극 추천하여 대조한림(待詔翰林)이라는 벼슬을 내리게 했다. 이백이 모함을 당하여 장안을 떠나자 공주는 울적한 마음에 공주의 칭호를 박탈해달라고 요청했다. 안사(安史)의 난이 끝난 후에 이백이 경정산에 은거하고 있다는 소식을 듣고 공주는 이 산으로 들어와 수도하다가 숨을 거두었다. 이백의 「독좌경정산」은 경정산의 아름다움을 찬미함과 동시에 옥진공주에 대한 깊은 애정을 나타낸 시이라는 것이다.

옥진공주 묘비는 안휘성 선성시 경정산 풍경명승구 관리처가 2001년 9월에 세운 것이다. 공주의 무덤을 비롯한 구조물들도 이때 조성된 것으로 보인다.

이백과 옥진공주의 관계에 대해서는 이백 연구가들 사이에서도 학설이 분분하다. 공주가 일찍이 도사가 되었다는 것은 사실이고 730년

옥진공주 묘 옥진공주상 뒤에 무덤이 있다. 이백과 옥진공주의 사랑 이야기가 전설처럼 전해 내려온다.

(30세) 이백이 처음 장안에 들어왔을 때 섬서성 종남산(終南山, 중난산)에 있는 공주의 별관에 우거했던 것도 사실이다. 공주가 이백을 비롯한 왕유(王維), 고적(高適) 등 당대의 문사들을 후원했고 이백이 공주의 별관에서 지은 시도 남아 있다.

이백이 42세(742)에 대조한림 벼슬에 임명된 배경에 대해서는 도사 오균(吳筠)의 추천설과 옥진공주의 추천설로 견해가 갈린다. 공주가 마지막으로 수도한 곳도 경정산이라는 설과 하남성의 왕옥산(王屋山, 왕우산)이라는 설로 나뉜다. 또 경정산설 중에서도 공주가 이백을 만나기 위하여 경정산으로 갔다는 설과 이백이 공주가 있는 경정산으로 갔다는 설로 나뉜다. 두 사람의 애정관계에 대해서도 견해의 일치를 보지 못하고 있다.

　어느 쪽 학설이 옳은지 나로서는 알 길이 없다. 이백과 옥진공주 말고도 허다한 역사적 사실이나 전설적 이야기를 서로 자기 고장과 관련된 것이라 주장하는 사례는 수없이 많다. 이럴 경우에는 먼저 차지하는 쪽이 임자다. 이백과 옥진공주 이야기도 이백의 시 「독좌경정산」을 매개로 하여 선성시가 선점해버린 것 같다.

　그러나 이 「독좌경정산」을 옥진공주와 연관지어 해석하는 것은 무리일 듯싶다. 그리고 상사천에 있는 이백의 와상 옆에는 그의 시 「장상사 (長相思)」 제2수 중 "지난 날 살짝 엿보던 고운 두 눈이/오늘은 눈물의 샘이 되어버렸네(昔時橫波目 今作流淚泉)"라는 구절이 새겨져 있는데, 역시이 시를 옥진공주와 연관시키는 것은 어불성설이다. 두 사람의 애정만을 강조하려는 의도가 이런 무리수를 둔 것 같다.

취웅정에서
구양수를
만나다

취웅정의 발자취

이야기는 다시 2010년의 여행으로 돌아간다. 채석기에서 점심식사를 마치고 저주(滁州, 추저우)의 낭야산(琅琊山, 량야산)으로 향했다. 국가급 풍경명승구인 낭야산에는 취웅정, 의재정, 낭야사 등 인문경관이 풍부한 명소들이 자리잡고 있다.

취웅정(醉翁亭, 쭈이웡팅)은 소주(蘇州, 쑤저우)의 창랑정(滄浪亭), 상사(長沙, 창사)의 애만정(愛晩亭), 북경의 도연정(陶然亭)과 함께 중국의 4대 명정(名亭)으로 꼽히는데 그 유래는 이렇다.

당송팔대가(唐宋八大家)의 한 사람인 북송의 문호 구양수(歐陽脩, 1007~1072)가 1045년 조정의 간신들에 의하여 참소를 당해 벽지인 저주의 태수로 좌천된다. 그는 태수로 재직하는 동안 경치가 빼어난 근처의 낭야산을 유람하곤 했는데 여기서 낭야사의 승려 지선(智仙)과 친교를 맺는다. 평소 구양수를 존경했던 지선은 이듬해(1046) 구양수가 이곳에 올 때 휴식을 취하고 연회를 베풀 수 있도록 조그마한 정자를 지어준다. 이 정자에 구양수는 취옹정이라 이름 붙이고 유명한 「취옹정기」를 지었다. 그후에 여러 부속건물이 세워져 저주의 명승이 되었으나 세월의 흐름에 따라 여러 차례 훼손과 중건을 거듭하다가 1850년 태평천국의 난으로 완전히 파괴되었다. 이를 안타깝게 여긴 이웃 고을의 학자 설시우(薛時雨)가 벼슬에서 물러난 후 백방으로 모금을 하여 1881년에 새롭게 중건하여 오늘에 이르고 있다.

설시우는 뜻이 높고 강직한 선비로 어렸을 때부터 구양수를 흠모하여 혼자 50여 리를 걸어서 자주 취옹정을 방문했다고 한다. 그는 벼슬에서 물러난 후 필생의 사업으로 10여 년에 걸쳐 허물어진 취옹정과 풍락정(豊樂亭)을 중건했다. 풍락정도 구양수가 태수 시절에 세운 정자이다. 설시우의 또 하나의 업적은 청나라 때 그 고을의 문호인 오경재(吳敬梓)의 거작 『유림외사(儒林外史)』에 주석을 달아서 판각한 일이다. 풍자소설 『유림외사』는 지금까지 중국에서 문학적으로나 역사적으로 매우 높은 평가를 받고 있는 걸작이다. 오늘날 대한민국의 교수들이 여기 먼 곳까지 와서 취옹정을 둘러보며 「취옹정기」의 향기를 다시금 음미할 수 있게 된 것은 뜻깊은 학자 설시우의 공이 아닐 수 없다.

채석기를 출발한 버스의 운전기사가 취옹정의 위치를 잘 몰라 묻고 또 물어서 3시 30분경에야 낭야산 풍경구 북문에 도착했다. 입장료가 1인당 95위안(약 18,000원)으로 상당히 비쌌다. 최근 중국 관광지의 입장료가 일제히 인상되었는데 좀 과다하다는 생각이 든다. 북문에는 '낭야산(琅琊山)' 세 글자가 커다랗게 쓰여 있는데 소식의 글씨이다. 안내판에는 한글을 병기해놓아 반가웠지만 '歐陽脩'를 '우양수'로, '醉翁亭'을 '취웡정'으로 써놓은 것이 못마땅했다. 이와 같이 잘못된 표기는 중국 곳곳에서 발견할 수 있다. 이를 바로잡을 길은 없을까?

우리는 전에는 없던 유료 전동차를 타고 산길을 달려 취옹정으로 향했다. 원래 이 길은 주위의 경치를 감상하면서 천천히 걸어가야 제맛이 나는데 운전기사가 길을 몰라 헤매는 통에 시간이 늦어 전동차를 탈 수밖에 없었다. 구양수의 「취옹정기」 첫머리에는 이 길과 취옹정을 이렇게 묘사하고 있다.

저주(滁州)를 둘러싼 것은 모두가 산이다. 그 서남쪽 여러 봉우리들의 숲과 골짜기가 더욱 아름다운데 바라보면 초목이 우거져 깊고 빼어난 것이 낭야산이다. 산길 6,7리를 가면 차츰 졸졸 흐르는 물소리가 들리고 양쪽 봉우리 사이에서 물이 쏟아져 나오니 이것이 양천(讓泉)이다. 봉우리와 길을 돌고 돌면 날아갈 듯한 정자가 있어〔有亭翼然〕양천을 굽어보고 있으니 이것이 취옹정이다. 정자를 세운 사는 누구인가? 낭야산 스님 지선이다. 이름을 지은 자는 누구인가? 태수 자신이 그렇게 부른 것이다.

당송팔대가의 한 사람인 구양수의 「취옹정기」는 구양수 산문 중 가장 뛰어난 작품으로 중국 산문 예술의 백미로 꼽힌다. 특히 이 글에는 허사

(虛辭)인 '야(也)'자가 21개나 사용된 것으로도 유명하다.

'양천(讓泉)'인가, '양천(釀泉)'인가

전동차에서 내리니 중국 정치협상회의 주석 이서환(李瑞環, 리루이환)이 쓴 '천년취옹정(千年醉翁亭)'이라는 글씨가 바위에 새겨져 있다. 그리고 바로 옆에 양천(讓泉)이 있다. 양천은 현재 청석(青石)으로 만들어진 직사각형의 샘으로 되어 있는데 중간을 막아 좌우로 나뉘어 있다. 현재 수량은 많지 않지만 일 년 내내 마르지 않고 평균 수온 섭씨 17도를 항상 유지한다고 한다. 내가 이 샘을 자세히 설명하는 것은 「취옹정기」에 언급되어서이기도 하지만 주된 이유는 그 명칭 때문이다.

지금 양천 위 석벽에는 청나라 왕사괴(王賜魁)가 쓴 '讓泉' 두 글자가 크게 새겨져 있다. 그런데 취옹정 경내의 이현당(二賢堂) 안에 걸린 「취옹정기」에는 이것이 '釀泉'으로 쓰여 있다. 또한 명나라 가정(嘉靖) 연간 (1522~1566)에 판각된 『구양문충공공문집(歐陽文忠公文集)』에도 '釀泉'으로 되어 있다. '讓'은 '양보한다'는 뜻이고 '釀'은 '(술을) 빚는다'는 뜻이다. 소동파의 글씨로 「취옹정기」가 새겨진 비석의 탁본에는 '양천'이라는 글자가 두 번 나오는데 첫 번째는 앞에서 본 대로 '讓泉'이고 두 번째는 '釀泉'이다. 두 번째 '釀泉'이 나오는 구절은 다음과 같다.

시냇가에 다다라 고기를 낚으니 물이 깊어 고기가 살쪄 있고 샘물

양천(讓泉) 취옹정 앞에 있는 샘으로 구양수는 이 샘물로 술을 빚어 마셨다고 한다.

로 술을 빚으니(釀泉爲酒) 샘물이 향기로워 술이 차고 맑았다.

　'讓'이 맞는지 '釀'이 맞는지 가이드에게 물었으나 그가 알 리 없었다. 그래서 혹시 교육용 가이드 책자에 설명되어 있는지 모를 일이니 후에 좀 알려달라고 부탁했는데 뜻밖에도 귀국 후 얼마 있다가 가이드 김군일이 이메일을 보내왔다. 인터넷에서 찾아 유성혜(劉成慧, 류청후이)가 쓴 「양천(釀泉)인가, 양천(讓泉)인가?」라는 글을 그대로 보냈는데, 유성혜의 결론은 소동파가 쓴 대로 '讓泉'이 맞다는 것이었다. 앞부분의 '讓泉'은 고유명사이고 뒷부분의 '釀泉爲酒'는 '讓泉의 물로 술을 빚는다(釀)'는 뜻으로 보아야 한다는 것이었다. 참으로 옳은 견해였다. 소동파의 글씨에는 잘못된 것이 없는 것이다. 그러면 왜 구양수 문집을 비롯한 다른 문헌에는 대부분 두 글자 모두 '釀泉'으로 되어 있는가? 유성혜의 견해에 의하면 '釀'과 '讓'의 음('랑')이 같기 때문에 착각했을 가능성이 있다. 내

생각으로는, 「취옹정기」의 내용으로 보아 이 샘물로 술을 빚는다는 것이 포인트이므로 응당 '釀泉'으로 여겼던 것 같다. 나도 처음에는 별 생각 없이 '釀泉'으로 쓰는 것이 옳다고 생각했다. 그리고 보니 몇 년 전 이곳에 왔을 때 당시의 여자 가이드 장설(張雪, 장쉐)의 말이 생각났다. 2개의 샘 중 한 샘에서만 물이 솟는데 그 물을 자기가 독차지 하지 않고 다른 쪽 샘으로 흘려보내 양보한다(讓)고 해서 붙여진 이름이라는 것이다. 그 래서 이 샘을 자매천(姉妹泉)으로 부른다고도 했다. 즉 언니 샘이 동생 샘에게 양보한다는 것이다. 그렇다면 샘 이름이 '讓泉'인 것이 분명하다.

취옹은 갔으나 취향은 남아

양천 옆 돌다리를 건너면 취옹정으로 들어가는 문이 나오는데 이른바 '구문(毆門)'이다. 구문 옆 양쪽 벽에는 다음과 같은 글이 새겨져 있다.

山行六七里 亭影不孤 (산행육칠리 정영불고)
翁去八百載 醉鄕猶在 (옹거팔백재 취향유재)

산길 육, 칠 리에 정자 그림자 외롭지 않고
취옹 간 지 팔백 년에 취향은 아직 있네

이 글은 1881년 취옹정을 중건한 설시우가 쓴 것이다. 구문으로 오르

취옹정(위)　소박한 취옹정을 16개의 기둥이 받치고 있다.

유정익연(아래)　취옹정의 처마 끝이 새의 날개처럼 날아오르는 듯하다.

는 계단 밑에서 적당한 각도로 문 안을 올려다보면 취옹정 처마 끝이 새의 날개처럼 보인다. 앞에서 인용한 「취옹정기」의 "유정익연(有亭翼然, 날아갈 듯한 정자가 있다)"이라는 표현이 실감나는 광경이다. '익(翼)'은 새의 날개라는 뜻이다. 구문을 들어서면 취옹정이다. 기둥이 16개이고 사방에 앉을 수 있는 난간을 만들어놓은 것이 특이했다. 정자 안에는 주련이 여러 개 걸려 있는데 그중 다음 구절이 재미있다.

飮旣不多　緣何能醉 (음기불다 연하능취)

年猶未逮　奚自稱翁 (연유미태 해자칭옹)

마신 술 많지 않은데 어찌 능히 취했는가?

나이 아직 모자란데 어찌 스스로 옹(翁)이라 칭했는가?

이 구절은 「취옹정기」에 있는 말 — 태수가 손님들과 여기에 와서 술을 마실 때, "조금만 마셔도 금방 취하고(飮少輒醉)" 나이 또한 가장 많았기 때문에 "스스로 호를 취옹이라 한 것이다(自號曰醉翁也)" — 을 근거로 지은 것이다. 그러나 당시 구양수는 38세였다.

취옹정 북쪽에 구양수와 왕우칭(王禹偁, 954~1001) 두 선현을 모신 이현당(二賢堂)이 있다. 이현당은 1095년에 송나라 학자 증공(曾鞏)의 아우 증지(曾肇)가 저주의 태수로 있을 때 세운 건물이다. 왕우칭은 구양수보다 50여 년 전에 저주의 태수로 부임했는데 청렴결백하고 백성을 사랑하여 평소 구양수가 매우 존경했던 인물이다. 그래서 후대의 사람이 이현당을 세운 것이다. 왕우칭은 「황주죽루기(黃州竹樓記)」와 「대루원기(待漏院記)」라는 명문을 남겼는데 『고문진보(古文眞寶)』에 수록되어 있다. 안에는 두 사람의 소상이 있고 좌우 벽에는 구양수의 대표적 문장인 「붕당론(朋黨論)」과 「취옹정기」가 걸려 있다.

구문소자비 (歐文蘇字碑)

취옹정 서쪽에는 보송재(寶宋齋)가 있는데 여기에 그 유명한「취옹정기」비석이 있다. 구양수가「취옹정기」를 짓고 이를 새긴 비석을 세우고 나서 세상에 알려지자 사람들은 너도나도 탁본을 해갔다. 너무도 유명한 글이기 때문에 이 탁본은 선물용·뇌물용으로 유행했으며 고가에 거래되기도 했다. 원래 글씨가 작고 깊이 새기지 않은데다 수많은 사람들이 탁본을 하는 바람에 얼마 후에는 비석이 마모되어 글자가 흐려졌다고 한다. 이에 비가 세워진 지 40여 년 만인 1091년에 당시 저주의 태수로 있던 왕조(王詔)가 이를 염려하여 영주(潁州)에 있는 소동파에게 인편을 통해 글을 다시 써줄 것을 부탁했고 소동파는 이를 흔쾌히 승낙했다. 소동파는 구양수의 제자뻘 된다. 이렇게 해서 다시 세운 것이 유명한 '구문소자비(歐文蘇字碑, 구양수의 문장을 소식의 글씨로 새긴 비석)'이다. 지금 보송재 안에 있는 비가 이 '구문소자비'라는 것이다.

이 비석에 관해서는 확인되지 않은 여러 이야기가 전한다. 1091년에 세워진 이 비는 12년 후에 소동파가 짓거나 쓴 모든 비를 없애라는 송나라 휘종(徽宗)황제의 명에 따라 훼철되었다는 설도 있고, 또 원대(元代) 이전에 이미 훼손되어서 1426년에 다시 세웠다는 설도 있다. 이후 비석은 풍우에 침식된 채 노천에 방치되었는데 1622년에 풍약우(馮若愚) 부자가 보송재를 지어 이를 보존했다고 한다. 후인은 그의 공로를 기리기 위하여 '풍공사(馮公祠)'를 지었다.「보송재기(寶宋齋記)」에는 이 비석이 원래의 '구문소자비'라는 기록이 있다고 하는데「보송재기」가 없어진 지금 그 진위를 확인할 길이 없다. 또 어떤 기록에 의하면 이 비석마저 1860년대에 훼손되었고 지금 보송재에 있는 것은 복제품이라고 한다.

이후 보송재와 풍공사는 없어졌고 지금은 옛 풍공사 자리에 새 건물을 짓고 '풍약우지사(馮若愚之祠)'라는 현판을 달아놓았다. 그나마 이 건물은 기념품 판매점이 되었고 건물 하단 외벽에 풍공사와 보송재임을 알리는 조그마한 석판 2개가 설치되어 있어서 이곳이 옛 풍공사라는 것을 알 수 있을 뿐이다. 그리고 경내에 별도로 신보송재(新寶宋齋)를 지어놓았다.

의재정과 영향정

취옹정 서남쪽에 의재정(意在亭)이 있다. 정자 이름이 좀 생소한데 이는 「취옹정기」의

취옹의 뜻은 술에 있는 것이 아니고 산수의 사이에 있다. 산수의 즐거움을 마음으로 얻어 이를 술에 붙인 것이다.

醉翁之**意** 不在酒 **在**乎山水之間也 山水之樂 得之心而寓之酒也

라는 구절에서 '의(意)'와 '재(在)' 두 글자를 따서 붙인 명칭이다. 참으로 한자의 조화는 무궁무진하다. '의재(意在)'는 말이 되지 않는 두 글자의

조합이지만 「취옹정기」에서 뽑아 쓴 후 비로소 의미 있는 명칭이 된 것이다. 인용한 구절은 구양수가 손님들과 함께 취옹정에서 술을 마시는 장면을 묘사한 것이다. 그래서 그런지 의재정 바닥에는 사방을 빙 둘러 홈이 파여 있다. 이곳에 물을 흘려보내 술잔을 띄우고 연회를 벌였다. 이른바 '곡수유상(曲水流觴)'이라는 것이다. 사람들이 둘러 앉아 술잔이 자기 앞에 오면 시를 짓거나 재미있는 이야기를 해야 하고 하지 못하면 벌주를 마시는 유희로, 난정(蘭亭)에서 왕희지(王羲之)가 모임을 가졌을 때 비롯되었다고 한다. 우리나라 경주의 포석정과 같은 것이다. 의재정은 1603년 당시 저주 태수로 있던 노홍하(盧洪夏)가 난정의 고사를 본떠서 지었다고 한다. 의재정에도 주련이 걸려 있다.

同洛社遺風 杯渡輕便增酒趣 (동낙사유풍 배도경편증주취)
倣山陰雅集 波紋曲折像文心 (방산음아집 파문곡절상문심)

낙사(洛社)가 남긴 풍류와 같아 가볍게 술잔이 떠가니 술의 흥취 더해주고
산음(山陰)의 좋은 모임 본떠서 굽이굽이 꺾인 물결 문심(文心)과 닮았네

'낙사'는 구양수가 젊은 시절 낙양(洛陽)에 있을 때 결성한 모임이고, '산음'은 왕휘지가 곡수유상하던 난정이 있던 곳이다.

의재정 서쪽에는 영향정(影香亭)이 있다. 영향정은 온통 사각형으로

구성된 건물이다. 사각형 정자를 받쳐주는 네 기둥도 사각형이고 정자 안의 돌 탁자도 사각형이고 돌 의자도 사각형이다. 정자 주위에는 물이 둘러 있는데 이 또한 사각형 돌담으로 둘러싸여 있다. 정자 이름은 송나라 시인 임포(林逋)의 유명한 시 「산원소매(山園小梅)」 중의

맑고 얕은 물가에 성긴 그림자 비껴 있고
달 뜬 황혼녘에 그윽한 향기 떠다니네

疏影橫斜水淸淺　暗香浮動月黃昏

라는 구절에서 '영(影)'과 '향(香)' 두 글자를 취해서 붙인 것이다. 이 구절은 매화를 읊은 시의 압권으로 칭송되는 절창인데 영향정의 주련으로도 걸려 있다. 이렇게 정자 이름을 영향정이라 한 것은 이곳이 매화와 관련이 있어서이다. 사면이 물로 둘러싸인 정자 입구에 조그마한 다리가 놓여 있다. 이 다리를 건너면 북쪽으로 낮은 담장 중간에 둥근 모양의 문이 있다. 영향정에서 이 문을 통해서 바라보면 약간 높은 곳에 한 그루의 매화나무가 눈에 들어온다. 구양수가 손수 심었다고 해서 '구매(歐梅)'라고도 불린다. 높이 7미터의 이 매화나무 그림자가 둥근 문을 통과해서 영향정의 물속에 비치기 때문에 영향정은 이 '구매'를 감상하기 위하여 지은 정자인 셈이다. 임포의 매화시에서 글자를 취해 이름을 붙인 것도 이 때문이며 정자가 사각형으로 구성된 것도 매화의 곧고 방정(方正)한 속성을 나타내기 위함이라고 한다. '방(方)'은 사각형이란 뜻이다. 영

향정에서 바라다보이는 둥근 문 양쪽에도 '찬 물결에 성긴 그림자(寒流疏影)' '푸르름이 쌓인 맑은 향기(翠積淸香)'라는 구절을 새긴 사각형의 비석이 있는데 이 역시 '영'과 '향'의 뜻을 나타낸 글귀이다.

'구매'는 다른 매화보다 개화 시기가 늦어 살구꽃과 함께 핀다고 해서 일명 '행매(杏梅)'라고도 불린다. 매년 3월 15일 전후에 약 10일간 꽃이 핀다고 한다. 매화나무를 둘러쌓은 석대(石臺)에는 1652년 청나라 이숭양(李嵩陽)이 쓴 '화중소허(花中巢許)' 네 글자가 새겨져 있다. '꽃 중의 소부(巢父)·허유(許由)'라는 뜻이다. 전설에 의하면 허유는 요임금이 천하를 물려주려 하자 이를 거절했는데 요임금이 재차 사람을 보내 권유하니 더러운 말을 들었다고 해서 기산(箕山)의 영수(潁水)에 가 귀를 씻었다. 소부는 영수에서 소에게 물을 먹이다가 허유의 말을 듣고 귀 씻은 물

구매(歐梅) 구양수가 손수 심었다는 매화나무이며, 석대에 새겨진 '화중소허'는 사람으로 치면 소부·허유와 같이 고결하다는 뜻이다.

이 더러워졌다고 여겨 상류로 올라가서 물을 먹였다. 두 사람 모두 세속의 영리를 탐하지 않은 깨끗한 사람인데 이 매화가 사람으로 치면 허유와 소부와 같이 청고(淸高)하다는 뜻이다. '구매' 바로 위쪽에는 고매정(古梅亭)이 있는데 현판 글씨가 아주 특이했다.

우리는 영향정 안에서 술 한잔씩 마시면서 나름대로 당시의 풍류를 흉내내보았다. 특히 사회복지학과의 박승희 교수는 "좋다, 좋다"를 연발하며 분위기를 만끽하는 듯 보였다. 박 교수는 성균관대 교수들의 모임인 행연회(杏硯會)에서 서예를 익히고 있는데 들어온 지 얼마 되지 않았는데도 불구하고 타고난 재주가 있는 듯 상당한 경지에 이르렀다. 박 교수는 서예뿐만 아니라 동양 고전에 관해서도 깊은 관심을 가진 단정한 선비이다. 아마 그가 동양철학이나 한문학을 전공했더라면 더 큰 성공을 거둘 수 있었으리라 생각된다.

취옹정 경내에는 성원(醒園)이라는 건물이 있다. '성(醒)'은 '술이 깬다'는 뜻으로, 취옹정(醉翁亭)의 '취(醉)'자와 대조를 이룬다. 취옹정에서 취했다가 성원에서 깬다는 발상에서 민국(民國) 15년(1926)에 저주(滁州)의 지현(知縣, 현의 수장)이던 진문권(陳文權)이 신보송재 앞에 건립했다. 이후 항일전쟁시기에 훼손된 것을 2005년에 중건한 건물이다. 여기에는 성심재(醒心齋)가 있고 그 안에 선각(線刻)된 구양수·왕안석·소식·소철·증공의 상이 있다.

취옹정을 떠나면서 2009년에 이곳을 방문했을 때 내가 쓴 시 한 수가 생각났다.

숲 사이 취옹정이 보일락 말락

닿기 전에 정다움 먼저 느끼네

술 빚던 샘은 아직 그대로인데

사또는 어디서 「추성부(秋聲賦)」 읊고 있나

林間隱見醉翁亭　未到堂前先有情

釀酒當年泉尚在　使君何處賦秋聲

여기서 '술 빚던 샘'은 양천(釀泉)이고 「추성부」는 구양수의 또 다른
대표작이다.

지선이 주석한 낭야사

취옹정 일대를 관람하고 풍락정(豊樂亭)을 둘러볼 예정이었으나 가이
드가 알아본 결과 지금 수리 중이어서 가지 못했다. 풍락성 또한 구양수
가 저주에 있을 때 세운 정자로 그의 「풍락정기」가 유명하다. 그 대신 우
리는 가까운 거리에 있는 낭야사(琅琊寺, 랑야쓰)를 관람하기로 했다. 예
전에 왔을 때는 택시를 불러서 나누어 타고 절까지 올라갔는데 지금은
전동차가 대기하고 있어서 편하게 갈 수 있었다. 취옹정 입구에서 낭야
사까지 1,500여 미터의 이 길을 '낭야고도(琅琊古道)'라고 한다. 시간이

낭야고사 당나라 때 창건된 유서 깊은 절로 북송연간에는 승려가 500여 명에 이를 정도로 성황을 이루었다.

넉넉하면 주위 경치도 구경하며 천천히 걸어서 올라가는 것이 좋은데 언제나 그렇듯이 시간에 쫓기는 일정 때문에 전동차를 타지 않을 수 없었다. 그러나 전동차 안에서 보아도 스쳐 지나가는 풍광이 아름다웠다.

낭야사의 처음 명칭은 보응사(報應寺)로 당나라 때 당시의 저주자사였던 이유경(李幼卿)이 산승(山僧) 법침(法琛)과 함께 771년에 세운 절이다. 이후 개화선사(開化禪寺)로 명칭을 바꾼 북송 연간(960~1127)에는 승려가 500여 명에 이를 만큼 성황을 이루었다. 당시 저주의 태수였던 구양수를 위해 취옹정을 지어준 승려 지선(智仙)은 이 낭야사의 주지로 있었다. 청나라 때 병란으로 소실되었다가 다시 중건하여 개화율사(開化律寺)로 명칭을 변경했으나 청나라 말에 전란으로 다시 파손된 것을 1904년에 달수화상(達修和尙)이 중건하여 오늘에 이르고 있다. 이 사찰은 북경대학 교장 채원배(蔡元培, 차이위안페이), 장개석, 저명한 화가 서비홍(徐悲鴻, 쉬베이훙)을 비롯한 유명 인사들이 다녀갔을 만큼 전국적으로 이름난 절로 근대 이후에는 절이 위치한 산 이름을 따서 냥야사로 불리게 되었다.

1,500미터의 낭야고도가 끝나는 곳에서 108계단을 오르면 산문인 천왕전(天王殿)이 나타나고, 더 가면 승려들의 방생지로 이용되었던 명월지(明月池)가 나온다. 방생지에 명월지란 명칭을 붙인 것이 재미있다. 명월지 우측에는 명월관이 우뚝 서 있고 명월지 앞에는 높이 14미터의 웅장한 대웅보전이 자리 잡고 있다. 대웅전 안에는 여타 선종 사찰과 마찬가지로 석가모니불·문수보살·보현보살이 모셔졌는데 특이하게도 여기에는 아난존자(阿難尊者)와 가섭존자(迦葉尊者)도 함께 자리해 있다.

중국의 수많은 사찰을 보면서 항상 느끼는 바이지만 낭야사도 규모는 웅장하나 우리나라 절에서 풍기는 고즈넉하고 청량한 분위기가 나지 않는다. 왠지 산만하고 어수선한 느낌을 떨칠 수 없다. '절에 가면 중이 되고 싶다'는 말은 우리나라 절에만 해당되는 말인 듯싶다. 부처의 모습도 우리나라 쌍계사나 송광사의 부처보다 덜 인자하다는 인상을 받는다.

낭야사 경내에는 이외에도 탁영천(濯纓泉)·삼우정(三友亭)·장경루(藏經樓)·오경당(悟經堂) 등의 유서 깊은 유지(遺址)가 있지만 가장 눈길을 끄는 것은 옥황전(玉皇殿)과 설홍동(雪鴻洞)이다. 옥황전은 대들보가 없는 건물이라 일명 무량전(無梁殿)이라고도 불린다. 옥황전은 옥황상제와 도교의 여러 신을 모시는 곳으로, 우주에서 가장 높은 옥황상제의 머리 위에 걸리는 것이 있어서는 안 된다고 하여 대들보 없이 지었다고 한다.

옥황전이 낭야사 산문 밖에 위치해 있고 또 일종의 도교사원인 점으로 미루어 보아 아마도 낭야사 이전부터 있었던 건물로 추정된다.

설홍동은 천수관세음보살을 모시는 곳으로, 동굴 안의 정면에 '불(佛)'자가 크게 새겨져 있다. 그리고 '면벽처(面壁處)'라는 석각이 있는데 서역의 어느 선승이 이곳에서 면벽 6년 만에 성불했다고 한다. 더 깊이 들어가면 '나무석가모니불(南無釋迦牟尼佛)' 석각이 있다. 이 석각은 송나라 태조 조광윤(趙匡胤)이 새겼다고도 하고, 낭야사를 중창한 달수화상이 1930년에 새겼다고도 한다. 이 동굴에는 여러 가지 이야기가 전한다. 유방(劉邦)이 항우(項羽)의 추격을 받던 중 이곳으로 피신하여 목숨을 건졌다고도 하고, 주원장이 이곳에 병마를 숨겨두었다가 아무도 몰래 남경성을 공격하여 함락시켰다는 전설도 있다.

다시 풍락정을 찾아서

2013년 12월의 중국 기행기를 덧붙여둔다.

나는 취옹정에는 여러 번 왔으나 번번이 풍락정(豐樂亭)에는 가보지 못해 아쉬웠다. 「취옹정기」와 더불어 구양수의 걸작으로 꼽히는 「풍락정기」를 익히 읽었던 터라 꼭 방문하고 싶었고 또 취옹정에서 멀지 않은 곳에 있는데도 갈 수 없었던 것은 '수리 중'이라는 이유 때문이었다. 그러나 이번 여행에서도 가이드로부터 수리 중이라는 말을 들은 지가 5년 이상 지났음에도 역시 수리 중이라는 답만 돌아왔다. 그래서 이번에는

풍락정 입구 취옹정과 더불어 구양수가 지은 또 하나의 정자가 풍락정이다.

근처에 가서 외관만이라도 보자고 해서 강행했다. 가이드가 풍락정의 위치를 알 리 없어서 저주 시내의 길가는 사람들에게 묻고 물어서 겨우 근처에까지 갔는데 풍락정 진입로를 찾을 수 없었다. 마침 어떤 상점에 들러 물으니 주인이 직접 자전거를 타고 선도하면서 우리를 안내해주었다. 무척 고마운 분이었다.

자세히 알아보니 풍락정 일대를 모 기관이 점유하고 있어서 문화대혁명 이후 대외개방이 금지되었다고 한다. 다행히 몇 년 전에 해금이 되었지만 그동안 '진짜' 수리를 하느라 개방이 늦어지고 있었다. 저주시는 이 일대를 대대적으로 개발하여 '풍락정 공원'을 조성하고 있었다. 공원 조성은 아직 끝나지 않았으나 풍락정 중수는 2013년 3월에 마쳤는데도 무슨 이유 때문인지 문이 잠겨 있었다. 그래서 안으로 들어가지는 못하고 문틈으로 들여다보며 사진 몇 장만 찍었다.

「풍락정기」에 의하면 이 정자는 구양수가 저주에 부임한 이듬해(1046)에 지어졌다. 저주의 물맛이 매우 좋아서 구양수가 어느 곳의 물인가를 물었더니 근처의 풍산(豊山, 평산) 아래에 있는 샘물이라 하여 직접 가보니 과연 샘이 맑고 경치가 좋아 그 옆에 정자를 짓고 풍락정이라 이름했다고 한다. 그리고 저 유명한 「풍락정기」를 썼다. 문틈으로 엿본 풍락정은 상당히 큰 규모로 확장된 듯했다. 정자 안에는 소동파의 친필로 된 「풍락정기」가 있다고 하는데 볼 수 없어서 섭섭했다. 그리고 물맛이 좋다고 한 샘도 새롭게 꾸며놓긴 했지만 시멘트로 거창하게 단장하여 고박한 맛이 없었다. 샘 이름이 원래는 유곡천(幽谷泉) 또는 풍락천(豐樂泉)이었다고 하나 지금은 자미천(紫薇泉)으로 바뀌어 있다.

'홍니소주' 식당

풍락정을 보고 시내에서 점심식사를 했다. 시내에는 뜻밖에도 '돌솥비빔밥' 간판을 단 음식점이 눈에 띄어서 반가웠다. 우리가 들어간 식당 이름은 '홍니소주(虹泥小廚)'였다. 나는 직감적으로 식당 주인이 술을 좋아하는 풍류객임을 알았다. 아니나 다를까 식탁 위의 컵에 백거이의 유명한 시 「문유십구(問劉十九)」가 새겨져 있다.

밥알이 떠 있는 새로 거른 동동주에

붉은 진흙 조그마한 화롯불 있소

저물녘 하늘엔 눈이라도 오려는데

술 한잔 마시지 않으시려오

綠蟻新醅酒 紅泥小火爐

晩來天欲雪 能飮一杯無

　술을 무척 좋아한 백거이가 강주사마(江州司馬)로 좌천되어 쓸쓸한 나날을 보내던 어느 날, 한 친구에게 술 마시러 오라고 보낸 초대 시이다. 군더더기 없이 깔끔하고 담박하게 자신의 심경을 노래한 일종의 권주가나 마찬가지이다. 컵에 이 시를 새겨놓은 것으로 보아 식당 이름 '홍니소주(虹泥小廚, 무지갯빛 진흙으로 만든 조그마한 주방)'는 백거이의 시구 중 "홍니소화로(紅泥小火爐)"에서 따온 것이 분명했다. 요리도 알코올 램프에 데우는 것이 아니고 진흙으로 만든 화로의 숯불에 데우도록 되어 있다. 이 화로 위에서 음식이 끓으니 화로가 바로 작은 주방인 셈이다. '홍(紅)'을 '홍(虹)'으로 바꾼 것은 주인의 취향이겠다. 이곳이 백거이와 직접적인 관련이 있는 장소도 아닌데 컵에 그의 시를 새긴 것으로 보아 주인이 백거이를 무척 좋아하거나 술을 즐기는 사람인 듯했다. 중국의 풍부한 인문학적 유산이 부럽고 이 유산을 재미있게 활용할 줄 아는 중국인의 낭만이 부럽다. 저주를 여행하는 사람이라면 한번 들러볼 만한 음식점이다. 음식 맛도 좋다.

전초현 오경재기념관

점심식사 후 오경재(吳敬梓)기념관을 방문했다. 기념관은 저주 시내에서 버스로 약 20여 분 거리의 전초현(全椒縣, 취안자오현)에 있다. 전초현에 들어서자 '오경재로(吳敬梓路)'라 쓰인 표지판이 눈에 들어온다. 기념관으로 들어가는 대로변 한쪽에 족히 1킬로미터가 넘을 것으로 보이는 장랑(長廊, 줄행랑)이 조성되어 있는 것이 특이했다. 그보다 더 특이한 것은 장랑 앞에 만들어놓은 수십 개의 석조물과 청동 조형물이다. 이 석조물에는 『삼자경(三字經)』의 원문과 번역문을 새겼고, 필요한 경우 내용과 관련된 인물을 그 옆에 돌이나 청동으로 상을 만들어 세웠다. 『삼자경』은 『백가성(百家姓)』 『천자문』과 함께 중국의 대표적인 아동 계몽서로 교육, 역사, 천문, 지리, 윤리, 민간전설 등을 담은 책이다. 작자에 대해서는 여러 설이 있으나 송나라 왕응린(王應麟)이 지었다는 설이 유력하다. 이 책은 후대에 매우 중시되어 꾸준히 증보되어왔는데 현행본에는 민국시기(1912~1949)의 사실까지 수록되어 있다.

오경재(1701~1754)는 안휘성 전초 출신의 위대한 풍자 소설가이다. 명문거족 출신으로 물려받은 재산도 많았으나 이재(理財)에 서툰 그는 유산으로 받은 재산을 탕진하고 주위 사람들로부터 멸시를 당하며 시와 술로 세월을 보냈다. 그는 40세 되던 해(1741)에 『유림외사(儒林外史)』의

오경재기념관 청나라 때의 명문거족 출신인 오경재는 탁월한 풍자소설『유림외사』를 남겼다.

집필에 착수하여 10년 만에 완성한다. 이 작품은 봉건적 과거제도를 비판하고 정주이학(程朱理學, 송나라 때의 정호·정이와 주희 계통의 성리학)과 봉건 예교(禮敎)를 풍자하는 등 당시의 사회모순을 신랄하게 고발한 풍자문학의 백미로 평가된다.

　기념관을 들어서면 '풍해우진(諷諧寓眞, 풍자와 해학이 진실에 깃들다)'이라는 현판 밑에 커다란 비석이 놓여 있는데, 앞면에는 오경재와『유림외사』를 높이 평가한 노신(魯迅)의 글이, 뒷면에는 '오경재전(吳敬梓傳)'이 새겨져 있다. 이곳을 지나면 오경재의 소상이 우뚝 서 있고 그뒤의 정청(正廳) 안에는 '명중유림(名重儒林, 이름이 유림에 무겁다)'이라 쓰인 현판 밑에 오경재의 좌상이 놓여 있다. 그 옆에는『유림외사』의 각종 판본이 진열되어 있다. 기념관 경내에 납매(臘梅, 음력 섣달에 꽃이 피는 매화)가 곱게

피어 있어서 우리를 더욱 즐겁게 했다.

원법 스님의 그림자

이야기는 다시 2010년의 여행으로 돌아간다. 취옹정과 낭야사를 관람한 후 우리는 전용버스를 타고 다음 행선지인 남경으로 향했다. 애초의 계획은 오후 6시경에 남경의 신세기대주점에 도착하기로 되어 있는데, 취옹정을 찾는 데 시간을 허비했고 또 남경으로 가는 길의 교통 체증으로 인해 시간이 지연되자 나는 내심 초조해졌다. 신세기 호텔 앞에서 6시경에 남경에 거주하는 현지 여성 한 분을 만나기로 했기 때문이다. 이날 만나기로 약속한 사연은 이렇다.

내가 성균관대학교 한문학과에 재직하고 있을 때 비구니 한 분이 학생으로 있었다. 방송통신대학교를 졸업하고 공부를 더 하고 싶어서 한문학과 3학년에 학사 편입을 한 분이었다. 속명(俗名)은 권동순이고 법명은 원법(圓法)인데 경상북도 청도의 운문사에 딸린 작은 암자에서 수행한다고 했다. 매우 온화하고 총명한 스님이었다.

원법 스님은 수업시간에 맨 앞자리에 앉아서 열심히 공부하여 항상 시험성적이 일등이었다. 우수한 성적으로 학부를 졸업한 후 대학원 석사과정에 입학해서도 향학열이 대단했다. 석사과정을 마치더니 한문학에 흥미를 느꼈던지 박사과정에도 들어왔다. 그러다가 돌연 휴학을 하고 중국어를 배우겠다며 남경으로 떠났다. 1년 반 만에 돌아와서는 나머지 과정을 마치고 박사학위를 취득했다.

내가 정년퇴직을 한 직후인 2008년 10월에 남경에 갔는데 원법 스님이 그곳의 보살들에게 연락을 해놓아 정말 융숭한 대접을 받았다. 원법 스님은 남경에서 중국어를 공부하는 한편으로 그곳에 거주하는 한국 부인들을 모아 법회를 가졌던 모양이다. 부인들은 원법을 스승으로 모시고 매우 존경하고 있었다. 자기들의 스승의 스승인 나를 이렇게 융숭하게 대접하는 것만 보아도 원법 스님의 영향력을 짐작할 수 있었다.

그때 부인들로부터 들은 바로는, 원법 스님은 강원도 출신으로 고등학교를 졸업하고 출가했다고 한다. 평소 궁금했던 나이를 물었더니 40세 전후라고 했다. 겉보기에는 20대처럼 앳된 모습이었다. 원법 스님은 지금 청도 운문사의 승가학교 교수로 재직하며 비구니들을 가르치고 있다.

이번에도 여행 중 남경을 방문한다고 했더니 나의 거듭된 사양에도 불구하고 기어코 또 연락을 해서 나를 맞이하도록 해놓았는데, 신세기 호텔에서 만나기로 한 6시가 지나버려 초조해졌던 것이다. 게다가 우리 일행은 호텔로 가지 않고 저녁식사 장소인 무궁화 식당으로 바로 가기로 결정해서 더욱 난감했다. 할 수 없이 가이드에게 부탁해, 호텔로 전화해서 한국 일행을 찾는 여성 분이 있으면 무궁화 식당으로 오라고 연락을 취했다.

우여곡절 끝에 무궁화 식당에 도착한 시간이 7시 30분이었다. 식당 앞에 부인 한 분이 나와 있었다. 나 혼자 만나기가 멋쩍어서 정현식 교수와 동행하여 다른 식당으로 갔다. 2008년에 나왔던 부인들은 모두 남편을 따라 귀국했고 자기도 약 한 달 후에 귀국한다고 하면서 원법 스님을 극구 칭찬했다. 남경에 사는 동안 원법 스님을 만나 마음의 평화를 누렸다고 했다. 식사를 마친 뒤 부인은 우리를 호텔까지 데려다주면서 수정방(水井坊, '중국술 10' 참조)과 보이차를 선물로 주었다. 원법 스님이 내가 술과 차를 좋아한다는 것을 알고 있었기 때문에 그렇게 부탁을 한 것 같았다. 2008년에 왔을 때에도 부인들로부터 오량액과 보이차를 선물로 받았던 기억이 난다.

수정방

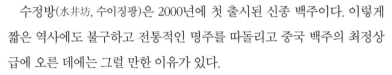

  수정방(水井坊, 수이징팡)은 2000년에 첫 출시된 신종 백주이다. 이렇게 짧은 역사에도 불구하고 전통적인 명주를 따돌리고 중국 백주의 최정상급에 오른 데에는 그럴 만한 이유가 있다.

  사천성 성도(成都, 청두)에서 중국 명주 전흥대국(全興大麴)을 생산하는 전흥집단(全興集團, 전흥그룹)이 1998년 양조시설을 수리하던 중 지하에서 우연히 오래된 주조시설을 발견했는데 놀랍게도 증류주를 만드는 모든 시설이 거의 완벽하게 보존되어 있었다. 고고학계의 감정을 거친 결과 이 유적은 원(元)·명(明)·청(淸) 3대에 걸쳐 증류주를 생산하던 곳임이 입증되었다. 연대로 따지면 약 600여 년 전부터 이곳에서 술을 만들었던 것이다.

  자국의 술 문화에 유달리 자긍심을 가진 중국인들은 이를 중요시하여 1999년 전국 10대 고문물 발굴로 평가하고 2001년에는 이 지역을 '전국 중점문물보호단위'로 지정했다. 말하자면 국가급 문화재로 지정한 것이다. 이어서 세계 최초의 양조시설로 기네스북에 등재되기도 했다. 당시 중국에서는 진시황의 병마용(兵馬俑)에 비견할 만한 유적이라 보도했고 '중국 백주의 무자사서(無字史書, 글자 없는 역사책)'라고까지 평가했다.

  이 주조시설 발견을 계기로 전흥그룹이 만든 신제품이 수정방이다. 발견된 유적지가 성도시 금강(錦江, 진강) 변에 있는 수정가(水井街)이기 때문에 그 이름을 딴 것이다.

당시 전흥그룹에서 생산하던 전흥대국은 다소 침체기에 있었다. 사천성에서 생산되는 백주는 농향형(濃香型)이 주류를 이루고 있었는데 같은 농향형 백주인 노주노교(蘆州老窖)와 오량액(五糧液)에 크게 밀리고 있었던 것이다. 전통의 명주인 노주노교는 그렇다 치더라도 후발주자인 오량액의 급성장에 위기의식을 느낀 전흥그룹은 이 새로운 유적의 발굴을 발판으로 삼아 신제품 수정방을 출시함으로써 승부수를 던졌다. 반전의 기회를 노린 것이다.

수정방이 세운 전략은 크게 두 가지이다. 첫째는 '600여 년 동안 중단없이 생산된' 백주라는 명분이다. 백주의 품질을 좌우하는 요소는 지리적 환경, 기후, 물 등 다양하지만 술을 발효시키고 저장하는 교(窖)가 결정적인 역할을 한다. 교는 황토로 만든 용기인데 이 용기 안벽에 수많은 미생물이 기생하여 그들 상호 간의 작용에 의하여 술이 순화되고 백주 특유의 향이 만들어진다. 그러므로 교는 연속 사용하는 것이 중요하다. 그래야만 미생물이 계속 생존할 수 있기 때문이다.

그런데 지하에서 발견된 고대 양조시설을 계기로 신제품을 출시하면서 '600년 동안 중단 없이' 생산된 술이라 선전하는 것은 말이 안 된다. 발견된 고대 양조시설은 이미 작업이 중단된 오래된 유물일 뿐이다. 나는 이를 의아하게 생각해왔는데 최근 이에 대한 해답을 찾았다. 발굴 터의 교(窖)에서 아직도 죽지 않고 기생하고 있는 미생물을 1만여 종 발견했다고 한다. 이 중 특수 미생물군을 분리하여 번식하는 데 성공했다는 것이다. 이를 '수정방 1호균'이라 명명하고 이 미생물을 활용하여 수정

방을 만들었으니 600년 역사를 자랑할 만하다. 그래서
수정방은 '문화'를 앞세워 선전하고 있다. 중국 역사상
가장 오래된 백주 발원지에서 생산된 술임을 내세워
'수정방을 마시는 것은 중국의 문화를 마시는 것이고
중국의 정신도 함께 마신다'는 기치를 내걸었다. 이른
바 '문물(文物)·문화(文化)·문명(文明)'의 '삼문(三文)'
주의가 수정방의 슬로건이다. 이런 노력에 힘입어 수정
방은 '중국 역사문화 명주 1호'로 지정되기도 했다.

　수정방의 두 번째 전략은 고가전략이다. 지금은 수정방보다 더 비싼
술이 많지만 처음 출시될 때에만 해도 수정방의 가격은 중국에서 가장
비쌌다. 중국의 정상급 백주인 모태주나 노교노주보다 훨씬 높은 가격으
로 출시했던 것이다. 여기에는 치밀한 경영전략이 숨어 있다. 경영진은,
향후 10년이면 중국의 고가 사치품 소비시장이 세계 2위가 될 것이라 예
상하고 과감하게 가격을 올린 것이다. 말하자면 주요 소비계층을 한정해
놓은 것이다. 수정방이 가정한 전형적인 소비계층은 35세에서 55세 사이
의 우아한 중년 남성으로, 이들은 아침에 일어나 라디오를 켜고 신문을
읽고 조반을 마친 후 자가용으로 고전음악을 들으며 출근한다. 회사에
출근해서는 이메일을 확인하고 비서로부터 보고를 받고 결제한다. 업무
를 끝내고 퇴근할 때에는 친구를 만나 저녁식사를 하고 주말에 골프 약
속을 한다. 말하자면 사회적 지위가 높은 고소득층 중년 남자를 겨냥한
것이다. 이러한 전략은 어느 정도 성공한 것으로 보인다.

　고가전략을 위해서 포장도 고급스럽고 화려하게 만들었다. 변형 6각

형의 멋스런 외포장지 안의 술병 밑바닥엔 특이한 형태로 6개의 그림이 새겨져 있다. 즉 두보초당(杜甫草堂)·무후사(武侯祠)·합강정(合江亭)·수정소방(水井燒坊)·망강루(望江樓)·구안교(九眼橋)가 그것인데 모두 성도 주변의 명승고적이다. 또 술병 밑에는 나무로 만든 고급 받침대가 있어서 재떨이 등 다용도로 사용할 수 있도록 했다.

위스키·코냑·보드카와 더불어 세계 4대 증류주로 자칭하고, 풍아송(風雅頌), 전장(典藏) 등 15개 품종을 생산하면서 승승장구하던 수정방이 2011년에 조니워커를 생산하는 영국의 주류업체 디아지오(Diageo)에 매각되었다. 경영난 때문이었다고 하나 충격적인 사건임에 틀림없다. 경영난의 주원인이 어디에 있었는지 정확히 알 수는 없지만 2010년 시장 점유율이 5퍼센트에도 미치지 못했다고 하니 중국의 소비자들로부터 외면당한 것이 틀림없다. 출시된 지 10년밖에 안 된 제품으로 터무니없이 비싼 가격을 매긴 것에도 그 원인이 있을 것이라 생각된다. 가장 값이 싼 것도 800위안에서 900위안가량(약 17만 원)이고, 비싼 제품은 3,000위안(약 60만 원)이 넘는 것도 있다.

그럼에도 불구하고 수정방은 좋은 술임에 틀림없다. 고가품을 선호하는 우리나라 사람들이 특히 많이 사오는데, 사실상 수정방을 생산하기 전에 전흥그룹에서 생산하던 전흥대국보다 별로 나을 것이 없다. 전흥대국은 중국 평주회에서 2회, 4회, 5회 세 차례나 중국 명주로 선정된 우수한 술이다. 나는 이 술을 좋아해서 중국 여행 때 눈에 띄면 한 병씩 사오곤 했다. 농향형 백주로 전흥대국만 한 술을 만나기가 쉽지 않기 때문이다.

수정방, 전흥대국 모두 100점 만점에 90점.

육조의 수도
남경

장강 연안에 돌출한 연자기

'육조 고도(六朝古都)'라 일컬어지는 강소성(江蘇省, 장쑤성)의 성도 남경(南京, 난징)엔 볼거리가 너무나 많다. 우리는 가이드와 의논해서 기행 3일째 날 아침, 먼저 연자기(燕子磯, 옌쯔지)로 향했다. 남경성 북쪽 관음산(觀音山, 관인산) 위에 있는 연자기는 장강 연안에 돌출한 반도 모양의 바위 언덕으로, 앞에서 언급한 대로 채석기·성릉기와 더불어 장강 3대 기(磯)의 하나인데 '만리 장강 제일기'라는 명성을 얻은 곳이다.

연자기라는 이름은 멀리서 보면 지형이 제비가 날개를 펼친 모양과 같다고 해서 붙여졌다. 연자기 정상에는 어비정(御碑亭)이 있다. 청나라 건륭황제는 강남을 여섯 번 순시했는데 다섯 번이나 이 연자기에 올랐다고 한다. 그가 처음 연자기에 올랐을 때 '연자기(燕子磯)'라고 써준 어필을 석각한 커다란 비석이 정자 안에 서 있고 비석 뒷면에는 역시 건륭 황제의 친필 시가 석각되어 있다.

장강에 연한 깎아지른 절벽 위에는 주준석(酒樽石)이라는 바위가 있는데 위쪽이 움푹 패어 마치 술잔 모양으로 생겼다고 해서 붙여진 명칭이다. 그리고 앞면에는 '탄강취석(吞江醉石)'이라 쓰여 있다. '강물을 삼키고 돌에 취하다'는 뜻인데, 전하는 말로는 이백(李白)이 불우한 나날을 보내던 중 이 연자기에 올라 주흥이 도도한 나머지 '이 바위로 술잔을 삼고 저 강물을 술로 삼아 진탕 취하고 싶은' 생각이 들어 붓을 들고 이 네 글자를 썼다고 한다.

주준석 옆에는 '상일상 사부득(想一想 死不得, 한번 생각해보라, 죽을 순 없지)'이라 쓰인 조그마한 비석이 서 있다. 유유히 흐르는 장강이 내려다보이는 이곳은 워낙 경치가 좋기 때문에, 도도한 취흥을 이기지 못하거나 세상을 비관한 나머지 여기서 뛰어내려 투신자살하는 젊은이가 많았다고 한다. 그래서 안휘성 출신의 교육가인 도행지(陶行知)가 자살을 방지하기 위하여 이 여섯 글자를 써서 세운 것이다. 원래는 나무로 만든 비목(碑木)이었는데 이 비목을 세운 후 자살하는 사람이 현저히 줄었다고 한다.

연자기는 지세가 험해서 자고로 군사적 요충지였으며 남북을 오가는 중요한 나루터였다. 1840년 아편전쟁이 일어났을 때 영국군이 이곳으로 상륙하여 남경을 침략했고, 2차 세계대전 때 일본군도 이곳을 경유하여 남경을 함락했다. 그래서 여기에는 동포들이 수난을 당한 것을 기념하는 우난동포기념비(遇難同胞紀念碑)가 따로 세워져 있다. 일본군이 이곳

어비정(위) 건륭황제가 연자기를 방문하고 '연자기'라는 어필을 남겼다.

주준석(아래) 술잔 모양으로 생긴 바위가 이곳에 온 이백의 취흥을 자극했다.

에 상륙할 때 치열한 전투가 벌어졌고 수많은 동포들이 여기서 목숨을 잃은 것을 기억하고 추모하는 비석이다.

연자기의 현지 가이드는 여기까지 안내하고 다 끝났다는 듯 밖으로 나가려고 했다. 내가 예전에 와본 바로는 구경할 곳이 더 있었던 것 같아 "더 볼 것이 없느냐"고 물었더니 "없다"고 했다. 괘씸한 생각이 들어 정문에서 왼쪽으로 가는 길을 내가 안내했다. 거기에는 역대 시인 묵객들이 이곳을 방문하고 남겨놓은 글귀가 새겨진 마애석각(磨崖石刻)이 있고, 장강을 한눈에 바라볼 수 있는 관란정(觀瀾亭)과 부강정(俯江亭) 그리고 석조루(夕照樓) 등의 유적이 있다. 내가 안내를 하자 가이드도 마지못해 따라오긴 했지만 도무지 성의가 없고 미안한 마음도 없어 보였다. 연자기 주위에는 이외에도 관음각(觀音閣), 두대동(頭臺洞), 삼대동(三臺洞) 등의 유적이 있었지만 두루 보지 못하고 말았다. 훗날을 기약할 수밖에 없다.

석두성을 중심으로 형성된 남경

다음 행선지는 석두성(石頭城, 스터우청)이다. 석두성은 석두산에 축조된 성인데 석두산은 지금 청량산(淸凉山, 칭량산)이라 불린다. 이 성의 유래는 멀리 전국시대까지 거슬러 올라간다. 기원전 333년 초(楚)나라 위왕(威王)이 월(越)나라를 멸한 후 여기에 금릉읍(金陵邑)을 설치하고 청량산 위에 성을 쌓았다. 이후 진시황 24년(기원전 223)에 초나라를 멸하고

석두성 천연 절벽에 쌓은 난공불락의 성이다. 왼쪽에 귀신 얼굴이 보인다고 해서 '귀검성'이라고도 한다.

금릉읍을 말릉현(秣陵縣)으로 개칭했고, 삼국시대 오(吳)나라의 손권(孫權)이 적벽대전이 끝난 후(211) 이곳으로 수도를 옮겨 건업(建業)으로 개칭하고 그 이듬해 청량산에 있던 성을 증축했으니 이것이 곧 석두성이다. 전하는 말에 의하면, 적벽대전이 일어나기 전 제갈량이 촉·오(蜀吳) 연합군 결성을 교섭하기 위하여 오나라로 가는 도중 석두산을 지나면서 남경의 지세를 보고, 종산(鍾山)은 동남쪽에 용이 서린 것 같고 석두산은 서쪽에 호랑이가 웅크린 것 같아 "종산엔 용이 서려 있고 석두산엔 호랑이가 웅크리고 있으니 진실로 제왕의 집이다"라 말했다고 한다. 이어 손권에게 이곳으로 천도할 것을 권고했다는 이야기가 전한다.

이후 이곳, 즉 남경은 오(吳), 동진(東晉), 송(宋), 제(齊), 양(梁), 진(陳) 등 6조의 도읍지가 되었다. 그래서 남경을 육조고도(六朝古都)라 부르는 것이다. 여섯 왕조가 이곳을 도읍지로 정한 이유는 석두성이 천혜의 군사적 요충지였기 때문이다. 석두성은 청량산 서쪽의 천연 절벽을 기초로 쌓은 성이고 그 앞에는 진회하(秦淮河, 친화이허)가 흐르고 있어서 그야말로 난공불락의 견고한 성이었던 것이다. 300여 년 동안 일어난 크고 작은 전쟁이 모두 이 석두성을 빼앗기 위한 것이었을 정도로 병가(兵家)가 반드시 쟁취해야 할 성이었다.

당나라 이후에는 성 밑을 흐르던 강에 침전물이 쌓여 강줄기가 서쪽으로 밀려남에 따라 625년 이후에는 폐기된 성이 되었고 지금은 강줄기가 성으로부터 10여 리나 밀려나서 성과 강 사이는 평지이다. 지금 남아 있는 성벽 상단부에는 풍화작용에 의해 흡사 사람 얼굴 모양으로 생긴 부분이 있는데 사나운 모습이어서 이를 '귀검(鬼臉, 귀신의 뺨)'이라 불러 석두성을 귀검성이라고도 한다. 후에 시인 묵객들이 이곳을 방문하여 수많은 시문을 남겼는데 그중 가장 유명한 것이 당나라 시인 유우석(劉禹錫)의 「석두성」이다.

옛 성을 빙 둘러 산들은 남아 있고
빈 성 치는 물결 소리 적막 속에 메아리지네

진회하(秦淮河) 동쪽의 옛날 그 달이
깊은 밤 성벽을 넘어서 들어오네

山圍故國周遭在　潮打空城寂寞回

淮水東邊舊時月　夜深還過女墻來

　유우석이 금릉의 유적을 둘러보고 읊은 「금릉오제(金陵五題)」 중 제1수로 이곳에 도읍한 육조의 흥망을 노래한 시이다. 달도 옛날 달이요 회수도 옛날 강이요 성벽도 옛날 성벽이지만 그 화려했던 시절은 역사 속으로 사라지고 지금은 텅 빈 성에 물결치는 소리만 적막하게 메아리 진다고 말함으로써, 육조의 흥망성쇠를 보고 느낀 자신의 비애감을 형상화한 걸작으로 평가된다.

　석두성 밑을 흐르던 강은 외진회하(外秦淮河)의 한 지류인데, 주원장의 넷째아들 연왕(燕王) 주체(朱棣)가 소년 시절에 주원장의 남경성 축조의 폐단을 아뢰어 미움을 사자, 주원장이 처벌을 내릴 것을 두려워한 어머니 마황후(馬皇后)가 이 강을 통해 아들이 빠져나가도록 했다고 해서 '연왕하(燕王河)'라고도 불린다. 그러던 주체는 후에 조카인 건문제(建文帝)를 죽이고 황위에 오르니 이가 곧 영락제(永樂帝)이다.

　석두성을 바탕으로 하여 형성된 남경은 자고로 '왕기(王氣)가 서린 곳'이라 하여 이후에도 여전히 중시되었다. 1368년에 주원장은 명나라를 건국한 후 이곳을 도읍지로 정했으며, 1853년엔 태평천국군이 남경을 점령한 후 이곳을 도읍지로 정하고 천경(天京)으로 개칭했다. 1911년의 신해혁명으로 청조를 무너뜨린 중화민국 임시정부가 성립된 곳도, 1927년에 장개석의 국민당 정부가 정도(定都)한 곳도 남경이었다. 이렇게 보면 남경은 '육조고도'가 아니라 '십조고도(十朝古都)'가 되는 셈이다. 손문(孫文)도 일찍이 남경을 두고 "이곳은 높은 산이 있고 깊은 강이 있으며 넓은 들이 있다. 이 세 가지 자연 조건이 한곳에 모여 있으니 세계의 대도시 중에서 진실로 이렇게 좋은 곳을 찾기 어렵다"라고 평가한 바 있다.

남경대학살기념관

석두성에서 남경대학살기념관(정식 명칭은 '침화일군남경대도살우난동포기념관侵華日軍南京大屠殺遇難同胞紀念館')으로 향했다. 1937년 12월 13일 일본군은 남경을 점령하고 6주 동안 중국인 30여만 명을 무차별 학살하는 만행을 저질렀다. 학살하는 방법도 잔인하기 짝이 없어 창으로 찔러 죽이고, 불로 태워 죽이고, 물에 빠뜨려 죽이고, 목을 베어 죽이고, 사지를 절단해 죽이고, 개를 풀어 물어 죽이고, 산 채로 파묻어 죽이는 등의 참살극을 저질렀다. 그뿐만 아니라 일본군은 어른 아이 가리지 않고 여성들을 강간하고 살해해서 도처에 시체가 쌓여 있었다고 한다. 가장 피해가 컸던 곳이 서쪽의 강동문(江東門, 장둥먼) 일대였는데 여기에서만 12월 2주 동안 2만 8천 명이 목숨을 잃었다.

남경대학살기념관은 항일전쟁 승리 40주년이 되는 1985년 8월 15일, 강동문 '만인갱(萬人坑, 완런컹. 집단 학살된 중국군 포로와 민간인 1만여 명의 유골이 묻힌 곳)' 위에 세워진 거대한 건축물이다. 이후 기념관은 1995년에

남경대학살기념관 광장을 풀 한 포기 없는 황량한 죽음의 공간으로 조성해놓았다.

확장공사가 있었고, 대학살 70주년인 2007년 12월 13일 다시 신관을 건립하여 오늘에 이른다. 기념관은 크게 광장, 유골 진열실, 사료 진열실로 나뉘어 있다.

기념관 앞에는 '시민 피난'이라는 10개의 조각상이 나란히 진열되어 있다. 죽은 자식을 안고 통곡하는 어머니, 아이의 손을 잡고 피난 가는 어머니, 죽은 할아버지를 등에 업고 다니는 손자, 죽은 어머니 시체 위에서 젖을 찾고 있는 아이, 죽은 손자를 두 손으로 받쳐 들고 허탈한 표정을 짓는 할아버지 등의 동상들은 당시의 처참했던 상황을 잘 보여준다. 이 동상들은 저명한 조각가들이 만든 것으로 예술적으로도 뛰어나다.

자갈이 깔린 넓은 광장 한쪽에는 12개국 언어로 '참사자 300000'이라

'시민 피난' 조각상 아이의 손을 잡고 피난 가는 어머니. 기념관 앞에 있는 10개의 조각상 중 하나이다.

새겨진 재난의 벽, 학살이 벌어진 6주간인 '1937. 12. 13~1938. 1'이라 새겨진 표지비석, 평화의 종 등이 있다. 이 광장은 생명이 없는 죽음의 공간을 상징하도록 설계되어 온통 회백색의 대리석 건조물만 있을 뿐 풀 한 포기도 볼 수 없다.

사료 진열실에는 대학살과 관련된 모든 자료가 진열되어 있다. 각종 사진과 비디오 영상을 보니 당시의 상황은 그야말로 아비규환의 지옥이었다. 파괴된 남경시, 피난 가는 시민들, 참사자들의 시체 등이 생생히 다가왔다. 대학살과 관련된 각종 자료, 일본군의 기관총, 참사자들의 유물도 전시되어 있다. 또 당시 일본에서 발행된 '남경 함락 경축' 제하의 신문 기사와 남경 함락 기념엽서 등도 전시되어 있다. 이 중 영상물의 일부는 미국 성공회 목사로 1937년 11월부터 국제 적십자사 남경위원회 부위원장, 남경 안전구 국제위원회 위원으로 활동했던 존 메기(John Magee, 중국 이름 馬吉)가 생명의 위험을 무릅쓰고 16밀리 촬영기로 찍은 것이라 한다. 2002년에 존 메기 목사의 아들이 그때 촬영한 필름 4개와 사진기를 기증했는데 그 사진기도 전시되어 있다. 이외에도 전시실에는 연자기(燕子磯) 대학살 장면을 그린 대형 그림을 비롯해서 현대 화가들이 그린 유화들이 곳곳에 걸려 있다.

남경대학살의 진상이 사실대로 밝혀진 것은 구사일생으로 살아난 생존자들의 증언과 함께 몇몇 외국인들이 남긴 자료에 힘입은 바가 크다. 존 메기 목사 이외에도 당시 독일 지멘스 회사의 남경주재 책임자로 있던 욘 라베(John Rabe)는 '라베 일기'를 남겨 당시를 증언했다. 지금 전시실에는 강철 투구를 쓰고 목에 망원경을 걸고 만년필로 일기를 쓰는 라베의 모습이 조각상으로 재현되어 있다. 그리고 라베가 말한 "용서할 수는 있지만 잊어서는 안 된다"(Forgivable but Unforgettable)라는 문구가 전시되어 있다.

또 한 명의 중요한 역할을 한 외국인은 남경 문리학원의 미국인 교사로 있던 미니 보트린(Minnie Vautrin) 여사이다. 보트린 여사는 난민 수용소를 세워 9천여 명의 여성과 아동을 보호했다. 그후 그녀는 당시의 정신적 충격으로 인해 심한 우울증에 시달렸는데 미국에 돌아가서도 병세가 호전되지 않아 결국은 가스 밸브를 열어놓고 자살했다고 한다. 2002년 보트린 여사의 딸이 '보트린 일기'와 100여 건의 문물 자료를 기념관에 기증했고 지금 기념관에는 그녀의 동상을 세워 그 갸륵한 업적을 기리고 있다.

시간에 쫓겨 영상물을 다 보지 못했지만 거기에는 끔찍한 장면들이 많이 들어 있다고 한다. 그중 하나가 하숙금 일가의 피살 장면이다. 당시 하숙금은 일곱 살이었는데 그녀의 외할아버지, 외할머니, 어머니, 큰언니, 둘째언니, 여동생이 일본군에 의해 살해되었다. 그녀의 두 언니는 일본군에 의해 윤간까지 당하고 살해되었는데 하체에 우산이 꽂혀 있었다고 한다. 하숙금도 일본 병사의 칼에 세 곳이나 찔려 의식을 잃었다가 가까스로 깨어나 빈집에서 네 살 난 여동생과 연명하던 중 이웃집 할머니에게 발견되어 안전지역으로 이송되었다. 이 소식을 들은 존 메기 목사가 바로 그 집으로 달려가 현장을 촬영했다고 한다. 이 상황은 하숙금의 증언과 존 메기의 촬영 영상에 의해 명백한 사실로 밝혀졌다.

또 이런 일도 있었다고 한다. 상지강 일가는 1937년 12월 13일 난민지역으로 피난 가던 중 일본군을 만나 그의 아버지, 어머니, 누나, 두 남동생이 피살되었다. 어머니가 칼에 여러 번 찔려 가슴에서 피가 솟자 상지강은 손으로 어머니의 가슴을 누르고 어린 남동생을 어머니 곁에다 두었는데 어머니는 고통을 참고 마지막으로 동생에게 젖을 먹이고 숨을 거두었다. 이튿날 아침 상지강은 동생이 어머니의 젖을 물고 매달려 얼어 죽은 것을 목격했는데 아무리 떼어놓으려 해도 뗄 수가 없었다고 한다. 이 사실도 상지강이 구사일생으로 살아남았기 때문에 세상에 알려진 것이다.

유골 진열실의 형태는 관(棺) 모양으로 설계되었다. 여기에는 당시 학살당한 사람들의 유골이 모셔져 있다. 어떤 유골에는 총알이 관통하여 구멍이 선명히 나 있고 또 어떤 유골에는 칼로 베인 자국이 남아 있기도

화평상 '용서할 수는 있다'는 중국인의 평화 의지를 나타낸 조형물이다.

하다. 유골 진열실을 지나면 참사자들에게 추모의 염을 표할 수 있는 공간이 마련되어 있다.

어두운 진열실에 있다가 밖으로 나오니 햇빛이 더욱 눈부신데 정면에는 높이 30미터의 화평상(和平像)이 우리를 맞이했다. '화평(和平)'이라 쓰인 검은 대리석 기단이 높이 솟아 있고 그 위에는 한 손으로 비둘기를 받쳐 들고 다른 손으로 어린이를 안고 있는 어머니상이 서 있다. 이는 '용서할 수는 있지만 잊어서는 안 된다'는 기념관 설계의 취지를 살린 것이다. 즉 지금까지 본 진열실은 '잊어서는 안 되는' 역사적 증언을 위한 것이고, 화평상은 '용서할 수는 있는' 중국인의 평화 의지를 나타낸 것이라 한다. 높이 30미터는 참사자 30만 명을 상징한다고 한다.

이외에도 기념관 야외에는 일본군에 의해 학살당한 동포들을 지역별로 기념하는 수십 개의 비석들이 조성되어 있다. 이를테면 한중문외우난동포기념비(漢中門外遇難同胞紀念碑), 청량산우난동포기념비(淸凉山遇難同胞紀念碑) 등인데 희생당한 경위를 자연석에 새겨놓은 것이다. 이 역시 '잊어서는 안 되는' 역사적 증언이다.

왜 일본은 사죄하지 않는가

남경대학살기념관 한쪽에는 일본인 식수림(植樹林)이 있는데, 1986년부터 일중우호협회 회원들이 매년 봄에 이곳으로 와서 식수를 하고 잡초 뽑는 일을 한다고 한다. 그들은 이를 '녹색의 속죄'라 부른다고 했다. 이곳의 장소가 부족해서 지금은 남경 시내 진주천(珍珠泉, 전주취안) 공원에 나무를 심는데 5,6만 그루의 나무가 자란다고 한다. 나무를 심는다고 속죄가 될 리 없지만 설령 속죄가 된다 하더라도 진심으로 죄를 뉘우치는 일본인이 과연 얼마나 될까? 일본의 대표적 우익 인사인 이시하라 신타로(石原愼太郎)는 중의원 의원으로 있던 1990년에 이렇게 말했다. "사람들은 일본인들이 남경에서 대학살을 저질렀다고 말하나 그것은 사실이 아니다. 그 이야기는 중국인들이 지어낸 것이다." 2012년 가와무라 다카시(河村たかし) 나고야 시장은 자매도시인 남경에서 온 방문단을 만난 자리에서 "정상적인 전투가 있었을 뿐 학살은 없었다"라고 말해서 파장을 일으킨 바 있다.

우리는 밖으로 나와서 일본에 대해 성토했다. 왜 일본은 독일처럼 사죄하지 않는가. 비단 남경대학살뿐만 아니라 우리나라의 종군 위안부 등의 문제를 솔직하게 인정하고 진심으로 사죄한다고 해서 일본에 무슨 불이익이 있겠는가. 1970년 독일의 브란트(W. Brant) 총리가 폴란드 바르샤바의 유대인 위령탑에 헌화한 후 무릎을 꿇고 참회의 눈물을 흘림으로써 오히려 독일의 국제적 위상이 높아지지 않았던가. 1987년 콜(H. Kohl) 총리도 "독일은 나치의 만행을 잊거나 숨기거나 경시하면 안 된다"라고 말했고, 슈뢰더(G. Schroder) 총리는 2004년에 "독일인들은 나치의 범죄를 생각하면 부끄러움 속에서 몸을 수그린다"라고 말하지 않았던가. 우리는 이런 이야기를 주고받으면서 아직도 과거의 잘못을 뉘우치지 않는 일본인들을 소리 높여 성토했다.

남경대학살기념관 관람을 마치고 향양어항(向陽漁巷)이라는 식당에서 점심식사를 했다. 가이드가 식당에 연락한 결과 오후 1시 이후에는 손님을 받지 않는다고 해서 기념관 관람을 서둘러 끝내고 식당으로 갔는데 도착 시간이 12시 50분이어서 가까스로 입장할 수 있었다. 참으로 콧대 높지만 음식 맛은 괜찮은 크고 호화로운 식당이었다. 화장실에는 남자 소변기마다 소형 TV 모니터가 설치되어 있다.

남경의
어머니 강
진회하

공자를 모신 부자묘

진회하(秦淮河, 친화이허)는 총 길이 110킬로미터로 남경의 '어머니 강'으로 불린다. 이 강은 육조(六朝) 300년간의 문화를 꽃피웠던 남경의 젖줄이다. 진회하는 남경성 동남쪽에서 두 갈래로 나뉜다. 한 갈래는 동수관(東水關) 통제문(通濟門) 밖에서 남경성을 따라 흐르다가 중화문을 지나 수서문(水西門) 밖으로 빠지는 것으로 외진회(外秦淮)라 부른다. 또 한 갈래는 내진회(內秦淮)로 동수관에서 입성한 후 또 두 갈래로 나뉜다. 이중 남쪽으로 흐르는 갈래가 역대 문인들이 극찬해 마지않았던 이른바 '십리진회(十里秦淮)'이다. 이곳은 육조시대에 번성했다가 수당(隋唐)시대에는 빛을 보지 못했지만 명청시대에 이르러 극도의 화려함을 누렸던 지역이다. 지금도 여기는 남경에서 가장 번화한 곳으로 꼽힌다. 내진회

내진회 남경에서 가장 번화한 내진회 지역이다.

와 외진회는 서수관(西水關) 근처에서 합류하여 청량산 석두성 앞을 지나 장강으로 들어간다.

　내진회 지역의 중심은 부자묘(夫子廟, 푸쯔먀오)이다. 부자묘는 공자(孔子)를 모시고 제사를 지내는 곳으로 앞쪽에 대성전, 뒤쪽에 학궁(學宮)이 있는 구조로 우리나라의 성균관과 같다. 학궁은 우리나라 성균관의 명륜당에 해당한다. 대성전 앞에는 중앙에 공자상, 양옆으로 염구(冉求)·재여(宰予)·자로(子路) 등 제자 8인의 석상이 서 있다. 공자상 앞에서 어느 부인이 부처님에게 빌 듯 두 손을 모아 기도를 하고 있었는데 우리에게는 좀 낯선 광경이었다. 공자가 종교적 신앙의 대상이 된 것이다. 대성전

부자묘 대성전 앞에 공자상이 서 있고 좌우로 공자의 제자들이 시립해 있다.

안에는 높이 6.5미터에 달하는 중국 최대의 공자 화상이 걸려 있고 양쪽
에는 백옥(白玉)으로 된 안회(顔回)·증삼(曾參)·자사(子思)·맹자(孟子)의
상이 공자를 향해 시립(侍立)해 있다. 대성전 뒤쪽의 명덕당(明德堂) 앞마
당 좌우에는 각각 『논어』에서 따온 '학이불염(學而不厭, 배우면서 싫증 내지
않다)' '회인불권(誨人不倦, 남 가르치기를 게을리하지 않다)'이 석각된 비석이
있는데 주자의 글씨라고 한다. 명덕당 뒤편에는 존경각(尊經閣)이 있다.

　부자묘의 제도와 규모는 우리나라의 성균관과 비슷하지만 한 가지 특
이한 것은 별도로 공원(貢院, 궁위안)이 있다는 점이다. 공원은 과거시험
을 보던 장소로 당시 중국 최대의 과거시험장이었다. 명청시대에는 이
일대 7만여 평방미터(21,000여 평)의 지역에 응시생들이 분답을 이루었지

학이불염, 회인불권 명덕당 앞마당의 비석에 석각된 『논어』의 구절로, 주자의 글씨라고 한다.

만 1905년 과거제도가 폐지된 후 1918년에는 공원을 철거하고 이 자리에 시장을 만들었다. 그래서 지금 당시의 건물로는 명원루(明遠樓)와 비홍교(飛虹橋)만 남아 있다. 『서유기(西遊記)』의 작자 오승은(吳承恩), 양주팔괴의 일원인 화가 정판교, 『유림외사』의 작자 오경재를 비롯한 수많은 문인 학자들이 이곳에서 공부하여 과거에 급제했다. 청나라 때는 과거시험에 장원한 사람의 52퍼센트를 여기서 배출했다고 한다.

2013년에 다시 가본 부자묘 안의 명덕당에서는 민속음악을 공연하고 있었다. 실내에는 '금성옥진(金聲玉振)'이라는 커다란 현판 밑에 무대가 마련되었고 무대 앞에는 연주할 곡명과 관람료가 적힌 목록이 놓여 있었다. 그리고 옛날 같으면 학생들이 앉아서 글을 읽었을 바닥에는 공연 관람용 의자가 배치되어 있었다. 우리 일행은 20위안(약 4,000원)짜리 「죽지사(竹枝詞)」 한 곡을 청해 들었는데 4인조 타악기 연주였다. 듣고 나서 미진한 감이 있어 100위안짜리 「춘강화월야(春江花月夜)」를 다시 청해 들었다. 연주 시간이 7분이나 되어 「죽지사」보다 길었고 악기도 타악기 외에 피리와 거문고 등이 추가되었다. 이외에도 목록에는 10여 곡이 적혀 있었다. 음악은 좋았지만 명덕당이 공연장으로 바뀐 것이 못내 마음에 걸렸다.

이향군의 애정 비극 「도화선」

우리는 부자묘 근처에서 배를 타고 내진회 유람에 나섰다. 이곳은 역대로 호화로운 유흥지였다. 육조시대의 민간 풍속으로 사람들이 정월 대보름날 등불을 켜고 소원을 비는 등회(燈會)가 성했는데, 특히 남경성을 축조한 후 명나라 태조 주원장의 명령으로 1372년 정월 대보름날 진회하에 등잔 1만 개를 만들어 띄운 뒤로부터 '진회등회(秦淮燈會)'는 천하제일의 볼거리가 되었다. 그후로는 수많은 배에 등불을 켜고 선유(船遊)를 즐기는 풍속이 성행함에 따라 이 일대는 유흥장으로 발전했다. 강변에는 무수한 술집, 찻집 들이 즐비하게 들어서 휘황찬란한 등불을 밝히고 노랫소리가 밤새도록 끊이지 않았다고 한다.

유흥지에 기생이 없어서는 안 되는 일이어서 아름다운 기녀들이 유객(遊客)의 발길을 붙들었는데 이 기녀들의 거처를 하방(河房)이라고 부른다. 특히 건너편 공원(貢院)의 과거 응시생들과 하방 기녀들과의 로맨스도 심심찮게 일어났음은 짐작하고도 남음이 있다. 이곳의 기녀들 중에는 상당한 식견을 갖춘 이들도 많았는데 그 가운데 유명한 기녀들을 '진회팔염(秦淮八艶)'이라 부른다. 마상란(馬湘蘭)·이향군(李香君)·유여시(柳如是)·진원원(陳圓圓)을 비롯한 여덟 명의 명기(名妓)들은 한결같이 사랑하는 남자를 위하여 끝까지 정절을 지켰거나, 명말 청초(明末淸初)의 급박한 상황에서 조국 명나라를 위하여 남자 못지않은 용기를 발휘한 여성들이다. 당시 명망 있는 사대부의 첩이 되어 낭군으로 하여금 청나라 군대에 대항하여 투쟁하도록 격려하기도 하고, 낭군이 청나라에 항복하여 벼슬을 하자 스스로 절에 들어가 비구니가 되기도 했다. 이들은 우리나라의 의기(義妓) 논개(論介)와 같은 여장부들이었다.

이들 중에서 이향군의 애정 비극은 청나라 희곡 작가 공상임(孔尙任)이 쓴 「도화선(桃花扇)」에 의해서 세상에 널리 알려졌다. 공자의 64대 손인 공상임의 「도화선」은 비슷한 시기에 홍승(洪昇)이 쓴 「장생전(長生殿)」과 더불어 청나라의 2대 희곡으로 손꼽히는 명작이다.

희곡 「도화선」의 이야기는 이렇다. 명나라 말 조정에서는 동림당파(東林黨派)와 반동림당파가 대립하고 있었다. 반동림파는 환관들을 중심으로 한 이른바 엄당(閹黨)으로 온갖 부정부패를 저지르던 집단이다. 그런데 그즈음 이자성(李自成)이 이끄는 농민 반란군의 세력이 커지면서 엄당의 중요인물인 완대성(阮大鋮)이 남경으로 피신해 지내게 되었고, 이 때문에 동림당의 후신인 복사(復社)의 인사들로부터 멸시를 받았다. 완대성은 그들 중 당시 남경에 머물고 있던 후방역(侯方域)에게 진회의 명기 이향군을 바치며 복사 인물들에게 다리를 놓아달라고 부탁한다. 이렇게 만난 후방역과 이향군은 깊은 애정을 나누지만, 정의감이 강했으며 복사의 인물들과도 가까이 지내던 이향군은 후방역으로 하여금 완대성의 요청을 거절하도록 만든다. 앙심을 품은 완대성이 후방역을 살해하려 했고 이들은 피신한다. 1644년 이자성이 북경에 진주하고 숭정황

제가 자살하면서 명나라는 멸망을
맞는다. 그리고 남경에 남명(南明)
정권(명나라가 멸망한 뒤 왕실 잔여세력
이 세운 지방정권)이 들어선다. 남명
정권 수립에 공을 세워 세력을 얻
은 완대성은 후방역 등을 투옥시키
고 이향군을 당시의 실력자 전앙
(田仰)의 첩으로 들이려 했다. 그러
나 이향군은 땅에 머리를 찧으며
이를 거부했고 흐르는 피가 사방에
낭자하게 뿌려졌다. 이때 후방역이
그녀에게 준 부채에 핏방울이 튀었

미향루 '도화선'으로 유명한 진회하의 명기 이향
군이 살았던 곳이다.

는데 이를 바탕으로 후에 화가 양용우(楊龍友)가 이 핏방울을 꽃잎 삼아
부채에 도화(桃花)를 그렸다. 이것이 '도화선'이다. 그후 궁중에 감금되
었던 이향군은 탈출하여 서하산(西霞山)에 피신했고, 후방역은 출옥하여
청나라에 항복하고 벼슬을 얻었다. 후에 서하산에서 두 사람이 만났으
나 이향군은 명을 배반하고 청에 항복한 후방역과의 인연을 끊고는 삭
발하고 중이 되었다.

지금도 진회 강변에 이향군이 거처했다는 미향루(媚香樓)가 있어 그녀
의 거룩한 넋을 기리고 있다.

이백이 오른 봉황대

유람선의 코스는 문원교(文源橋)·평강교(平江橋)를 지나 백로주(白鷺洲)에 이르러 동쪽으로 동수관(東水關)을 거쳐 돌아오는 것으로 약 40분이 소요된다. 중간에는 갖가지 조형물이 전시되어 있다. 선비들이 공원(貢院)에서 시험을 준비하는 모습, 유생들이 서당에서 공부하는 모습도 재현해놓았고 왕창령 음연처(王昌齡飮宴處)를 재현한 건물도 있다. 성당(盛唐)의 시인 왕창령은 지금의 남경시 강녕구(江寧區, 장닝구) 출신이다. 또한 이백(李白)의 소상도 물가에 서 있고 옆에는 그의 절창인 「등금릉봉황대(登金陵鳳凰臺)」가 새겨져 있다.

봉황새 놀았던 봉황대 위엔
봉황 떠나 대(臺)는 비고 강물만 흐르네

오궁(吳宮)의 화초는 그윽한 길에 파묻혔고
진(晉)나라 고관들은 옛 무덤을 이루었네

삼산(三山)은 하늘 밖 반쯤 드리워 있고
강물은 두 줄기로 백로주(白鷺洲)에서 갈라지네

뜬구름이 태양을 가릴 수 있기에
장안이 보이잖아 시름겨워 하노매라

鳳凰臺上鳳凰游　鳳去臺空江自流

吳宮花草埋幽徑　晉代衣冠成古丘

三山半落青天外　二水中分白鷺洲

總爲浮雲能蔽日　長安不見使人愁

　이백이 744년 장안에서 쫓겨난 후 전국을 유람하던 중 남경에 머물던 747년(47세)경의 작품이다. 봉황대 위에 올라 지금은 폐허가 된 옛 오나라·진나라의 자취를 회고하며 서쪽으로 장안을 바라보지만, 뜬구름에 가려 장안을 볼 수 없어서 시름에 잠긴다는 내용이다. 뜬구름은 간신들을, 태양은 황제를 가리킨다. 이백은 일곱 차례나 금릉(남경)을 다녀갔기 때문에 그의 시를 이곳에 새겨 기념한 것이다. 봉황대는 지금의 남경 봉황산(鳳凰山, 평황산) 위에 있었다고 하는데 일찍이 없어진 것을 민국시기(1912~1949)의 남경 정부가 장강 안의 강심주(江心洲)에 새로 건축했다는 기록이 있다. 역시 빡빡한 일정 때문에 가보지 못한 것이 유감스러웠다. 이 시에 나오는 '백로주'도 지금은 없어졌다. 현재 내진회에 있는 백로주는 다른 곳이다. 이백 시에 나오는 백로주는 남경 서쪽 장강 안에 있던 섬인데 토사가 쌓여서 지금은 육지와 붙어버렸다고 한다.

　2013년 12월에 남경을 다시 방문하여 봉황대를 찾았는데 강심주에 있는 것이 아니라 포구구(浦口區, 푸커우구)에 있다. 포구구는 서쪽으로 장강을 건넌 지점이다. 가이드가 인터넷을 뒤지고 사람들에게 묻고 물어서 봉황대공원에 도착했다. 공원에는 청동으로 만든 암수 한 쌍의 봉황 조

봉황 조각상 봉황대공원에 암수 한 쌍의 봉황 조각상이 있다.

각상이 서 있었다. 매우 정교하게 만든 조각품이었다. 이것이 전부이다 싶어서 발길을 돌리려 하다가 뒤편 먼 곳을 바라보니 낮은 산 중턱에 우람한 건물이 보였다. 그게 바로 봉황대였다. 인공바위와 인공폭포 옆 계단을 올라가니 봉황대가 나타났는데 명칭이 '봉황각(鳳凰閣)'으로 되어 있었다. 인공폭포 옆에 '봉황산폭포'라는 표지판이 있는 것으로 보아 이곳이 봉황산임이 분명하고 건물도 옛 자리에 다시 중건된 듯했다. 그러나 세워진 지 오래지 않은 듯 안내 표지판이 없어서 언제 중건되었는지 알 길이 없다.

　이백의 시를 통해서만 알았던 그 봉황대를 직접 찾은 감회는 남달랐

봉황각 이백의 시 「등금릉봉황대」로 유명한 봉황대가 봉황각으로 이름을 바꾸어 중건되었다.

다. 전하는 말에 의하면 이백이 황학루에 올라 시 한 수를 읊으려 하다가 먼저 다녀간 최호(崔顥)의 「황학루」라는 시가 현판으로 걸려 있는 것을 보고 기가 질려서 붓을 던졌다고 한다. 그리고 후에 이곳 봉황대에 올라 최호의 시를 능가하는 시를 짓겠다는 야심을 가지고 쓴 작품이 「등금릉봉황대」라는 것이다. 두 작품의 우열에 대해서는 후대 평자들 사이에 논란이 분분하지만, 불우한 시절 이곳에 올라 시를 읊었을 이백의 모습이 못내 머리에서 사라지지 않았다.

선유하며 두목을 회상하다

2008년에 왔을 때는 밤에 배를 타고 진회하를 둘러보았는데 선유(船遊)는 역시 밤이 제격이다. 그때는 평일인데도 그야말로 사람들로 인산인해를 이루었다. 옛날의 유흥가를 재현하려는 듯 온통 붉은 색 네온사인이 휘황찬란한 가운데 확성기에서는 노랫소리가 끊이지 않고 들려왔다. 강변에는 불을 밝힌 찻집, 술집, 음식점 들이 즐비하게 늘어서 있었다. 실로 '홍등가'라는 말이 실감나는 광경이었다. 이를 보고 있노라니 당나라 두목(杜牧, 803~852)의 시 「박진회(泊秦淮)」가 떠올랐다.

찬물에 안개 끼고 사장(沙場)엔 달빛 가득
진회 술집 근처에서 하룻밤을 묵는데

술 파는 아가씨 망국(亡國)의 한을 모르는지
강 건너서 아직도 「후정화(後庭花)」를 부르네

煙籠寒水月籠沙　夜泊秦淮近酒家
商女不知亡國恨　隔江猶唱後庭花

두목이 이곳을 방문했을 때 육조(六朝)의 옛 모습은 폐허가 되고 말았지만 진회 강변은 여전히 고관대작들이 환락을 즐기는 유흥지였던 모양이다. 「후정화」는 「옥수후정화(玉樹後庭花)」라고도 하는데, 진(陳)나라의 마지막 황제 후주(後主)가 지었다는 노래이다. 후주는 궁녀들에게 이 노래를 부르게 하면서 환락을 일삼다가 수(隋)나라에 의해서 멸망되었다. 그래서 이 노래를 '망국의 노래'라 일컫는다. 두목은 이 시에서 후정화를 부르는 술집 아가씨들을 탓하는 것이 아니라, 이미 국세가 기울어진 당나라 말기의 스산한 분위기를 간접적으로 풍자하고 있는 것이다. 그때 나는 두목의 시가 떠올라 다음과 같은 어설픈 시를 한 수 지었다.

無數遊船往復回　舊時歡樂未全衰

牧之曾泊吟詩處　商女新聲拂耳來

무수한 유람선이 오가는 걸 보니

그 옛날 환락이 없어지지 않았군

목지(牧之)가 배를 대고 시를 읊던 장소에

아가씨들 새 노래가 귓가를 스치네

'목지(牧之)'는 두목(杜牧)의 자(字)이다. 옛날 두목이 일박하면서 시를 읊던 장소가 정확히 이곳인지는 알 길이 없지만, 울긋불긋 떠들썩한 진회의 풍경이 두목 당시의 풍경과 다를 바 없으리라는 생각이 들었다. 다만 확성기를 통해 들려오는 서양의 팝송이 그 당시의 가락과 다를 뿐이었다.

오의항 동진시대의 고관대작들이 살던 곳이다.

오의항에 새겨진 유우석 시

우리는 유람선을 내려 오의항(烏衣巷, 우이샹)으로 향했다. 문덕교(文德橋)를 건너면 바로 '오의항' 세 글자가 새겨진 문루가 보인다. 오의항은 동진(東晉)시기의 귀족이나 고관들이 거처했던 동네로 대표적인 인물은 왕도(王導, 276~339)와 사안(謝安, 320~385)이다. 이 두 집안은 동진의 명문거족으로 그 자제들이 모두 '오의(烏衣)', 즉 검은 옷을 입었다고 해서 사람들이 그렇게 불렀다고 한다. 또 이곳은 오(吳)나라 때 금위군 중의 오의영(烏衣營)이 있던 곳인데 사병들이 모두 검은 제복을 입었기 때문에 붙여진 이름이라고도 한다. 이로 보면 약 1800년의 역사를 간직한 곳이다. 원래의 오의항은 상당히 넓었는데 지금 우리가 보고 있는 것은 그 일부분에 불과하다. 오의항 문루 서쪽 담벼락에 불후의 명작인 유우석의 시「오의항」이 모택동의 글씨로 새겨져 있다. 실로 오의항은 이 유우석의 시로 인하여 유명해졌다.

　　주작교(朱雀橋) 가에는 들풀과 들꽃
　　오의항 입구엔 석양이 비껴 있네

　　그 옛날 왕사(王謝) 댁에 오던 제비가
　　지금은 평범한 백성 집에 날아드네

　　朱雀橋邊野草花　烏衣巷口夕陽斜
　　舊時王謝堂前燕　飛入尋常百姓家

　옛날 오의항으로 들어가는 주작교는 사람과 수레로 붐볐을 터이지만 지금은 들풀과 들꽃만 피어 있고, 오의항 입구엔 석양이 비껴 있다고 묘사함으로써 쇠락한 분위기를 자아낸다. 3,4구가 압권이다. 해마다 제비는 왕도와 사안의 집에 날아오지만 지금 그들의 집은 평범한 백성들의 집으로 바뀌었다. 제비를 통하여 옛날과 지금을 연결하며 역사의 변천을 노래하고 있다.
　「오의항」에 나오는 주작교는 육조시대에 진회하 위에 건설된 24부교

(浮橋) 중의 하나였다고 하는
데 일찍이 없어졌다. 후대 사
람들이 중화문 앞에 있는 진
회교를 주작교로 부르기도
했으나 원래의 주작교는 아
니다. 최근에는 무정교(武定
橋)와 진회교 사이에 새로 주
작교를 만들었지만 이곳이
원래 위치인지는 확실하지
않다. 이렇게 많은 사람들이
주작교에 관심을 기울이는
것은 이 다리가 유우석의 시
에 나오기 때문이다. 시 한 편
의 영향력이 그만큼 대단한

모택동의 글씨로 새긴 유우석 시「오의항」

것이다. 유우석의 시 외에도 수많은 시인 묵객들이 이곳에 들러 오의항·
주작교·왕도·사안의 자취를 회고하는 시편을 대량으로 남겼다. 그중에
서도 유우석의 시가 가장 유명하다.

왕도사안기념관과 내연당

오의항의 중심은 왕도사안기념관(王導謝安紀念館)이다. "왕도·사안 고

택은 찾을 길 없고/말릉(秣陵)의 가을날, 꽃 지고 새 우네"라는 후대인의 시구와 같이 왕사(왕도와 사안)의 고택은 이미 없어진 지 오래이고 지금 볼 수 있는 것은 새로 복원한 건물이다. '말릉'은 남경의 옛 이름이다. 그 것도 원래 위치에 원래 모습대로 복원한 것이 아니다.

기념관에 들어서면 입구에 '위진유풍(魏晉遺風)'이라 쓰인 현판 밑에 유우석의 시「오의항」이 각종 서체로 전시되어 있다. 더 들어가면 동쪽 담벼락에 남경 서부 강녕구(江寧區)에서 출토된「죽림칠현도(竹林七賢圖)」를 석각으로 재현해놓았다. 죽림칠현은 진(晉)나라 초기에 어지러운 현실을 피해 죽림에 모여 술을 마시고 시를 주고받으며 자유로운 삶을 살았던 혜강(嵇康)·완적(阮籍)·산도(山濤)·향수(向秀)·완함(阮咸)·왕융(王戎)·유영(劉伶)을 지칭한다. 이들이 모두 왕도·사안과 같은 진(晉)나라 때 인물들이기 때문에 이곳에 석각해놓은 것이다. 이들 중 왕융은 서진(西晉)시기 왕씨 가문을 대표하는 중요 인물이기도 하다.

이곳의 주 건물은 내연당(來燕堂)인데 그 유래에 관해서는 다음과 같은 이야기가 전한다. 사안은 평소 산수 간에 유람하기를 즐겼는데 하루는 배를 타고 바다를 항해하다가 풍랑을 만나 배가 뒤집혔다. 그가 간신히 나뭇조각에 의지해서 육지에 다다르니 검은 옷[烏衣]을 입은 노인이 그를 맞아 자기 집으로 안내했다. 알고 보니 그곳은 의식이 풍족한 오의국(烏衣國)이었다. 그곳에서 한동안 지내면서 노인의 딸과 정분을 맺어 혼인을 했다. 그러나 세월이 흐름에 따라 고향으로 돌아가고 싶은 마음이 간절하여 노인의 만류에도 불구하고 고향으로 돌아왔다. 그러던 어느 날 집안 대들보 위에 한 쌍의 제비가 집을 지은 것을 보고 불렀더니 그의 어깨 위에 날아와 앉았다. 두고 온 오의국의 부인에게 간절한 사연을 적은 편지를 제비 발에 매어 보냈더니 이듬해 봄에 제비가 답신을 가지고 날아왔다. 그래서 그는 해마다 제비가 답신을 가지고 날아오기를 기원한다는 뜻을 담아서 거처하는 집에 '내연(來燕)'이라는 편액을 달았다고 한다. 유우석의 시는 이 전설과 무관하게 읽어도 충분한 설득력을 가지지만 내

왕도사안기념관 진대(晉代)의 명문거족 왕도와 사안을 기념하기 위한 건물로 오의항의 중심을 이룬다.

연당의 제비 전설과 교묘하게 엮여서 더욱 재미있게 다가온다.

내연당 안에는 사안의 가족사와 육조시대의 각종 출토품들이 진열되어 있다. 2층으로 올라가면 역시 출토 문물들과 왕희지(王羲之)의 『난정집서(蘭亭集序)』를 비롯한 각종 서첩(書帖), 그리고 왕희지의 아들 왕헌지(王獻之)의 『동산첩(東山帖)』 등이 진열되어 있다. 이곳에 왕희지 부자의 서첩이 전시되어 있는 것은, 왕희지가 왕도의 사촌 아우인 왕광(王曠)의 아들이기 때문이다. 그러니까 왕희지의 당숙이 왕도이다. 왕희지는 젊은 시절을 이곳 오의항에서 보냈다고 한다. 가이드는 이들이 삼촌과 조카 사이라고 했다.

청쟁당(聽箏堂) 앞에 왕희지가 썼다는 '아(鵝)'자 비(碑)가 세워져 있고

또 왕희지의 반신상도 놓여 있다. 청쟁당은 동진(東晉)의 효무제(孝武帝)가 사안의 집을 방문했을 때 사안이 타는 고쟁 연주를 들은 것을 기념해서 만든 건물이다. 건물 안에는 동진의 화가 고개지(顧愷之)의「낙신부도(洛神賦圖)」가 걸려 있다. 인물화로 유명한 고개지의 작품은 겨우 3점만 남아 있는데 그것도 진본은 아니고 모두 후대에 임모(臨摹)한 것이라 한다.

첨원의 태평천국역사박물관

우리는 오의항을 나와 걸어서 첨원(瞻園, 잔위안)으로 향했다. 바람이 거세고 날씨가 추웠다. 지금까지는 날씨가 따뜻해서 여행하기 좋았는데 남경에 오니 추워졌다. 12월 하순의 날씨로는 이렇게 추운 것이 정상일 것이다.

첨원은 명나라 태조 주원장의 친구이자 개국공신인 중산왕(中山王) 서달(徐達)의 왕부(王府, 왕족의 저택) 안에 있던 서화원(西花園)이다. 이곳은 원래 주원장이 거처했던 곳인데 새로운 황궁이 건축된 후 서달에게 하사되었다. 그만큼 서달에 대한 주원장의 신임이 두터워서 서달이 죽은 후에는 그를 중산왕에 추봉(追封)했다. 그후 서달의 후손들이 거처하면서 보수·확장을 거듭하다가 9대손 서유지(徐維志)에 이르러 대대적인 확충공사를 하여 이른바 '십팔경(十八景)'을 갖춘 강남의 명소가 되었다. 청나라 때에는 관청으로 사용되기도 했는데 1757년 건륭황제가 이곳을 방문하고 '첨원(瞻園)'이라는 친필 사액을 내린 것을 계기로 대규모 보

첨원 명나라 개국공신 중산왕 서달의 저택이며 안에 태평천국역사박물관이 있다.

수를 가하여 전성기를 누렸다. 지금 걸려 있는 편액이 건륭황제의 친필
이다.

　1853년에는 홍수전(洪秀全)의 태평천국군이 남경을 점령하고 천경(天
京)으로 개명한 후 스스로 천왕(天王)이라 칭하고 동왕(東王)·서왕·남왕·
북왕·익왕(翼王)을 두어 자신을 보좌하게 했다. 이 시기에 첨원은 동왕
양수청(楊秀淸)의 동왕부(東王府)로 사용되었다가 서왕 소조귀(蕭朝貴)가
호남성 장사(長沙, 창사) 공격 때 전사하자 새로 서왕에 봉해진 그 아들 소
유화(蕭有和)의 서왕부가 되었다. 태평천국이 멸망한 후 거의 파괴된 것
을 여러 차례 중수하여 민국(民國) 초기에는 강소성 성장 관아로 사용하
다가 1928년 이후에는 국민당 정부 장개석의 특무기관 사무실로 사용되
기도 했다.

1961년에는 태평천국 동왕부가 있었던 이곳의 일부에 태평천국역사박물관을 개설했다. 태평천국 관련 문물 1,700여 점을 소장한 이 박물관은 명실공히 중국 태평천국 연구의 중심 역할을 수행하고 있다. 소장 문물 중에서 중요한 것은, '단룡마괘(團龍馬褂)'라 불리는 태평천국 관복과 '합휘(合揮)'라는 이름의 결혼증서이다. 태평천국은 애초에 반청(反淸)을 기치로 내걸었기 때문에 복식도 만주족의 의복이 아닌 한족 의복을 착용했다. 이 관복의 특징은, 황제만 사용할 수 있는 용(龍) 무늬를 고급 관리들의 관복에 수를 놓아 착용했다는 점이다. 이것은 반청과 함께 태평천국이 표방한 반봉건적 의지의 일단으로 평가된다. 황제의 절대 권력을 상징하고 황제 이외에는 누구도 사용할 수 없는 용의 무늬를 관복에 수놓았다는 것은 봉건적 황권에 대한 일종의 도전인 셈이다. 이 관복은 도안과 색채가 뛰어나 중국 복식사 연구의 중요 자료로 활용되기도 한다.

지금까지 두 건이 발견된 '합휘'라는 결혼증서에는 결혼 당사자 쌍방의 성명, 연령, 본관, 직위, 태평천국군 참가 연월일이 기재되어 있는데 두 부를 작성하여 한 부는 정부가 보관하고 한 부는 결혼 당사자에게 발급했다고 한다. 이런 형태의 결혼증서는 중국 역사상 최초의 것으로, 남녀가 자유의사에 따라 결혼하고 남녀평등을 실현하려는 의지로 평가된다. 실제로 처음 기의(起義)할 때부터 다수의 부녀자들이 참가했고 도읍을 천경(天京, 남경)으로 바꾼 후에는 여관(女官)을 설치하여 여성의 참정권을 인정했으며 또 여군을 양성하여 남자들과 동등하게 전투에 참여케 했다.

첨원에 들어서면 제일 먼저 눈에 들어오는 것이 홍수전의 흉상이다. 홍수전(1814~1864)은 실로 난세의 영웅이었다. 중국 남부 광동성(廣東省,

홍수전 흉상 태평천국을
선포한 그는 난세의 영웅
이었다.

광둥성)의 어느 작은 마을에서 소농의 아들로 태어난 그는 여느 청년과
마찬가지로 과거에 응시하여 출세를 꾀했으나 세 번이나 낙방한다. 그
러는 사이에 우연히 만난 외국인 선교사로부터 책 한 권을 얻어 읽고 기
독교에 깊이 빠져들었다. 급기야 그는 자기가 상제(上帝, 하느님)인 여호
와의 차남이며 예수의 동생이라 자칭하고 봉건적 착취에 시달리던 농민
들을 규합하여 배상제회(拜上帝會, 상제를 숭배하는 모임)를 결성한다. 2만
여 명에 달하는 배상제회 회원을 바탕으로 1850년에는 광서성(廣西省, 광
시성) 금전(金田, 진텐)에서 궐기대회를 열고 이듬해에는 정식으로 태평천
국을 선포하게 된다. 마약과 술과 담배를 금지하고 남녀평등을 주창하
고 지주의 토지를 몰수하여 농민들에게 분배하는 등 혁명적인 국가 강
령을 반포하여 농민들의 광범위한 지지를 얻은 태평천국군은 파죽지세
로 세력을 확장해 1853년에는 남경을 점령하고 수도로 삼았다. 이때의
태평천국군은 50만 명을 넘어 중앙 정부에서도 통제할 수 없을 정도로

세력이 커졌다. 그 전성기에는 17개 성, 600여 도시를 점령하고 위세를 떨쳤다.

그러나 그후 지도부는 자만과 안일에 빠지고 평등과 금욕을 근간으로 한 국가 강령도 제대로 지켜지지 않았으며 지도부 간의 갈등과 내분이 격화되어 결국 증국번(曾國藩)이 이끄는 상군(湘軍)과 이홍장(李鴻章)이 이끄는 회군(淮軍)에 의하여 1864년 최후를 맞게 된다. 2천만 명의 희생 자를 낸 태평천국운동(1851~1864)은 14년 만에 막을 내렸지만 중국 역사 상 최초의 기독교적 사회운동으로서, 그리고 민족적 색채를 띤 반봉건 농민운동으로서 높이 평가되고 있다. 남경에는 이외에도 홍수전이 11년 간 거처했던 천왕부(天王府), 태평천국 벽화 등의 유적이 남아 있다.

첨원에는 태평천국역사박물관으로 쓰이는 부분 이외에도 꾸준히 복 원작업을 계속하여 계화원(桂花院), 담죽원(淡竹院), 자등원(紫藤院), 정묘 당(靜妙堂), 관어정(觀魚亭), 세한정(歲寒亭), 익연정(翼然亭), 일람각(一覽 閣), 축월루(逐月樓) 등의 건물이 복원되어 있다. 또한 첨원 동쪽에 남북으 로 길게 이어진 곡랑(曲廊)이 볼만하고 '의운봉(倚雲峰)' '동자배관음(童 子拜觀音)'이라 이름 붙인 명석(名石)들도 눈에 띈다.

이곳은 주원장이 개국공신인 중산왕 서달에게 하사한 건물이었기 때 문에 '중산왕 서달 문물 사료'를 전시하는 건물도 있다. 안에는 주원장 과 서달의 행적을 그린 여러 폭의 그림이 걸려 있고, 그외에 서달과 관련 된 자료들이 전시되었다. 또 주원장이 황제에 등극하기 전 강력한 경쟁 자였던 장사성(張士誠)의 초상화도 걸려 있다. 첨원은 1985년의 대대적 인 확장공사를 통하여 지금의 규모를 갖추었지만 원래 명대 서화원의 절반에 불과하다고 한다.

중화문과 갑부 심만삼

추운 날씨였지만 우리는 다음 행선지인 남경성(南京城, 난징청)으로 향했다. 남경성은 1366년에 축조하기 시작해서 1386년에 완공하기까지 21년이 걸린 옹성(甕城)으로 총 길이 약 34킬로미터, 높이 14~21미터이며 가장 높은 곳은 25미터에 달한다.

남경성은 각 지방으로부터 공출받은 벽돌로 쌓았는데 벽돌은 가로 40~45센티, 세로 20~22센티, 두께 10~15센티의 규격으로 통일되었고 각각의 벽돌에는 측면에 제작 시기, 제작 장소, 감독 관청, 제작자, 운반관 등이 새겨져 있다. '벽돌 실명제'인 셈이다. 전하는 말로는, 병사 2명이 공출받은 벽돌을 들고 부딪쳐서 깨어지면 다시 만들도록 지시했고 두 번째도 불합격하면 책임관을 참수했다고 한다. 이렇게 만들어진 벽돌과 벽돌 사이는 찹쌀 풀, 석회, 풀을 찧어서 만든 즙을 반죽해서 붙였기 때문에 견고한 성을 축조할 수 있었다.

남경성에는 안쪽에 13개, 바깥쪽에 18개의 성문이 있었다고 하는데 바깥쪽 성문은 모두 없어졌고 안쪽 13개 중에서 지금 남아 있는 성문은 5개이다. 그중 규모가 가장 큰 것이 남쪽의 중화문(中華門, 중화먼)이다. 이 문은 '목(目)'자 형태로 구성되어 4중의 문을 통과해야만 성루에 올라갈 수 있다. 마지막 문을 통과하면 양쪽에 말을 타고 성루로 올라가는 마도

중화문 주원장이 건설한 남경성 13개의 성문 중 규모가 가장 큰 문이다.

(馬道)가 만들어져 있다. 전시에는 무기와 군수물자를 싣고 이 마도를 통해 성 위로 곧장 올라갔을 것이다.

중화문을 들어서면 눈에 띄는 인물상이 있는데 주원장과 주승(朱升)의 동상이다. 주원장은 황제가 되기 전 지금의 절강성 금화(金華, 진화)를 공략한 뒤 안휘성의 명유(名儒)인 주승을 방문하고 천하를 쟁탈할 계책을 물었다. 이에 주승은 '성곽을 높이 쌓고' '식량을 많이 비축하고' '왕이 되는 것은 천천히 하라'고 건의했다. 주원장은 이 건의를 받아들여 드디어 황제의 지위에 올랐다. 후에 주승은 모사(謀士)로서 주원장을 측근에서 도왔다고 한다. 동상 앞에는 '주승헌책(朱升獻策, 주승이 계책을 바치다)'이라 쓰인 표석이 있다.

장병동 반원형의 동굴인 장병동은 병사들의 휴석처 또는 병장기를 보관하는 장소로 사용되었다.

중화문의 가장 특징적인 부분은 장병동(藏兵洞)이다. 장병동은 반원형의 동굴로 평시에는 병사들의 휴식처 또는 각종 병장기를 보관하는 장소로 쓰였고 전시에는 병사들의 대기소로 사용되었다. 중화문에는 이런 장병동이 모두 27개가 있어 장병 3천 명을 수용했다고 한다. 지금은 몇몇 장병동이 전시실, 기념품 판매점으로 이용된다. 한 장병동에는 제작자의 실명이 새겨진 벽돌들을 전시하고 있다.

중화문을 취보문(聚寶門)이라고도 하는데 여기에는 다음과 같은 이야기가 전한다. 명태조 주원장이 중화문을 쌓을 때 자꾸만 기울어져 다시 쌓아도 또 기울어졌다. 그때 강남의 갑부 심만삼(沈萬三)이 취보분(聚寶盆)이라는 요술 항아리를 가졌다는 말을 듣고 이를 빌려달라고 했다. 취보분은 그 속에서 금은보화가 끝없이 쏟아져 나오는 신기한 항아리였다. 주원장이 심만삼으로부터 이 항아리를 빌려 성 밑에 묻었더니 신기하게도 성문이 기울지 않아 중화문을 완성할 수 있었다. 그래서 이 성문을 취보문이라 불렀다. 주원장은 성문이 완성된 다음날 오경(五更, 새벽 3~5시)에 취보분을 돌려주기로 약속했으나 그날부터 영을 내려 오경을 알리는 종을 치지 못하게 했다. 그래서 취보분은 영영 심만삼에게 돌아가지 못했다고 한다. 그러나 이것은 민간 전설일 뿐이고 사실은 중화문 밖에 취보산(지금의 우화대雨花臺)이 있기 때문에 붙여졌을 것이다.

장병동 하나에는 '심만삼 전기 도편전(沈萬三傳奇圖片展)'이라는 문패를 달고 심만삼에 관한 자료들을 전시하고 있고 또 하나의 장병동은 '취보동(聚寶洞)'이라 하여 그 안에 취보분을 만들어놓고 심만삼의 초상화를 걸어두었다. 그만큼 주원장과 심만삼의 인연이 깊다.

명나라 건국 초기에 재정이 궁핍했던 주원장은 거부인 심만삼에게 도움을 요청했다. 이 요청을 받아들인 심만삼이 남경성의 절반은 자신이 쌓겠다고 해서 나머지 절반은 주원장이 쌓기로 약속했다. 이렇게 같이 시작한 축성 사업을 심만삼은 주원장보다 3일 먼저 완성했다. 이에 주원장은 황제보다 돈이 더 많은 심만삼에게 경계심을 가지기 시작했다.

심만삼은 또 황제에게 호군(犒軍, 군사에게 음식을 주어 위로하는 일)할 것을 청하여 백만 대군에게 일인당 은 1냥씩을 지급했다. 이를 본 주원장은 가난했던 자신의 지난날과 비교하며 일종의 열등감을 가지기도 했고, 심만삼이 엄청난 재산으로 황제의 권위에 도전할 수도 있다는 생각이 들어 죽여 없애려 작정하고 우선 그에게 중과세를 해서 재산을 몰수하다시피 했다. 이를 안 마황후(馬皇后)가 황제에게 간언하기를 "백성의 재산이 나라에 대적할 정도라면 백성 스스로에게 상서롭지 못한 일이니 하늘이 장차 그에게 재앙을 내릴 것이거늘 어찌 죽이려 하십니까"라고 하여 심만삼은 죽음을 모면하고 운남성으로 추방되었다. 마황후는 인자하고 선량한 여인으로 평생 주원장을 도와 명나라를 건국하는 데 숨은 공신이었다.

쌀쌀한 날씨 속에 중화문을 뒤로하고 식당으로 향했다. 저녁식사는 '카오야(烤鴨)', 즉 오리고기였는데 북경의 유명한 오리고기 전문 식당인 전취덕(全聚德, 취안쥐더)보다는 못했지만 그런대로 맛이 있었다. 4박 5일 여정의 마지막 밤인지라 모두들 흥에 겨워 술을 마셨다. 정현식 교수와 내가 남경의 보살에게서 선물 받은 수정방 두 병을 거뜬히 비우고도 모자라서 최관 교수가 서울로 가져가려고 사놓은 금육복(金六福, '중국술 11' 참조) 두 병까지 다 비웠다.

실로 이번 여행은 중국의 문화와 음식과 술을 유감없이 섭렵한 인문기행이었다. 그래서 그런지 모두들 만족스러워했다. 돌아가면서 건배 제의를 하는 자리에서도 제법 유식한 문자들이 나왔다. '월하독작(月下獨酌)' '여민동락(與民同樂)' 등 여행하는 동안 배웠던 문구들이 나왔다. 러시아 문학과의 김군선 교수는 '월광사조(月光斜照)'라 외쳤다. 일근히 취한 성낙원 교수는 뜻밖에도 '지산만세(止山萬歲)'라 외쳤다. 지산은 나의 호이다. 그러면서 "중국술의 참맛을 알았다"고 했다. 이번 여행 기간 동안 매일 점심식사와 저녁식사 때 적어도 두 끼는 중국술을 마시면서 중국술의 매력을 알았던 모양이다. 물론 그때마다 주종(酒種)은 내가 선택해주었다.

금육복

금육복(金六福, 진류푸)은 오량액집단(五糧液集團, 오량액그룹)의 다품종 전략에 의하여 생산된 술 중에서 가장 성공한 농향형 백주이다. 오량액그룹은 금육복 이외에도 경주(京酒), 유양하(瀏陽河), 황금주(黃金酒) 등 수많은 품종을 내놓으며 제품의 다변화를 꾀하고 있는데 금육복이 그 선두에 있다.

금육복은 1998년 첫 출시 때 '오량액그룹 영예출품'임을 내세워 오량액과 같은 원료, 같은 방법으로 제조된다는 점을 크게 선전했다. 이렇게 오량액의 명성에 힘입어 술의 품질에 대한 보증을 다진 다음, 수천 년 이어져온 중국인의 복문화(福文化)를 자극했다. 금육복주의 겉포장지에는 '육복(六福)'이 쓰여 있는데(모든 제품이 다 그런 것은 아니다), 수(壽)·부유(富裕)·강녕(康寧)·미덕(美德)·화합(和合)·자효(子孝)가 그것이다. 금육복주를 마시면 이 여섯 가지 복을 누릴 수 있다는 것으로 '중국인의 복주(福酒)'임을 표방하고 있다.

처음에 중저가주 시장 공략을 목표로 출발한 금육복은 소비자들의 호응을 얻어 2004년에 중국치명상표를 획득한 것을 계기로 '경축일에 마시는 술'로서의 이미지를 굳혀나갔다. '중추단원금육복(中秋團圓金六福, 중추절에 가족이 모일 때 금육복)' '춘절회가금육복(春節回家金六福, 설날 고향에 갈 때 금육복)'국유희사금육복(國有喜事金六福, 국가에 기쁜 일이 있을 때 금육복)'아유희사금육복(我有喜事金六福, 나에게 기쁜 일이 있을 때 금육복)'등의 구호를 내세워 대대적인 광고를 펼치는 한편, 올림픽이나 아시안게임 등 각종 체육행사를 지원하여 대표단의 공식 건배주로 선정되면서 급성장을 거듭했다.

드디어 2006년에는 독자적으로 화택집단(華澤集團, 화택그룹)을 설립하고 호남성, 안휘성, 광동성, 운남성, 흑룡강성, 귀주성 등지의 기존 양조장을 매입하여 13개 주창(酒廠)을 거느린 대기업으로 발전했다. 그리고 처음의 중저가 제품 이미지를 벗어나 고급 제품도 생산하고 있다.

금육복주는 특이하게 별의 개수로 품질을 표시하는데, 기본 상품인 복성고조계열(福星高照系列) 중에서 5성급은 300여 위안(약 6만 원)에 이르고, 면유계열(綿柔系列)의 제품 중에는 1,200위안(약 24만 원)을 웃도는 것도 있다. 이외에도 귀빈특공주(貴賓特供酒), 경전(經典), 정품(精品), 백년복근(百年福根) 등을 비롯해서 다양한 품종이 출시되어 있다. 그리고 제조원도 종래의 의빈오량액고분유한공사(宜賓五糧液股分有限公司)에서 사천금육복주업유한공사(四川金六福酒業有限公司)로 개칭했다. 이제 오량액의 그늘로부터 벗어난 것이다. 현재 금육복주의 생산지는 사천성 공래시(邛崍市, 충라이시)이다.

복성고조계열의 5성 금육복은 100점 만점에 85점.

명나라 개국 황제
주원장의
명효릉

세계문화유산 명효릉

　기행 마지막 날, 우리가 가볼 곳은 명효릉(明孝陵, 밍샤오링)과 중산릉(中山陵, 중산링)이다. 아침식사를 마치고 먼저 남경 교외의 자금산(紫金山, 쯔진산)에 위치한 명효릉으로 향했다. 효릉은 명나라 태조 주원장(朱元璋, 1328~1398)의 능이다.

　주원장은 안휘성 호주(濠州, 하오저우)에서 가난한 농민의 아들로 태어나 어린 시절을 불우하게 보냈다. 한때는 호구지책으로 황각사(皇覺寺)에서 중노릇까지 하다가 반원(反元) 지도자 곽자흥(郭子興)이 이끄는 홍건군(紅巾軍)에 들어가서 탁월한 군사 전략가로서의 자질을 인정받았다. 곽자흥이 죽은 후에는 실질적인 영도자가 되어 서달(徐達), 이선장(李善長), 상우춘(常遇春) 등의 우수한 보좌진을 규합하고 강력한 라이벌이었던 진우량(陳友諒)과 장사성(張士誠)을 차례로 격파한 후 1368년 1월 4일 황제에 등극했다.

그는 1381년부터 직접 자금산 남쪽에 묘역을 조성하기 시작했다. 이듬해에 마황후(馬皇后)가 죽자 먼저 이곳에 매장하고 마황후에게 '효자(孝慈)'라는 시호를 내린 것을 근거로 능을 효릉이라 명명했다. 1383년에 능의 중심 건물이 완성되었는데 그가 직접 지휘한 이 공사에 10만 명의 인원이 동원되었다고 한다. 1398년 주원

주원장 초상 원래의 모습이 기괴하다고 전한다.

장은 자신이 조성한 무덤에서 영원히 잠들었다. 그때 비빈과 궁녀 40여 명이 함께 순장(殉葬)되었다는 말이 전한다. 넓은 묘역에는 당시에 소나무 10만 그루를 심고 사슴 1천 마리를 방사했으며 5천여 군사가 밤낮으로 순찰하며 호위했다고 한다. 주원상이 죽은 후에도 부속건물 등이 계속 조성되어 1413년 영락제(永樂帝)가 대명효릉신공성덕비(大明孝陵神功聖德碑)를 세움으로써 공사가 끝났으니 착공한 지 32년 만에 완공된 것이다. 효릉은 2003년에 유네스코 세계문화유산으로 지정되었다.

입구의 하마방(下馬坊)을 지나 동쪽으로 약 36미터 위치에 신열산비(神烈山碑)가 있는데 1531년 가정제(嘉靖帝)가 자금산의 이름을 신열산으

로 바꾸면서 세운 비이다. 신열산비 동쪽에는 금약비(禁約碑)가 있다. 이 비석은 1641년 숭정제(崇禎帝)가 세운 것이다. 임진왜란 때 조선에 파병하는 등의 일로 국운이 기울어지는 것을 보고 이는 효릉의 용맥(龍脈)이 파헤쳐졌기 때문이라 여겨 앞으로는 효릉을 더욱 견고히 보호하라는 의미에서 세웠다고 한다.

하마방에서 500여 미터 지난 곳에 효릉 외곽성의 정문인 대금문(大金門)이 있다. 대금문 양측엔 원래 효릉을 보호하는 외곽성이 있었다고 하는데 길이가 22킬로미터로 남경성의 3분의 2에 해당될 정도였다고 한다. 당시에는 일반인의 출입이 엄격히 금지되어 무단 출입자는 곤장 100대의 형벌을 받았다. 대금문에서 북쪽으로 70미터쯤 가면 거대한 비정(碑亭)이 나온다. 여기에 1413년 영락제가 세운 높이 10미터의 '대명효릉신공성덕비'가 서 있다. 원래는 비정의 지붕이 있었을 터이나 지금은 없어지고 사방 벽만 남아 있다. 정사각형으로 되었기 때문에 이 비정을 '사방성(四方城)'이라고도 부른다.

신도의 동물 석상들

비정에서 북쪽으로 가면 길이 1,100미터에 달하는 신도(神道)가 나오는데 이곳이 효릉에서 가장 볼만하다. 먼저 거대한 동물들의 석상이 600여 미터에 걸친 신도 양쪽에 12개씩 늘어서 있다. 사자, 해태, 낙타, 코끼리, 기린, 말의 석상이 각각 4개씩(서 있는 석상 2개, 앉아 있는 석상 2개)

신도의 동물 석상 신도 좌우에는 24마리의 동물 석상이 마주보고 늘어서 있다.

모두 24개가 마주보고 있다. 동물 석상의 크기는 같지 않은데 제일 큰 코끼리 석상은 높이 3.47미터, 길이 4.21미터, 무게 80톤에 달한다고 한다.

석상이 끝나는 곳에 2개의 망주석이 서 있고 여기서부터 오른쪽으로 꺾여 문신과 무장의 석상이 이어진다. 이채로운 것은 문신과 무장 모두 반은 수염이 있고 반은 수염이 없다. 아마 수염의 유무로 늙은이와 젊은 이를 구별한 듯 보였다. 문무 관원의 석상이 끝나는 곳에 영성문(欞星門)이 있었다고 하는데 지금은 주춧돌 6개만 남아 있다. 영성문을 지나서도 신도는 계속 이어져 어하교(御河橋, 일명 금수교金水橋)를 지나 200미터쯤에 있는 문무방문(文武方門)에 이르러서야 끝이 난다.

일반적으로 황릉의 신도는 일직선으로 조성되는데 효릉의 신도가 곡선으로 되어 있는 것에 대해서는 여러 가지 설이 있다. 처음 신도를 조성할 때 그 일대에 옛날 오나라 황제 손권(孫權)의 묘가 있었다고 한다. 그래서 공사 책임자가 주원장에게 손권 묘를 옮길 것을 요청하니 주원장이 말하기를 "손권 역시 훌륭한 사람이다. 그대로 두어서 그가 나를 위해 대문을 지키도록 하라"고 명했기 때문에 손권의 묘를 피해서 조성하느라 곡선으로 되었다는 것이 하나의 설이다. 또 하나는 '북두칠성'설이다. 즉 신도를 곡선으로 내어 대금문에서 보정(寶頂, 무덤)에 이르는 전체적인 배치를 북두칠성 모양으로 했다는 것이다. 어느 설이 옳은지 지금은 알 길이 없다.

문무방문(文武方門)은 효릉의 중심 건물로 들어가는 정문이다. 문밖 동쪽에는 육국문자비(六國文字碑)가 서 있다. '특별고시비(特別告示碑)'라고도 불리는 이 비는 1909년에 세워졌는데, 효릉을 보호하라는 내용의 글을 일본어, 러시아어, 독일어, 이탈리아어, 영어, 프랑스어 등 6개 국어로 새겨놓았다. 중국어가 없는 것으로 보아 순전히 외국인들을 위해 세운 비석임이 분명하다. 1909년경에는 서구 열강의 침략이 노골화되던 때라 외세로부터 효릉을 보호하기 위해서 세운 듯하다.

강희제가 세운 치륭당송비

문무방문을 들어서면 앞에 비전(碑殿)이 나타난다. 원래 이 자리는 뒤편에 있는 효릉향전(孝陵享殿)의 앞문인 효릉문이 있던 곳이다. 지금은 청나라 때 비석이 5개 있는데 그중 중앙에 세운 치륭당송비(治隆唐宋碑)가 가장 유명하다. 이것은 강희제(康熙帝)가 1699년 이곳을 배알하고 세운 비석으로 '치적이 당나라 송나라보다 더 융성했다'는 뜻을 담고 있다. 강희제·건륭제는 여러 차례 효릉을 참배했는데 만주족의 청나라가 한족을 무마하려는 통치술의 일환이었을 것이다. 실제로 강희제가 주원장에게 '치륭당송'의 평가를 내렸을 때 수만 명의 주민들이 감격하여 눈물을 흘렸다고 한다.

비전 뒤 50미터 지점에 향전(享殿)이 있다. 향전은 효릉의 중심 건물로 주원장과 마황후의 신주를 모시고 제사를 지내던 곳이다. 원래 건물은 규모가 굉장했던 것으로 추정되나 여러 차례의 전란으로 다 없어지고 현존 건물은 1865년과 1873년 두 차례 중건한 것이다. 건물 안에는 주원장의 초상화가 걸려 있다. 향전의 규모가 엄청났으리라는 사실은 향전 동서 양쪽의 배전(配殿) 유지(遺址)를 보아도 짐작할 수 있다. 배전은 일종의 부속 건물로 지금은 주춧돌만 남았다. 향전 뒤 20미터 지점에 내홍문(內紅門)이 있는데 일명 음양문(陰陽門)이라고도 한다. 이곳이 죽은 자의 세계인 음계와 산 자의 세계인 양계를 갈라놓는 경계인 셈이다. 내홍문을 지나 더 걸어가면 길이 57.5미터, 넓이 26.6미터의 대석교(大石橋)가 나온다. 이 다리를 승선교(升仙橋)라고도 하는데 다리를 건너면 곧 선계(仙界)라는 뜻이다. 당시 주원장의 관(棺)은 이 다리를 건너 안장되었다.

방성과 명루 방성 터널을 지나면 주원장과 부인 마황후의 묘역이다.

보정에 잠든 주원장

승선교 뒤편에 효릉원의 마지막 건물인 방성(方城)이 있다. 두께가 31미터나 되는 방성의 중앙에 위치한 터널에는 54개의 돌계단이 있어 이를 통과해야만 주원장의 묘인 보정(寶頂)에 이른다. 방성 위에는 또 다시 명루(明樓)라는 거대한 건물이 있는데 청나라 함풍(咸豊) 연간 (1851~1861)에 소실된 것을 2008년에 복원했다고 한다. 방성과 명루는 역대 어느 제왕의 능에서도 볼 수 없는 효릉만의 독창적인 건물이다. 이렇게 복잡하고 큰 건물을 축조한 것은 물론 제왕의 권위를 과시하기 위함이었을 것이다.

방성의 터널을 지나면 곧 주원장과 마황후의 묘역이다. 묘는 직경 400미터, 둘레 1,000미터, 높이 7미터의 담장으로 둘러싸여 있는데 이를 보성(寶城)이라 한다. 옛날엔 일반인의 출입이 엄격히 통제된 성역이었지만, 2003년 유네스코 세계문화유산으로 등록된 후에는 유람객들의 편의를 위해서 보정으로 올라가는 계단을 만들어놓았다.

방성의 터널을 통과하면 앞에 보이는 것이 보성의 성벽인데 거기에 '차산명태조지묘(此山明太祖之墓, 이 산은 명태조의 묘이다)'라 새긴 글자가 먼저 눈에 들어온다. 이 일곱 자가 새겨진 연유는 이렇다. '주원장이 정말 이곳 효릉에 묻혔을까'에 대한 의문이 이전부터 제기되어왔다. 민간 전설에 의하면 주원장의 장례식날 남경성의 13개 성문에서 동시에 관이 운구되었다고 한다. 백성들의 눈을 속이기 위함이었다. 그래서 주원장의 시신은 조천궁(朝天宮)에 안장되었다는 설도 있고, 명나라가 북경에

차산명태조지묘 '이 산이 명태조의 묘'임을 알리는 글이다.

천도한 후 북경 근교의 만세산(萬歲山)에 이장했다는 설도 있고, 평소 의심이 많던 주원장이 도굴을 염려하여 효릉에 가짜 무덤을 만들었다는 설도 있었다. 그러나 막대한 비용을 들여 거국적으로 조성한 묘역이 가짜일 수 없다고 생각한 어떤 사람이 보성에 글자를 새겨 이곳이 진짜 주원장의 묘임을 알렸다는 것이다. 우리를 안내한 가이드는, 이곳을 관람하는 사람들마다 '명태조의 무덤이 어디인가'라 물어서 일일이 대답하기가 귀찮아 이 글귀를 써놓았다고 했다. 하기야 겉으로 보면 도저히 무덤 같지 않은 성벽만 보이기 때문에 유람객들이 그렇게 물었을 법하다는 생각이 들기도 하지만, 가이드의 말은 그저 농담으로 흘려버림이 옳을 듯하다.

동릉과 공신묘

효릉 동쪽에 동릉(東陵)이 있는데 여기에는 주원장 일가의 기구한 사연이 얽혀 있다. 주원장은 일찍이 맏아들 주표(朱標)를 황태자로 봉하고 황제가 되기 위한 훈련을 시켰다. 주표는 어머니 마황후를 닮아 성품이 인자했다. 주원장이 황권을 공고히 하기 위하여 무자비한 살육을 저지를 때에도 어머니와 함께 이를 극력 만류했다고 한다. 그러나 그는 병약하여 황제에 즉위하지 못한 채 36세의 나이로 세상을 떠났고, 이에 동릉에 장사지내고 의문태자(懿文太子)라는 시호를 내렸다. 이어 주원장은 손자 주윤문(朱允炆)으로 하여금 뒤를 잇게 했으니 이가 건문제(建文帝)이다. 건문제는 즉위 후 부친 주표를 효강황제(孝康皇帝)로 추존하고 흥종(興宗)의 시호를 내렸다.

주원장은 생시에 아들들을 왕으로 봉하여 권력을 나누어주었는데 건문제가 일부 신하의 말을 듣고 이 삼촌들의 왕위를 삭탈해버렸다. 이것이 화근이었다. 주원장의 넷째아들인 연왕(燕王) 주체(朱棣)가 이에 신변의 위협을 느끼고 반란을 일으켜 건문제를 축출하고 황위에 오르니 이가 곧 영락제(永樂帝)이다. 영락제는 효강제로 추존되었던 주표를 다시 의문태자로 강등시키고 주표의 자손들을 모두 살육했다. 숙부가 조카를 축출한 형국이라 우리나라의 세조와 단종의 일이 떠올랐다. 동릉도 돌보는 이 없이 600년 이상을 거의 폐허가 되다시피 방치되다가 1999년 대대적인 발굴 조사를 통하여 지금과 같이 복원되어 효릉과 함께 세계문화유산으로 등재되었다. 동릉은 규모는 작지만 효릉과 같은 구조로 조성되어 있다.

또 효릉 서북쪽에는 명효릉공신묘(明孝陵功臣墓)가 있다. 이곳은 주원장이 개국공신들에게 하사한 장지이다. 기록에 의하면 12명의 묘소가 있다고 하는데 지금 묘주가 확인된 것은 서달, 상우춘, 이문충(李文忠)을 비롯해서 5곳이다. 주원장은 사후에도 공신들로 하여금 자기를 호위하게 하려는 의도에서 이 묘역을 하사한 것이다.

날씨가 몹시 추웠다. 사실 이 계절은 여행에 적합한 시기가 아니다. 그러나 대학교수들이라 여름이나 겨울 방학 때가 아니면 학교를 비울 수 없다. 추운 날씨 속에 종종걸음으로 동릉 관람을 마치고 중산릉으로 향했다.

중화민국을 세운
손문의
중산릉

———————

손문의 발자취
제왕의 능이 부럽지 않아

손문의 발자취

남경 교외의 자금산 남쪽 기슭에 있는 중산릉(中山陵, 중산링)은 혁명가 손문(孫文, 쑨원, 1866~1925)의 무덤이다. '중산'은 그의 호다. 그가 살았던 당시의 중국은 내우외환에 시달리고 있었다. 1840년 아편전쟁, 1851년 태평천국의 난, 1894년 청일전쟁 등을 겪은 중국은 지식인들을 중심으로 변법자강운동(變法自强運動)을 통한 내부 개혁을 시도하지만 1899년 에 터진 의화단의 난을 계기로 8개국 연합군이 수도 북경을 점령하기에 이른다. 급기야 1904년 러일전쟁에서 러시아가 패하자 손문은 일본으로 건너가 무장혁명을 목적으로 하는 동맹회(同盟會)를 결성하여 총리에 취임하고 민족·민권·민생을 내용으로 하는 삼민주의를 제창한다. 드디어 1911년 신해혁명으로 청나라가 망하자 그는 1912년 중화민국 임시정부의 임시 대총통에 취임한다. 그러나 그의 앞길은 순탄하기 못했다. 우여 곡절 끝에 원세개(袁世凱, 위안스카이)와의 권력투쟁에서 밀려나 다시 일 본으로 망명한 그는 1914년 일본에서 중화혁명당을 결성하고 반원세개 운동을 펼친다.

1916년 원세개가 죽은 후 군벌이 지배하던 시기에도 손문은 진퇴를 거듭하다가 진독수(陳獨秀, 천두슈), 노신(魯迅, 루쉰), 채원배(蔡元培, 차이위 안페이) 등이 주도한 신문화운동에 힘입어 1919년 5·4운동이 일어난 후 중화혁명당을 국민당으로 개칭하고 다시 전면에 나선다. 이 국민당이 오늘날 대만 국민당의 전신이다. 이때부터 그는 탁월한 조정력과 지도 력을 바탕으로 정국을 주도하는데, 1922년에 결성된 공산당이 국민당과 대립하자 조정에 나서 제1차 국공합작을 성사시키기도 했다.

그러나 1925년 그가 간암으로 북경에서 사망하자 공산당과 국민당은 다시 대립하여 1948년까지 격렬한 투쟁을 벌이게 된다. 그가 죽기 전까 지는 공산당, 국민당 양측으로부터 모두 추앙을 받았기 때문에 사후에 도 대만에서는 그를 '국부(國父)'로 높였고 대륙에서도 '중국근대 민주 혁명의 위대한 선행자' '걸출한 애국주의자, 민족영웅'으로 높이 받들어 오고 있다.

손문의 시신은 약 2년간 북경의 벽운사(碧雲寺)에 안치되었다가, 1926년에 착공한 능묘가 1929년 3월에 완공된 후 이곳에 안장되었다. 손 문은 죽기 전 자신의 시신을 남경의 자금산에 묻어달라고 유언했던 것 으로 알려졌다.

이 중산릉은 장개석에 의하여 주도되었는데 장개석과 손문은 동서지

손문과 송경령

간이다. 손문은 일본 망명 시절인 1915년 자신의 비서이자 혁명동지인 26세 연하의 송경령(宋慶齡, 쑹칭링)과 재혼했는데 송경령은 장개석의 부인 송미령(宋美齡, 쑹메이링)의 언니이다. 그는 후에 동생 송미령과 정치노선을 달리해서 모택동을 지지했다. 그래서 송경령은 중화인민공화국 성립 후 대륙에서 '중국을 사랑한 여인'으로 불리며 중화인민공화국 2, 3대 부주석을 역임하고 후에는 명예주석으로 추대되었다. 지금 북경에는 그녀가 살던 집이 문화재로 보존되어 있다.

자금산 기슭에 조성된 중산릉 박애방(博愛坊)에서 중산릉의 정문인 능문까지 375미터에 이른다.

제왕의 능이 부럽지 않아

손문의 묘는 제왕의 능에 버금가는 규모로 조성되었다. 수만 명을 수용할 수 있다는 넓은 광장을 지나면 4주 3간(四柱三間)의 높은 패방이 나타난다. 중간 문 위에는 손문이 쓴 '박애(博愛)'라는 글자가 새겨져 있어이를 일명 '박애방(博愛坊)'이라고도 한다. 패방을 들어서서 길이 375미터의 묘도(墓道)를 지나면 중산릉의 정문이라 할 능문(陵門)이 나오는데여기에는 역시 손문의 글씨로 '천하위공(天下爲公, 천하는 공평하다)'이라새겨져 있다. 이 글씨는 손문의 글씨 중에서 가장 널리 알려진 것이다. 능

문 뒤 계단을 오르면 높이 17미터의 정사각형 비정(碑亭)이 나온다. 그 중
앙에 높이 9미터의 석비가 있는데 거기에는 안진경(顏眞卿)체로 '중국국
민당장 총리손선생어차 중화민국18년6월1일'(中國國民黨葬 總理孫先生於
此 中華民國十八年六月一日) 24자가 새겨져 있다. '중국 국민당이 총리 손
선생을 이곳에 장사지내다. 중화민국 18년(1929) 6월 1일'.

비정을 지나 계단을 오르면 우뚝 솟은 거대한 제당(祭堂)이 보인다. 입
구에서부터 여기까지 392개의 계단을 오르도록 설계되어 점점 높아지
는 구조이다. 이 묘원의 최상부에 제당과 묘실이 자리한다. 제당의 문미
(門楣)에는 '민족(民族)' '민권(民權)' '민생(民生)'이 전서로 새겨졌고 손
문의 글씨로 된 '천지정기(天地正氣)' 편액이 걸려 있다. 안으로 들어가면
정면 중앙에 백색 이탈리아 대리석으로 만든 높이 5미터의 손문 좌상이
있고, 좌상 받침대에는 손문의 혁명사업 내용을 6폭으로 새겨놓았다. 이
좌상은 프랑스의 유명한 조각가에게 의뢰해서 만들었다고 한다. 그리고
동서 양 벽에는 손문의 유저(遺著)인 「건국대강(建國大綱)」이 흑색 대리석
에 새겨져 있다. 후면 벽에는 장개석의 글씨로 '총리교훈(總理敎訓)' '총
리유촉(總理遺囑, 총리가 죽으면서 남긴 당부의 말)' 등의 내용이 새겨져 있었
으나 문화혁명 때 없어졌다고 한다. 제당 바닥은 운남성의 대리석으로
깔았고 내부는 12개의 거대한 흑색 기둥이 받치고 있어서 웅장한 느낌
을 준다.

제당 후면에 묘실로 통하는 문이 있다. 묘실에 들어갈 때에는 신발 위
에 비닐 덧신을 신도록 하였다. 그만큼 신성한 곳이라는 뜻이다. 원형으
로 조성된 묘실 중앙에 대리석관이 놓여 있는데 석관 덮개 위에 두 손을

제당 제왕의 능에 버금가는 규모이며 전면에 '민족' '민권' '민생'이라 쓰여 있다.

가슴에 모으고 누워 있는 손문의 와상을 조각해놓았다. 이 와상은 체코 조각가의 작품이라고 한다. 관람객들이 위에서 석관을 내려다보도록 해놓았다. 손문의 시신은 석관 밑 5미터 지점, 미국제 자색(紫色) 동관(銅棺) 안에 안치되어 있다고 한다.

제왕이 아닌 개인의 묘역으로는 실로 엄청난 규모다. 이렇게 엄청난 건물을 지어놓고 대만으로 쫓겨난 장개석은 대북(臺北, 타이베이) 시내에 또 웅장한 규모의 '국부기념관'을 지어 손문에 대한 변함없는 존경심을 표했다.

중산릉을 끝으로 우리는 4박 5일간의 중국 기행을 마치고 점심식사 후 공항으로 향했다. 비록 짧은 일정이기는 했지만 우리는 이번 기행에서 많은 것을 보고 느낄 수 있었다. 무엇보다 곳곳에 산재해 있는 풍부한 문화유산을 직접 찾아다니며 인문학적 가치의 소중함을 온몸으로 느낄 수 있었다. 안휘성 도처에서 이백의 체취가 우리의 감성을 일깨우기도 했고 구양수·유우석·오경재를 비롯한 수많은 문인들의 자취가 우리를 맞기도 했다. 평범한 건물이나 자연물들이 이들의 시문으로 인하여 더욱 의미 있게 다가왔다. 그뿐만 아니라 여러 역사 유적을 통하여 유구한 중국 역사의 속살을 들여다볼 기회도 되었다.

그러나 아쉬움도 남는다. 일정이 짧아 가보지 못한 곳이 많기 때문이다. 특히 굉촌(宏村, 홍촌), 정감촌(呈坎村, 청칸촌), 잠구민택(潛口民宅, 첸커우 민가) 등 옛 휘주 지방의 고건축군을 보지 못한 것이 서운하고, 이백의 대표작 「증왕륜(贈汪倫)」의 현장인 도화담(桃花潭)과 유우석의 누실(陋室), 그리고 교육가 도행지(陶行知, 타오싱즈, 1891~1946), 사상가 호적(胡適, 후스, 1891~1962)의 유적을 보지 못한 것이 진한 아쉬움으로 남는다. 이 밖에도 둘러볼 곳이 한두 곳이 아니다. 그래서 언젠가 다시 한번, 아니 여러 번 와봐야 하겠다는 생각이 든다. 하기야 인생은 유한한데 그 넓은 중국의 유적지를 어찌 다 가볼 수 있으랴.

이 책에 수록된 사진 중 일부는 원저작권자를 확보하기 위한 노력에도 불구하고 권리자의 허가를 확보하지 못한 상태로 출간되었습니다. 저작권자가 확인될 시 창비는 원저작권자와 최선을 다해 협의하겠습니다.

All reasonable measures have been taken to secure Korean translation copyright of the photos in this book, but some of them couldn't be legally secured. If the copyright holders appear, Changbi will take responsibility for the use of the photos and discuss the best way of copyright use.

시와 술과 차가 있는
중국 인문 기행

초판 1쇄 발행 / 2015년 3월 5일
초판 6쇄 발행 / 2020년 9월 29일

지은이 / 송재소
펴낸이 / 강일우
책임편집 / 정편집실
펴낸곳 / (주)창비
등록 / 1986년 8월 5일 제85호
주소 / 10881 경기도 파주시 회동길 184
전화 / 031-955-3333
팩시밀리 / 영업 031-955-3399 편집 031-955-3400
홈페이지 / www.changbi.com
전자우편 / nonfic@changbi.com

ⓒ 송재소 2015
ISBN 978-89-364-7260-3 03910

* 이 책 내용의 전부 또는 일부를 재사용하려면
  반드시 저작권자와 창비 양측의 동의를 받아야 합니다.
* 책값은 뒤표지에 표시되어 있습니다.